Von Adrian bis Zarah

4000 Vornamen aus aller Welt

Ines Schill

Von Adrian bis Zarah

4000 Vornamen aus aller Welt

BASSERMANN

Im Bassermann-Programm sind unter anderem auch folgende Titel erschienen:
»Mein großes, buntes Vorlesebuch« (0024)
»Es war einmal ... Unsere beliebtesten Märchen« (0017)
»Max und Moritz« (0020)
»Großes Wilhelm Busch Album« (0004)
»Der große, farbige Atlas für Kinder« (0026)

CIP-Titelaufnahme der Deutschen Bibliothek

Schill, Ines:
4000 [Viertausend] Vornamen aus aller Welt: von Adrian bis Zarah / Ines Schill. –
Niedernhausen/Ts. : Bassermann, 1990
(Bassermann-Sachbuch)
ISBN 3-8094-0041-6
NE: HST

ISBN 3 8094 0041 6

Genehmigte Ausgabe für Bassermann'sche Verlagsbuchhandlung

Titelfotos: links: dpa; rechts: Schuster/Voigt

Gesamtkonzeption: Bassermann'sche Verlagsbuchhandlung,
D-6272 Niedernhausen/Ts.

817 2635 4453 6271

Kurze Geschichte der Vornamen

In früheren Zeiten, als die Menschen in Sippen und kleinen Gruppen zusammenlebten, genügte unseren Vorfahren ein einziger Name. Damit wurde jede Person eindeutig angesprochen, und Verwechslungen waren ausgeschlossen. Viele von diesen Namen sind durch historische Quellen überliefert, auch wenn die meisten heute schon lange verklungen sind.

Unsere Vorfahren hatten eine große Vorliebe für zweigliedrige Namen, die ursprünglich eine Sinneinheit darstellten. Das läßt sich sehr gut an einem Beispiel veranschaulichen: Adalbert besteht aus »adal« (edel, vornehm) und »beraht« (glänzend), also sinngemäß »von glänzender Abstammung«. Aus diesem Namen entwickelten sich im Laufe der Zeit viele Kurz- und Nebenformen, von denen einige bis heute gebräuchlich sind (wie etwa Albert, Albrecht, Bert).

Diese Sinneinheit der Namen ging aber schon sehr zeitig verloren, da es Sitte wurde, die Namen der Kinder beliebig zusammenzusetzen. Dabei griff man häufig auf jeweils einen Namensbestandteil des Vaters und der Mutter zurück. Die so entstandenen Namen ließen sich zwar noch in ihren Bestandteilen deuten, bildeten aber keine Sinneinheit mehr.

Für die Zeit zwischen etwa 750 und 1080 lassen Urkunden bereits auf etwa tausend Namen schließen, die in unserem Sprachraum gebräuchlich waren. Die ständig wachsende Bevölkerung machte es etwa ab dem 12. Jahrhundert notwendig, den einzelnen Personen einen Beinamen zur besseren Unterscheidung zuzuordnen. Dabei griff man zunächst auf Berufsbezeichnungen zurück, von denen sich viele bis heute erhalten haben, man denke nur an solche Namen wie Müller, Richter oder Schulze. So entwikkelten sich langsam unsere heutigen Familiennamen, auf die wir keinen Einfluß haben, da sie von Generation zu Generation vererbt werden.

In den deutschen Sprachraum drangen zu dieser Zeit auch vereinzelt Vornamen aus fremden Sprachbereichen ein. Andere Vornamen wurden der Bibel entnommen wie etwa Adam, Eva, Judith, Daniel, Andreas, Johannes, Stephan, Elisabeth und Michael. Im 13. Jahrhundert wurde es dann üblich, jedem Kind einen Namenspatron zur Seite zu stellen. So blieben bis heute neben den biblischen auch viele altdeutsche Namen erhalten, die an Märtyrer und Heilige erinnern.

Im Mittelalter waren fremde Namen nichtkirchlicher Herkunft fast ausschließlich Frauennamen. Sie wurden im deutschen Sprachraum meist durch die Heirat von Adligen mit den Töchtern ausländischer Herrscherhäuser bekannt; volkstümlich wurden sie freilich nie (wie zum Beispiel Beatrix).

Im 16. Jahrhundert wurden von den humanistischen Gelehrten verstärkt Namen des griechischen und römischen Altertums übernommen. Aber auch solche Namen fanden keine besondere Verbreitung, ausgenommen vielleicht die Namen August (Augustus) und Julius. Diese wurden von den Fürstenhäusern Sachsens, Thüringens und Braunschweigs aufgegriffen und dadurch später auch im Volk weit verbreitet. In der Zeit des Humanismus wurden allerdings nicht nur fremde Namen in den deutschen Sprachraum eingeführt, sondern auch alte deutsche Namen, die fast vergessen schienen, neu belebt. Außerdem gewannen die Doppelnamen eine immer größere Bedeutung. Damit wurde es möglich, den Namen des Vaters, der Mutter oder der Taufpaten mit auf den Lebensweg zu geben, ohne ihn jedoch als Rufnamen erscheinen zu lassen. Die Sitte der Doppelnamen hat sich bis heute erhalten, wenn auch nicht mehr in der ursprünglichen Absicht.

In der Zeit des Pietismus (17./18. Jahrhundert) drückte sich das fromme Lebensgefühl auch in der Neubildung von Vornamen aus. Beispiele hierfür sind Christlieb, Gotthold, Gottlieb, Leberecht und Traugott. Diese Namen sind heute zwar noch bekannt, spielen bei der Namenswahl jedoch kaum noch eine Rolle. Gleichzeitig gewannen durch den Einfluß der Literatur nun doch allmählich immer mehr fremde Namen im deutschen Sprachraum an Bedeutung und blieben zum großen Teil bis heute erhalten.
Im 19. Jahrhundert wurden durch die romantische Literatur, die Ritter- und Räuberdichtung sehr viele alte deutsche Namen neu belebt, und zu Beginn unseres Jahrhunderts wurden die unzähligen Zeitungs- und Zeitschriftenromane oft zur Quelle der Namenswahl. Heute stehen den werdenden Eltern eine Fülle von deutschen und ausländischen Namen zur Verfügung, die mit den vielen Kurz-, Neben- und Koseformen kaum noch zu überblicken ist. Das vorliegende Buch soll eine kleine Hilfe bei der Qual der Wahl sein, ohne jedoch den Anspruch auf Vollständigkeit zu erheben.

Verbreitung von Vornamen

Einen »Xaver« wird man sich unwillkürlich mit einer bayrischen Heimat vorstellen, während man eine »Frauke« wohl eher in Norddeutschland vermutet. Zwar hat die Entwicklung zur modernen Industrie- und Mediengesellschaft viele regionale und landschaftliche Eigenarten und Besonderheiten verwischt und verblassen lassen, trotzdem sind unsere gebräuchlichen Vornamen nicht gleichmäßig über das deutsche Sprachgebiet verteilt.
Eine Ursache für diese unterschiedliche Verbreitung ist die Glaubensreformation im 16. Jahrhundert. In den reformierten Gegenden wurden die katholischen Heiligennamen gemieden und eher biblische Namen – gefördert durch die Bibelübersetzung Luthers – bevorzugt. So kommt es, daß lange Zeit Namen wie Anton, Joseph oder Therese im Süden und Westen wesentlich geläufiger waren als typisch protestantische Namen wie Gustav, Christian und Joachim.
Ein zweiter Grund ist die Namensgebung nach den herrschenden Fürstenfamilien. Für manchen Friedrich, Georg, Wilhelm, Philipp oder Gustav vergangener Zeiten mag der Landesvater das Namensvorbild gewesen sein.
Zum dritten macht sich in den Randgebieten des deutschen Sprachraums der nachbarschaftliche Einfluß bemerkbar: Jens und Lars in Schleswig-Holstein zeigen die Nähe zu den skandinavischen Ländern, Jan und Milan im ostdeutschen Sprachraum erinnern an die slawischen Nachbarn, und wenn ein Georg im Südwesten »Schorsch« gerufen wird, so ist das nichts anderes als eine eingebürgerte Eindeutschung des entsprechenden französischen Vornamens.

Beliebte Vornamen der Gegenwart

Vergleicht man die Vornamensstatistiken aus mehreren Jahrzehnten miteinander, so fallen einerseits Namen auf, die als Ausdruck des jeweiligen Zeitgeschmacks gelten mögen, andererseits stellt sich aber auch heraus, daß Eltern über Generationen hinweg viel beständiger und "konservativer" sind, als man das vielleicht annehmen mag.

Auch heute gilt: Fernsehserien und Wimbledon-Siege ziehen keinen Vornamen-Boom nach sich und beeinflussen die langfristigen Trends kaum.
So ist etwa nach dem Zweiten Weltkrieg eine verstärkte Neigung zu Namen mit hebräischer, griechischer und römischer Herkunft zu beobachten, während sich der angloamerikanische Einfluß bei der Namensgebung viel weniger bemerkbar gemacht hat als im allgemeinen Sprachgebrauch.
In den sechziger Jahren holten Vornamen aus dem französischen und slawischen Sprachraum etwas auf, wobei die Eltern bei einem Mädchen offensichtlich eher einmal zu einem fremdartigen und klangvollen Namen neigten als bei einem Jungen.
Bei den Jungen waren in den vergangenen zehn Jahren Christian, Michael, Daniel und Alexander regelmäßig unter den zehn beliebtesten; neu aufgekommen sind Philipp, Dennis und Patrick. Bei den Mädchen hielten sich Stefanie, Christine, Julia und Katharina am beständigsten, während in den letzten Jahren vor allem Jennifer und Lisa an Beliebtheit gewannen.

Rangfolge der beliebtesten Vornamen des Jahres 1989 in der *Bundesrepublik Deutschland* (in Klammern die Plazierung des Vorjahres):

Jungen	Mädchen
1. Christian (2)	1. Katharina (1)
2. Daniel (1)	2. Sarah (2)
3. Alexander (3)	3. Anna,-e (4)
4. Jan (9)	4. Julia (3)
5. Patrick (6)	5. Christine,-a (5)
6. Sebastian (4)	6. Lisa (9)
7. Michael (5)	7. Stefanie (6)
8. Tobias (8)	8. Jennifer (7)
9. Philipp (7)	9. Sabrina (8)
10. Dennis (–)	10. Nadine (–)

Einige Übereinstimmungen gibt es mit den beliebtesten Vornamen in unserem Nachbarland *Österreich:* Michael, Christian und Daniel gehören auch hier regelmäßig zu den »Top Ten«; dagegen werden Stefan, Thomas, Andreas, Markus, Christoph, Martin und Manuel häufiger gewählt als bei uns. Daniela, Sandra, Claudia, Elisabeth, Nicole, Martina, Barbara und Andrea – auf diese Namen hören junge Österreicherinnen öfter als deutsche Mädchen. Erst bei Julia und Katharina fangen die Gemeinsamkeiten wieder an.
In der *Schweiz* – so könnte man vermuten – spielt die Vielsprachigkeit des Landes auch bei der Namensgebung eine Rolle, und der Blick auf die Statistik bestätigt diese Überlegung, zeigt aber auch wieder Gemeinsamkeiten mit den beiden deutschsprachigen Nachbarn. Der andere Sprach- und Kulturkreis äußert sich in der Bevorzugung von Namen wie David, Simon, Marc, Pascal und Matthias, während Michael, Daniel, Christian, Thomas, Stefan und Philipp wieder sehr bekannt klingen. Ähnlich verhält es sich bei den Mädchennamen: Maria, Manuela und Fabienne werden in der Eidgenossenschaft häufiger gewählt, während Andrea, Sarah, Sandra, Nicole, Claudia, Martina und Daniele von Schweizer Eltern ebensooft bevorzugt werden wie von österreichischen oder deutschen.

Hinweise zur Namenswahl

Heute wird der Vorname des erwarteten Sprößlings von beiden Elternteilen gemeinsam ausgewählt und nicht mehr, wie in früheren Zeiten, patriarchalisch vom Vater bestimmt. Die Überlegungen zur Namenswahl beginnen meist schon lange vor dem ermittelten Geburtstermin und sind manchmal selbst auf dem Weg in den Kreißsaal noch nicht abgeschlossen. Um dieses Thema drehen sich oft hitzige Familiendebatten, Freunde wollen mitreden, und selbst die lieben Nachbarn melden sich zu Wort.

Liebe Eltern, bitte bedenken Sie, daß Ihr Kind mit seinem Vornamen ein ganzes Leben lang auskommen muß! Wenn der Name erst einmal vom Standesbeamten in das Geburtsregister eingetragen ist, gibt es fast keinen Weg mehr, um ihn zu ändern. (An dieser Stelle ein Hinweis: Bitte notieren Sie sich sowohl den ausgewählten Mädchen- als auch den Jungennamen in der gewünschten Schreibweise auf einem Zettel und nehmen ihn dann mit zur Entbindung in die Klinik oder später dann auch zum Standesamt. Das erspart Mißverständnisse und Ärger.)

Nachfolgend sind ein paar Gesichtspunkte zusammengestellt, die die Namenswahl etwas erleichtern sollen:

- Bedenken Sie, daß Sie in erster Linie nicht Ihre Wünsche, sondern die Interessen Ihres Kindes berücksichtigen sollten.
- Wählen Sie nicht mehr als zwei Vornamen.
- Vermeiden Sie Koseformen, und geben Sie Ihrem Kind den Namen, den es als Erwachsener tragen kann.
- Vermeiden Sie stark landschaftlich geprägte Namen. So kann zum Beispiel Sepp in Bayern sehr schön und geläufig sein, aber wenn er später in Hamburg lebt, wird er sicherlich oft der Anlaß von Bayern-Witzen werden.
- Wählen Sie keinen langen Vornamen bei langem Familiennamen; dasselbe gilt für kurze Vornamen bei kurzen Familiennamen.
- Vor- und Familienname sollten rhythmisch aufeinander abgestimmt sein und zu einem harmonischen Wechsel von betonten und unbetonten Silben führen (Beate Seuberlich).
- Vor- und Familienname sollten sich nicht reimen. So ist bei einer Grete Bethe der Spott schon vorprogrammiert.
- Der Vorname sollte anders auslauten, als der Familienname anlautet (also nicht: Hannes Sütz).
- Vorsicht bei der Wahl fremder und ausgefallener Vornamen! Eltern sind vielleicht stolz auf den »besonderen« Namen oder die »besondere« Schreibweise, für das Kind kann dieser Name aber eine lebenslange Belastung werden.
- Lassen Sie auch Vorsicht bei der Wahl von Namen walten, mit denen literarische oder historische Personen assoziiert werden! So denkt man bei einer Brunhilde sicher an eine Walküre, bei Julia an Shakespeare und bei Carmen an Bizet.
- Wenn Sie Ihrem Kind zwei Vornamen mit auf den Lebensweg geben möchten, so ist die getrennte Schreibung zu empfehlen. Zusammen sollten sie nur geschrieben werden, wenn beide Namen kurz und in einem Hauptton gesprochen werden, wie etwa bei Hansjürgen oder Annemarie. Enge Namenspaare kann man natürlich auch mit einem Bindestrich verbinden, wie bei Karl-Heinz oder Klaus-Peter.

Namensrechtliche Bestimmungen

Heute haben die Eltern die freie Wahl des Vornamens für ihr Kind. Dieses Recht ist im »Bürgerlichen Gesetzbuch« verankert und wird geregelt durch die »Dienstanweisung für die Standesbeamten und ihrer Aufsichtsbehörden« (Ausgabe 1968, geänderte Fassung 1971 und 1975). In dieser Dienstanweisung ist die Anzeige der Geburt, die Aussprache und Schreibweise der Vornamen, die nachträgliche Anzeige der Vornamen und die Änderung von Namen und Vornamen geregelt.

Nachfolgend ein paar wichtige Bestimmungen aus der Dienstanweisung für die Standesbeamten:

- Bezeichnungen, die ihrem Wesen nach keine Vornamen sind, dürfen nicht als solche eingetragen werden. Diese Bestimmung wird aber schon seit einiger Zeit nicht mehr so eng ausgelegt. So wurden als weibliche Vornamen zum Beispiel Birke, Flora, Viola, Jasmin, Europa, Germania, Bavaria und als männlicher Vorname beispielsweise Oleander zugelassen. Außerdem wurden als männliche Zweitnamen Pumuckl, Timpe und Winnetou von Eltern gerichtlich erstritten. Unerlaubt sind aber Standesbezeichnungen wie Princess, Graf und Earl.
- Das Geschlecht muß eindeutig erkennbar sein. Wenn dies nicht der Fall ist, muß ein eindeutiger Zweitname vergeben werden. Im alphabetisch geordneten Namensteil ist bei diesen Namen jeweils ein entsprechender Hinweis angebracht.
- Die Anzahl der Vornamen ist nicht beschränkt. Mehrere Vornamen dürfen durch Bindestriche gekoppelt werden, Kommas dagegen sind unzulässig.
- Anstößige Namen dürfen nicht als Vornamen eingetragen werden; zu den unzulässigen Namen gehören auch Jesus und Christus, obwohl sie in anderen Kulturkreisen geläufige Vornamen sind.
- Die Schreibweise der Vornamen richtet sich nach den allgemeinen Regeln der Rechtschreibung, ausgenommen ist die ausdrücklich gewünschte andere Schreibweise eines Vornamens.
- Fremdsprachige Namen müssen wie in ihrem Herkunftsland geschrieben werden oder nach den Lautregeln der deutschen Rechtschreibung übertragen werden. Daher gibt es viele eingedeutschte Formen fremder Vornamen. Diese wurden, soweit wie möglich, ebenfalls in diesem Buch berücksichtigt.

Verzeichnis der verwendeten Abkürzungen

ahd.	althochdeutsch	männl.	männlich
altengl.	altenglisch	mazedon.	mazedonisch
altfranzös.	altfranzösisch	mexikan.	mexikanisch
altisländ.	altisländisch	mhd.	mittelhochdeutsch
altnord.	altnordisch	mittelniederd.	mittelniederdeutsch
altruss.	altrussisch		
altsächs.	altsächsisch	niederd.	niederdeutsch
amerikan.	amerikanisch	niederländ.	niederländisch
angelsächs.	angelsächsisch	nord.	nordisch
arab.	arabisch	nordfries.	nordfriesisch
argentin.	argentinisch	normann.	normannisch
		norweg.	norwegisch
bayr.	bayrisch		
belg.	belgisch	österr.	österreichisch
bulgar.	bulgarisch	ostfries.	ostfriesisch
dän.	dänisch	pers.	persisch
		poln.	polnisch
elsäss.	elsässisch	portug.	portugisisch
engl.	englisch		
estn.	estnisch	rätoroman.	rätoromanisch
		röm.	römisch
finn.	finnisch	rumän.	rumänisch
fläm.	flämisch	russ.	russisch
fränk.	fränkisch		
französ.	französisch	sächs.	sächsisch
fries.	friesisch	schles.	schlesisch
		schott.	schottisch
geb.	geboren	schwed.	schwedisch
german.	germanisch	schweiz.	schweizerisch
gest.	gestorben	serbokroat.	serbokroatisch
got.	gotisch	skand.	skandinavisch
griech.	griechisch	slaw.	slawisch
		slowak.	slowakisch
hebr.	hebräisch	sorb.	sorbisch
		span.	spanisch
israel.	israelisch	St.	Sankt
italien.	italienisch		
		tschech.	tschechisch
Jh.	Jahrhundert		
jugosl.	jugoslawisch	übers.	übersetzt
		ungar.	ungarisch
kelt.	keltisch		
kolumbian.	kolumbianisch	v. Chr.	vor Christus
		Vorn.	Vorname
lapp.	lappländisch		
lat.	lateinisch	walis.	walisisch
lett.	lettisch	weibl.	weiblich

A

Aaltje weibl., fries. und niederländ. Form zu Adelheid

Aaron männl., aus der Bibel übernommener Vorn. hebr. Ursprungs, eigentlich »Bergbewohner, Erleuchteter«; in der Bibel ist Aaron der ältere Bruder von Moses; *weitere Formen:* Aron

Abel männl., aus der Bibel übernommener Vorn. hebr. Ursprungs, eigentlich »Hauch, Vergänglichkeit«; in der Bibel ist Abel der zweite Sohn von Adam und Eva, der von seinem Bruder Kain erschlagen wurde; im Mittelalter galt Abel auch als Kurzform zu Albrecht und Adalbert

Abelke weibl., fries. Kurzform zu Vorn. mit »Adal-«, vor allem zu Adalberta

Abelone weibl., dän. und norweg. Form zu Apollonia

Abigail weibl., aus der Bibel übernommener Vorn., eigentlich »Vaterfreude«; in der Bibel ist Abigail die Gattin (oder Schwester?) von König David

Abo männl., Kurzform zu Adalbert ; *weitere Formen:* Abbo, Abbe

Abraham männl., aus der Bibel übernommener Vorn. hebr. Ursprungs, eigentlich »Vater der Menge«; *weitere Formen:* Abi; Bram (niederländ.); Äbi (schweiz.); Ibrahim (arab.); *bekannte Namensträger:* Abraham Lincoln, amerikan. Präsident (1809–1865)

Absalon männl., aus der Bibel übernommener Vorn. hebr. Ursprungs, eigentlich »Vater des Friedens«; Absalon ist in der Bibel der Sohn von König David; *weitere Formen:* Axel (schwed.)

Achill männl., aus dem Griech. übernommener Vorn., dessen Bedeutung unklar ist; in der griech. Mythologie ist Achill der Held von Troja, der durch Paris fiel, obwohl er unverwundbar war – bis auf seine Ferse (daher auch der Begriff »Achillesferse«); *weitere Formen:* Achilles

Achillina weibl. Form zu Achill

Achim männl., Kurzform zu Joachim; *bekannte Namensträger:* Achim von Arnim, deutscher Dichter (1781–1831)

Achmed männl., aus dem Arab. übernommener Vorn., eigentlich »lobenswert«

Ada weibl., Kurzform zu Vorn. mit »Adal-«, »Adel-« und »Adar-«; *weitere Formen:* Adda; Edith (engl.)

Adalbert *Herkunft:* männl., aus dem ahd. »adal« (edel, vornehm) und »beraht« (glänzend)
Verbreitung: durch die Verehrung mehrerer Heiliger im Mittelal-

ter verbreitet, die Kurzformen spielten dabei eine größere Rolle als die Vollform; durch die romantische Dichtung zu Beginn des 19. Jh. wurde der Vorn. neu belebt, ist aber heute fast in Vergessenheit geraten
Andere Formen: Adelbert, Adalbrecht, Adelbrecht, Edelbert, Abo, Albo, Albrecht, Albert, Abel, Bert, Brecht; Apke (fries.); Bela (ungar.)
Bekannte Namensträger: Adalbert von Chamisso, deutscher Dichter (1781–1838); Adalbert Stifter, österr. Schriftsteller (1804–1868)
Namenstag: 20. Juni

Adalberta weibl. Form zu Adalbert; *weitere Formen:* Adalberte

Adalbrecht männl., Nebenform zu Adalbert

Adalfried männl., aus dem ahd. »adal« (edel, vornehm) und »fridu« (Friede); *weitere Formen:* Alfried

Adalgunde weibl., aus dem ahd. »adal« (edel, vornehm) und »gund« (Kampf); *weitere Formen:* Adalgundis, Aldegunde, Algonde, Algunde

Adalhard männl., aus dem ahd. »adal« (edel, vornehm) und »harti« (hart); *weitere Formen:* Adalhart, Adelhart

Adalhelm männl., aus dem ahd. »adal« (edel, vornehm) und »helm« (Helm)

Adalie weibl., Kurzform zu Vorn. mit »Adal-« und zu Adelheid

Adalmar männl., aus dem ahd. »adal« (edel, vornehm) und »mari« (berühmt); *weitere Formen:* Adelmar

Adalrich männl., aus dem ahd. »adal« (edel, vornehm) und »rihhi« (reich, mächtig); *weitere Formen:* Adelrich, Alderich

Adalwin männl., aus dem ahd. »adal« (edel, vornehm) und »wini« (Freund); *weitere Formen:* Adelwin

Adam männl., aus der Bibel übernommener Vorn., eigentlich »Mann aus roter Erde«; in der Bibel ist Adam der Stammvater aller Menschen; der Vorn. war im Mittelalter sehr verbreitet, wird aber heute nur selten gewählt; *bekannte Namensträger:* Adam Riese, deutscher Rechenpädagoge (1492–1559); Adam Opel, deutscher Industrieller (1837–1895)

Adelaide weibl., französ. Form zu Adelheid

Adelbert, Adelbrecht männl., Nebenformen zu Adalbert

Adele
weibl., Nebenform zu Adelheid; *weitere Formen:* Adela; Adely (engl.); *bekannte Namensträger:* Adele Schopenhauer, deutsche Schriftstellerin (1797–1849); Adele Sandrock, deutsche Schauspielerin (1863–1937)

Adelfriede
weibl. Form zu Adalfried; *weitere Formen:* Adalfriede

Adelheid
Herkunft: weibl., aus dem ahd. »adal« (edel, vornehm) und »heit« (Wesen, Art)
Verbreitung: im Mittelalter durch die Verehrung der Heiligen Adelheid, Gattin von Otto dem Großen und Regentin für Otto III., sehr beliebter Vorn.; im 19. Jh. wurde der Vorn. durch die Ritterdichtung neu belebt, wird aber heute nur noch selten gewählt
Andere Formen: Adele, Adalie, Adeline, Alheit, Alida, Heide, Heidi, Lida, Lida; Aaltje, Aletta, Ailke, Alita, Altje, Elke, Elgin, Lida, Letta, Tale, Tela, Tida, Talida, Talika, Teida (fries., niederländ.); Alice (engl.); Adelaide (französ.); Talesia (baskisch)
Namenstag: 16. Dezember

Adelhilde
weibl., aus dem ahd. »adal« (edel, vornehm) und »hiltja« (Kampf)

Adeline
weibl., Nebenform zu Adelheid; *weitere Formen:* Adelina

Adellinde
weibl., aus dem ahd. »adal« (edel, vornehm) und »linta« (Schutzschild aus Lindenholz)

Adelmute
weibl., aus dem ahd. »adal« (edel, vornehm) und »muot« (Geist, Gemüt); *weitere Formen:* Almut, Almud, Almoda, Almod, Almundis

Adelrune
weibl., aus dem ahd. »adal« (edel, vornehm) und »runa« (Geheimnis)

Adeltraud
weibl., aus dem ahd. »adal« (edel, vornehm) und »trud« (Kraft, Stärke); *weitere Formen:* Adeltrud, Edeltraud

Adelwin
männl., »adal« (edel, vornehm) und »wini« (Freund)

Adi
männl., Kurzform zu Adolf; *weitere Formen:* Adje, Addi

Adina
weibl., aus der Bibel übernommener Vorn. hebr. Ursprungs, eigentlich »weich, zart, schlank«; *weitere Formen:* Dina

Adna
weibl., Nebenform zu Edna

Ado
männl., Kurzform zu Adolf

Adolar
männl., aus dem ahd. »adal« (edel, vornehm) und »arn« (Adler); im 19. Jh. durch die Ritterdichtung und romantische Literatur verbreiteter Vorn.; *weitere Formen:* Adelar

Adolf männl., aus dem ahd. »adal« (edel, vornehm) und »wolf« (Wolf) *Verbreitung:* durch den Schwedenkönig Gustav Adolf war der Vorn. weit verbreitet; in den dreißiger Jahren des 20. Jh. wurde Adolf Hitler als Namensvorbild gewählt, und nach dem Zweiten Weltkrieg wird der Vorn. in Deutschland gemieden
Andere Formen: Ado, Adi, Alf, Dolf, Lof; Adolph (engl.); Adolphe (französ.); Adolfo, Ezzo, Azzo (italien.)
Namenstag: 13. Februar

Adolfa weibl. Form zu Adolf; *weitere Formen:* Adolfina, Adolfine

Adolfo männl., italien. Form zu Adolf

Adolph männl., engl. Form zu Adolf; *bekannte Namensträger:* Adolph von Menzel, deutscher Maler (1815–1905)

Adolphe männl., französ. Form zu Adolf

Adonia weibl. Form zu Adonis

Adonis männl., aus dem Griech. übernommener Vorn.; Adonis ist in der griech. Mythologie ein schöner Jüngling und Liebling der Venus; *weitere Formen:* Adonias

Adrian männl., aus dem Lat. übernommener Vorn., eigentlich »der aus der Hafenstadt Adria Stammende«; der Vorn. war als der Name mehrerer Päpste im Mittelalter verbreitet, besonders in Flandern und im Rheinland; heute wird der Vorn. wieder öfter gewählt; *weitere Formen:* Hadrian, Arian; Adrien (französ.)

Adriana weibl. Form zu Adrian; *weitere Formen:* Adriane; Adrienne (französ.)

Agathe weibl., aus dem griech, »agathós« (gut); *weitere Formen:* Agatha, Agi; Agascha (russ.); Agda (schwed.); *bekannte Namensträger:* Agatha Christie, engl. Schriftstellerin (1890–1976); *Namenstag:* 5. Februar

Agi weibl., Kurzform zu Agnes

Ägid männl., aus dem Griech. übernommener Vorn., eigentlich »Schildhalter«; *weitere Formen:* Ägidius, Egidius, Gidi, Itsch, Illo, Till; Egidio (italien.); Jillis, Gils, Gilg, Tilg (niederländ.); Idzi (poln.); Giles, Gill, Gilg (engl.); Gilles (französ.); Gil (span.); Ilian (schwed.); *Namenstag:* 1. September

Agilbert männl., aus dem ahd. »agal« (Schwertspitze) und »beraht« (glänzend); *weitere Formen:* Agilo, Eilbert

Agilhard männl., aus dem ahd. »agal« (Schwertspitze) und »harti« (hart)

Agilolf männl., aus dem ahd. »agal« (Schwertspitze) und »wolf« (Wolf); *weitere Formen:* Agilulf, Aigolf; *Namenstag:* 9. Juli

Agimar männl., aus dem ahd. »agal« (Schwertspitze) und »mari« (berühmt)

Agimund aus dem ahd. »agal« (Schwertspitze) und »munt« (Schutz der Unmündigen); *weitere Formen:* Agilmund

Agin männl., Kurzform zu Vorn. mit »agal«

Aginald männl., aus dem ahd. »agal« (Schwertspitze) und »waltan« (walten, herrschen); *weitere Formen:* Agenald

Aginolf männl., aus dem ahd. »agal« (Schwertspitze) und »wolf« (Wolf); *weitere Formen:* Aginulf

Aglaia weibl., aus dem griech. »aglaia« (Glanz, Pracht) ; in der griech. Mythologie ist Aglaia die Göttin der Anmut; *weitere Formen:* Aglaja

Agna weibl., schwed. Kurzform zu Agnes

Agnes *Herkunft:* weibl., aus dem Griech. übernommener Vorn., eigentlich »die Keusche«
Verbreitung: durch die Verehrung der Heiligen Agnes, Patronin der Jungfräulichkeit, im Mittelalter verbreitet; das Schicksal der Bürgertochter Agnes Bernauer wurde mehrfach literarisch bearbeitet (sie war die heimliche Geliebte des Bayernherzogs Albrecht III. und wurde von ihrem Vater 1435 als Zauberin ertränkt); im 19. Jh. durch Ritter- und Räubergeschichten neu belebt; derzeit verbreitet und öfter gewählt
Andere Formen: Agi, Agnete, Agnita, Agnese; Agna (schwed.); Inés (span.)
Bekannte Namensträger: Agnes Straub, deutsche Schauspielerin (1890–1941)
Namenstag: 21. Januar

Agnese, Agnete, Agnita weibl., Nebenformen zu Agnes

Ago männl., Kurzform zu Vorn. mit »Agi-« oder »Ago-«

Agomar männl., Nebenform zu Agimar

Aida weibl., Herkunft und Bedeutung unklar, seit Verdis gleichnamiger Oper (1871) öfter gewählt

Ailke weibl., fries. und niederländ. Form zu Adelheid

Aimé weibl. Form zu Amatus; *weitere Formen:* Aimée (französ.)

Aimo männl., Kurzform zu Haimo

Aja weibl., aus dem Italien. übernommener Vorn., eigentlich »die Erzieherin«

Ake männl., fries. Kurzform zu Vorn. mit »Adal-«

Akelei weibl., Name einer Blume, die zu den Hahnenfußgewächsen zählt und im Gebirge anzutreffen ist; in letzter Zeit häufiger gewählt; *weitere Formen:* Akulina (russ.)

Akim männl., slaw. Form zu Joachim

Alain *Herkunft:* männl.; die Alani waren ein iranisches Steppenvolk, von denen ein Teil mit den Germanen nach Westen wanderte und der andere Teil von den Mongolen verdrängt wurde
Verbreitung: vor allem im französ. Sprachgebiet verbreitet; Anfang des 20. Jh. in adligen Familien oft gewählt; heute seltener Vorn.
Andere Formen: Alan, Allan, Allen; Alanus (lat.)
Bekannte Namensträger: Alain Prost, französ. Rennfahrer (geb. 1955); Alain Delon, französ. Schauspieler (geb. 1935)

Alan männl., Nebenform zu Alain

Alanus männl., lat. Form zu Alain

Alba weibl., aus dem lat. »alba« (weiße Perle)

Alban männl., aus dem Lat. übernommener Vorn., eigentlich »Mann aus Alba«; *bekannte Namensträger:* Alban Berg, österr. Komponist (1885–1935)

Alberich männl., aus dem ahd. »alb« (Naturgeist) und »rihhi« (reich, mächtig); *weitere Formen:* Elberich

Albero männl., aus dem ahd. »alb« (Naturgeist) und »bero« (Bär)

Albert männl., Kurzform zu Adalbert; im Mittelalter Adelsname, dann weit verbreitet; heute selten gewählt; *weitere Formen:* Albert (französ.); Alberto (italien.); Alik (russ.); Al (amerikan.); *bekannte Namensträger:* Albert Bassermann, deutscher Schauspieler (1867–1952); Albert Lortzing, deutscher Komponist (1801–1851); Albert Schweitzer, elsäss. Theologe und Urwaldarzt (1875–1965); Albert Einstein, deutscher Physiker (1879–1955)

Alberta weibl. Form zu Albert; *weitere Formen:* Alberte, Albertina, Albertine, Abelke, Berta

Albina weibl. Form zu Albwin

Albo männl., Kurzform zu Adalbert

Albrecht männl., Kurzform zu Adalbert; im Mittelalter als Adels- und Fürstenname verbreitet, bekannt vor allem durch Albrecht Dürer (1471–1528); *bekannte Namensträger:* Albrecht Altdorfer, Maler und Stadtbaumeister von Regensburg (um 1480–1538); Albrecht Haller, deutscher Dichter (1708–1777)

Alburg weibl., aus dem ahd. »adal« (edel, vornehm) und »burg« (Schutz); *weitere Formen:* Adelburga

Albwin männl., aus dem ahd. »alb« (Naturgeist) und »wini« (Freund); *weitere Formen:* Alboin, Albuin

Aldeger männl., aus dem ahd. »adal« (edel, vornehm) und »ger« (Speer); *weitere Formen:* Adalger, Aldiger

Aldina weibl., Kurzform zu Geraldina; *weitere Formen:* Aldine

Aldo männl., Kurzform zu Vorn. mit »Adal-«

Aldona weibl. Form zu Aldo

Alena weibl., ungar. Form zu Magdalena; *weitere Formen:* Alene

Alene weibl., russ. Form zu Helene; *weitere Formen:* Alina, Alenica

Alenka weibl., slaw. Form zu Magdalena

Alessandro männl., italien. Form zu Alexander

Aletta weibl., fries. und niederländ. Form zu Adelheid; *weitere Formen:* Alette, Aleta

Alex männl., Kurzform zu Alexander; weibl., Kurzform zu Alexandra; eindeutiger Zweitname erforderlich

Alexander *Herkunft:* männl., aus dem Griech. übernommener Vorn., eigentlich »der Männerabwehrende, der Schützer«
Verbreitung: in Deutschland erst im 18. Jh. durch die Bewunderung für den russ. Zaren Alexander I. stärker verbreitet; heute gilt der Vorn. als modern und wird oft gewählt
Andere Formen: Alex, Alexis, Lex, Xander; Alessandro, Sandro (italien.); Sander (engl.); Alexandr, Alexej, Aljoscha, Sanja, Sascha (russ.); Sándor (ungar.); Alexandre (französ.)
Bekannte Namensträger: Alexander von Humboldt, deutscher Naturforscher und Geograph (1769–1859); Alexander Puschkin, russ. Schriftsteller (1799–1837); Alexander Solschenizyn, russ. Schriftsteller und Nobelpreisträger (geb. 1918)
Namenstag: 3. Mai

Alexandr männl., russ. Form zu Alexander

Alexandra weibl. Form zu Alexander; *weitere Formen:* Alexia, Alexandrina, Alex, Sandra, Asja; Alla (schwed.); Alja, Sanja (russ.); Alessandra (italien.); *Namenstag:* 21. April

Alexandre männl., französ. Form zu Alexander; *bekannte Namensträger:* Alexandre Dumas der Ältere, französ. Schriftsteller (1802–1870)

Alexej männl., russ. Form zu Alexander; *weitere Formen:* Alexei

Alexis männl., Kurzform zu Alexander; *weitere Formen:* Alexius; *Namenstag:* 17. Juli

Alf männl., Kurzform zu Adolf

Alfons *Herkunft:* männl., aus dem ahd. »adal« (edel, vornehm) und »funs« (eifrig)
Verbreitung: durch die german. Völkerwanderung in roman. Gebieten angesiedelt; später dann durch französ. und span. Einfluß wieder in Deutschland bekannt geworden; größere Verbreitung im 19. Jh. durch die Verehrung des Heiligen Alfons von Liguori; heute selten gewählt
Andere Formen: Alphons; Alphonse (französ.); Alfonso (italien., span.)
Namenstag: 2. August

Alfonso männl., italien. und span. Form zu Alfons

Alfrad männl., aus dem ahd. »alb« (Naturgeist) und »rat« (Ratgeber); *weitere Formen:* Alberad

Alfrada weibl. Form zu Alfrad

Alfred *Herkunft:* männl., engl. Form zu Alfrad
Verbreitung: seit dem Mittelalter in Deutschland verbreitet; erst im 19. Jh. spielte die engl. Form eine größere Rolle und wurde oft gewählt
Andere Formen: Alf, Fred
Bekannte Namensträger: Alfred Krupp, deutscher Industrieller (1812–1887); Alfred Nobel, schwed. Chemiker (1833–1896); Alfred Döblin, deutscher Schriftsteller (1878–1957); Alfred Brehm, deutscher Zoologe (1826–1884); Alfred Kubin, österr. Zeichner und Graphiker (1877–1957); Alfred Hitchcock, engl. Regisseur (1899–1980); Alfred Hridlicka, österr. Bildhauer und Graphiker (geb. 1928)
Namenstag: 28. Oktober

Alfreda weibl. Form zu Alfred

Alger männl., aus dem Fries. übernommener Vorn. ahd. Ursprungs von »adal« (edel, vornehm) und »ger« (Speer); *weitere Formen:* Alker

Algunde weibl., Nebenform zu Adelgunde

Alheit weibl., Nebenform zu Adelheid; *weitere Formen:* Aleit, Alheid

Alice weibl., engl. Form zu Adelheid, Alexandra oder Elisabeth; bekannt wurde der Vorn. in Deutschland durch L. Carrolls Kinderbuch »Alice in Wonderland«; *weitere Formen:* Alisa, Alison

Alida weibl., Kurzform zu Adelheid; *weitere Formen:* Alide, Alid

Alita weibl., fries. und niederländ. Form zu Adelheid

Aljoscha männl., russ. Form zu Alexander

Allan, Allen männl., Nebenform zu Alain

Alma weibl., aus dem Span. übernommener Vorn. lat. Ursprungs, eigentlich »die Nährende«; der Vorn. war im 19. Jh. weit verbreitet; *bekannte Namensträger:* Alma Mahler-Werfel, Witwe des Komponisten Gustav Mahler (1879–1964); Alma ist aber auch die Kurzform zu Vorn. mit »Alma-«

Almut weibl., Nebenform zu Adelmute

Alois männl., romanisierte Form des ahd. Vorn. Alawis, eigentlich »vollkommen weise«; im 18. Jh. durch die Verehrung des Heiligen Aloysius von Gonzaga im gesamten deutschsprachigen Raum verbreitet, vor allem in Süddeutschland; *weitere Formen:* Aloisius, Aloys, Aloysius; Aloyse, Lois (französ.); Aloisio, Luigi (italien.); Alajos (ungar.); *Namenstag:* 21. Juni

Aloisa weibl. Form zu Alois; *weitere Formen:* Aloisia, Aloysia

Alphons männl., Nebenform zu Alfons

Alphonse männl., französ. Form zu Alfons

Alraune weibl., Nebenform von Adelrune

Alrich männl., Kurzform zu Adalrich

Altfried männl., Nebenform zu Adalfried

Altje weibl., fries. und niederländ. Form zu Adelheid

Altman männl., aus dem ahd. »alda« (erfahren) und »man« (Mann); *weitere Formen:* Altmann, Aldeman

Alto männl., fries. Form zu Vorn. mit »Alde-« oder »Adal-«

Altraud weibl., Nebenform zu Adeltraud; *weitere Formen:* Altrud

Alvaro männl., aus dem Span. übernommener Vorn. ahd. Ursprungs, zu »ala« (all, ganz) und »wart« (Hüter)

Alwara weibl. Form zu Alvaro

Alwin männl., Nebenform zu Adalwin

Alwine weibl. Form zu Alwin; *weitere Formen:* Alwina; Alwyne, Alwy (engl.); Alvina, Alvi, Alvy (schwed.)

Amabel weibl., aus dem Engl. übernommener Vorn. lat. Ursprungs, eigentlich »die Liebenswerte«; *weitere Formen:* Amabella; Mabel (engl.)

Amadeus männl., aus dem Lat. übernommener Vorn., eigentlich »liebe Gott!«; *weitere Formen:* Amadeo (italien.); Amédé (französ.); *bekannte Namensträger:* Wolfgang Amadeus Mozart, österr. Komponist (1756–1791)

Amalberga weibl., aus dem ahd. »amal« (Kampf) und »bergan« (schützen); *weitere Formen:* Amalburga, Alma, Amalberta, Male

Amalgard weibl., aus dem ahd. »amal« (Kampf) und »gard« (Hort, Schutz)

Amalia weibl., Kurzform zu Vorn. mit »Amal-«, besonders von Amalberga; der Vorn. war im 18. Jh. sehr beliebt und wurde vor allem durch die Gestalt der Amalia in Schillers Drama »Die Räuber« bekannt; *weitere Formen:* Amalie, Amalina, Amalindis, Mala, Malchen, Mali; Amélie, Ameline (französ.)

Amalinde weibl., aus dem ahd. »amal« (Kampf) und »linta« (Schutzschild aus Lindenholz); *weitere Formen:* Ameline, Amalindis

Amalrich männl., aus dem ahd. »amal« (Kampf) und »rihhi« (reich, mächtig); *weitere Formen:* Emmerich; Amelric (engl.); Amaury (französ.); Amerigo, Emerico (italien.); Amalrik (russ.)

Amanda weibl. Form zu Amandus; *weitere Formen:* Manda, Mandy; Maite (bask.)

Amandus männl., aus dem lat. »amandus« (liebenswürdig); *weitere Formen:* Amand, Mandus; *Namenstag:* 6. Februar

Amarante weibl., Name einer Blume, eigentlich »nie welkend, unvergänglich«

Amaryllis weibl., ursprünglich der Name einer griech. Nymphe, dann der Name einer wohlriechenden Zierpflanzenfamilie

Amata weibl., aus dem lat. »amata« (die Geliebte); *weitere Formen:* Amy (engl.); Aimée (französ.)

Amatus männl., aus dem lat. »amatus« (geliebt)

Ambra weibl., italien. Vorn. arab. Ursprungs, eigentlich »Bernstein« oder »die Blonde«; *weitere Formen:* Amber (engl.); Ambre (französ.)

Ambrosia weibl. Form zu Ambrosius; *weitere Formen:* Amrosine (engl.)

Ambrosius männl., aus dem Griech. übernommener Vorn., eigentlich »der Unsterbliche«; durch die Verehrung des Heiligen Ambrosius, Bischof von Mailand und Kirchenlehrer (4. Jh.), im Mittelalter weit verbreitet; *weitere Formen:* Ambros, Bros, Brasch; Ambrose (engl.); Ambroise (französ.); Ambrogio, Ambrosio, Brogio (italien.); *Namenstag:* 7. Dezember

Ammon männl., griech. Name des ägyptischen Sonnengottes »Amun Re«; oder amerikan. Vorn. hebr. Ursprungs, eigentlich »Sohn meines Volkes«; *weitere Formen:* Amon

Amöna weibl., aus dem lat. »amoenus« (anmutig, lieblich); *weitere Formen:* Amöne

Amos männl., aus der Bibel übernommener Vorn. hebr. Ursprungs, eigentlich »von Gott getragen«; in der Bibel ist Amos ein Viehhirte, der von Gott zum Propheten berufen wurde

Amrei weibl., Kurzform zu Annemarie; diese Form ist vor allem in der Schweiz und in Süddeutschland verbreitet; *weitere Formen:* Annemarei

Amy weibl., engl. Form zu Amata

Ana weibl., span. Form zu Anna

Anabel weibl., Nebenform zu Annabella

Anastasia weibl. Form zu Anastasius; Verbreitung im Mittelalter durch die Verehrung der Heiligen Anastasia; in diesem Jh. wurde der Vorn. durch die jüngste Zarentochter neu belebt, die der Ermordung ihrer Familie entkommen sein soll; *weitere Formen:* Stasi; Nastasja, Tassja, Asja (russ.)

Anastasius männl., aus dem Griech. übernommener Vorn., eigentlich »der Auferstandene«; im 16. Jh. weit verbreitet, auch als Papst- und Heiligenname bekannt; heute sehr selten gewählt; *weitere Formen:* Stasl, Staz; Anastasie (französ.); Anastasio (italien.); *Namenstag:* 22. Januar

Anatol männl., aus dem Griech. übernommener Vorn., eigentlich »der aus Anatolien Stammende«; bekannt ist der Vorn. durch den französ. Schriftsteller und Nobelpreisträger Anatole France (1844–1924); *weitere Formen:* Anatole (französ.); Anatolij (russ.)

Anderl männl., österr. Form zu Andreas

Anders männl., skand. Form zu Andreas

Andi männl., Kurzform zu Andreas

Andor männl., ungar. Form zu Andreas

Andrä männl., österr. Form zu Andreas

András männl., ungar. Form zu Andreas

André männl., französ. Form zu Andreas; *bekannte Namensträger:* André Gide, französ. Schriftsteller und Nobelpreisträger (1869–1951); André Heller, österr. Kabarettist und Chansonnier (geb. 1947)

Andrea weibl. Form zu Andreas; *weitere Formen:* Andrée (französ.); Andreane, Andrejana (slaw.); auch männl., italien. Form zu Andreas

Andreas *Herkunft:* männl., aus der Bibel übernommener Vorn. griech. Ursprungs, eigentlich »der Mannhafte, der Tapfere«)
Verbreitung: in der Bibel ist der Apostel Andreas der Bruder des Petrus und wurde in Patras am Schrägbalkenkreuz hingerichtet (daher die Bezeichnung »Andreaskreuz«); seit dem Mittelalter ist der Vorn. sehr beliebt und wird auch heute noch oft gewählt
Andere Formen: Andi; Andrea (italien.); André (französ.); Andrew, Andy (engl.); Andrej (slaw.); Andrees (niederländ.), Andor, András (ungar.); Anders (skand.); Drewes, Drees, Ainers, Andris, Andres (fries.); Andrä, Anderl (österr.); Andruscha (russ.)
Bekannte Namensträger: Andreas Hofer, Tiroler Freiheitsheld (1767–1810); Andreas Gryphius, deutscher Dichter (1616–1664); Andreas Brehme, deutscher Fußballspieler (geb. 1960)
Namenstag: 30. November

Andrees männl., niederländ. Form zu Andreas

Andrej männl., slaw. Form zu Andreas; *bekannte Namensträger:* Andrej Sacharow, russ. Atomphysiker und Bürgerrechtler (1921–1989)

Andres männl., fries. Form zu Andreas

Andrew männl., engl. Form zu Andreas

Andris männl., fries. Form zu Andreas

Andruscha männl., russ. Form zu Andreas

Andy männl., engl. Kurzform zu Andreas

Angela weibl. Form zu Angelus; *weitere Formen:* Angelia, Angelika, Gela, Angeli, Angie; Angelina, Agnola (italien., span.); Ange, Angele (französ.); Aniela (poln.)

Angelika	weibl., Nebenform zu Angela; *weitere Formen:* Angelica; Angélique (französ.)
Angelus	männl., aus dem Griech. übernommener Vorn., eigentlich »Bote Gottes«; *weitere Formen:* Ange, Angel, Angelikus; Angelico, Angelo (italien.); Anjo (bulgar.)
Anica	weibl., slaw. Form zu Anna
Anita	weibl., span. Form zu Anna
Anja	weibl., russ. Form zu Anna; *weitere Formen:* Anjuta; *bekannte Namensträger:* Anja Fichtel, deutsche Fechterin (geb. 1968)
Anjuschka	weibl., slaw. Koseform zu Anna; *weitere Formen:* Anjuscha
Anjuta	weibl., bulgar. Form zu Anna; *weitere Formen:* Anjutta
Anka	weibl., poln. und slaw. Form zu Anna
Anke	weibl., niederländ. und fries. Form zu Anna; *bekannte Namensträger:* Anke Fuchs, deutsche Politikerin (geb. 1937)
Ann	weibl., Kurzform zu Anna; *weitere Formen:* Ann-Kathrin
Anna	*Herkunft:* weibl., aus dem Hebr. übernommener Vorn., eigentlich »Gottes Gnade« oder weibl. Form zu Anno *Verbreitung:* durch die Verehrung der Mutter der biblischen Maria im Mittelalter weit verbreitet; im 19. Jh. wurde der Vorn. durch die Gestalt der Anna Karenina des gleichnamigen Romans von Tolstoi neu belebt; bis heute ist der Vorn., auch in Doppelnamen, sehr beliebt und wird oft gewählt *Andere Formen:* Andel, Ann, Anny, Anneli, Änne, Nanna, Nanne, Annina, Nannina; Anja, Anne (russ.); Anka, Anninka (poln.); Antje, Anke, Anneke (niederländ., fries.); Anne, Nancy (engl.); Anita, Ania (span.); Annika (schwed.); Anica, Anjuschka, Annika, Anka (slaw.); Anjuta (bulgar.); Annette, Nannette, Nanon (französ.) *Bekannte Namensträger:* Anna Pawlowa, russ. Ballerina (1882–1931); Anna Seghers, deutsche Schriftstellerin (1900–1983); Anna Magnani, italien. Schauspielerin (1910–1973) *Namenstag:* 26. Juli
Annabarbara	weibl., Doppelname aus Anna und Barbara
Annabella	weibl., Doppelname aus Anna und Bella oder Nebenform zu Amabel; *weitere Formen:* Annabell
Annabeth	weibl., Doppelname aus Anna und Elisabeth
Annalene	weibl., Doppelname aus Anna und Helene

Annalisa	weibl., Doppelname aus Anna und Lisa
Annbritt	weibl., schwed. Doppelname aus Anna und Brigitte
Änne	weibl., Nebenform zu Anna
Anne	weibl., russ. und engl. Form zu Anna
Annedore	weibl., Doppelname aus Anna und Dora; *weitere Formen:* Annedora
Annegret	weibl., Doppelname aus Anna und Margret
Anneke	weibl., niederländ. und fries. Form zu Anna
Anneli	weibl., Nebenform zu Anna
Annelore	weibl., Doppelname aus Anna und Lore
Annelotte	weibl., Doppelname aus Anna und Charlotte
Annemarie	weibl., Doppelname aus Anne und Marie; *weitere Formen:* Annemie
Annerose	weibl., Doppelname aus Anna und Rosa
Annette	weibl., französ. Form zu Anna; *weitere Formen:* Annett; *bekannte Namensträger:* Annette von Droste-Hülshoff, deutsche Schriftstellerin (1797–1848); Annette Kolb, deutsche Schriftstellerin (1875–1968)
Annika	weibl., slaw. Form zu Anna; *weitere Formen:* Anika, Anik
Annina	weibl., Nebenform zu Anna
Anninka	weibl., poln. und schwed. Form zu Anna
Anno	männl., latinisierte Form zu Hanno
Annunziata	weibl., aus dem Italien. übernommener Vorn., eigentlich »die Angekündigte«; dieser Name bezieht sich auf das Fest Mariä Verkündigung am 25. März
Anny	weibl., Koseform zu Anna; *weitere Formen:* Anni, Annie
Ansbert	männl., aus dem german. »ans« (Gott) und dem ahd. »beraht« (glänzend)
Anselm	männl., aus dem german. »ans« (Gott) und dem ahd. »helm« (Helm, Schutz)
Anselma	weibl. Form zu Anselm

Ansfried männl., aus dem german. »ans« (Gott) und dem ahd. »fridu« (Friede)

Ansgar männl., aus dem german. »ans« (Gott) und dem ahd. »ger« (Speer); bekannter ist heute die Nebenform Oskar; *Namenstag:* 3. Februar

Answald männl., aus dem german. »ans« (Gott) und dem ahd. »waltan« (walten, herrschen)

Antek männl., slaw. Form zu Anton; *weitere Formen:* Ante

Anthony männl., engl. Form zu Anton; *bekannte Namensträger:* Anthony Quinn, amerikan. Schauspieler (geb. 1916)

Antje weibl., niederländ. und fries. Form zu Anna; *weitere Formen:* Antine; *bekannte Namensträger:* Antje Vollmer, deutsche Politikerin (geb. 1943)

Antoine männl., französ. Form zu Anton; *bekannte Namensträger:* Antoine de Saint-Exupéry, französ. Schriftsteller (1900–1944)

Antoinette weibl., französ. Form zu Antonia; *bekannte Namensträger:* Marie Antoinette, Gattin von Ludwig XVI. (1755–1792)

Anton *Herkunft:* männl., aus dem Lat. übernommener Vorn., ursprünglich ein röm. Sippenname
Verbreitung: durch die Verehrung des Heiligen Antonius von Padua (12./13. Jh.) auch in Deutschland verbreitet; heute seltener gewählt
Andere Formen: Toni; Tönnies, Tünnes (rhein.); Antonio, Antonello (italien.); Anthony (engl.); Antoine (französ.); Antek (slaw.); Antonin (tschech.)
Bekannte Namensträger: Anton Bruckner, österr. Komponist (1824–1896); Anton Rubinstein, russ. Komponist (1829–1894); Anton Tschechow, russ. Erzähler (1860–1904)
Namenstag: 17. Januar, 13. Juni

Antonia weibl. Form zu Anton; *weitere Formen:* Antonie, Antonetta; Antoinetta, Antonella (italien.); Antonina, Nina (slaw.); Antoinette (französ.)

Antonin männl., tschech. Form zu Anton; *bekannte Namensträger:* Antonin Dvorák, tschech. Komponist (1841–1904)

Antonio männl., italien. Form zu Anton; *bekannte Namensträger:* Antonio Vivaldi, italien. Komponist (1678–1741)

Apke männl., fries. Kurzform zu Adalbert und weibl., fries. Kurzform zu Adalberta; eindeutiger Zweitname erforderlich

Apollinus männl., aus dem Griech. übernommener Vorn., eigentlich »der dem Gott Apollo Geweihte«; *weitere Formen:* Apollinarius, Apollinaris (lat.); *Namenstag:* 18. April

Apollonia weibl. Form zu Apollonius; durch die Verehrung der Heiligen Apollonia im Mittelalter stark verbreitet; *weitere Formen:* Apolline, Loni; Polly (engl.); Abelone (dän., norweg.)

Arabella weibl., aus dem Span. übernommener Vorn., eigentlich »kleine Araberin«; *weitere Formen:* Bella; Arabel (engl.)

Araldo männl., Nebenform zu Haraldo

Aranka weibl., ungar. Form zu Aurelie

Arbo männl., Kurzform zu Arbogast

Arbogast männl., aus dem ahd. »arbi« (Erbe) und »gast« (Fremder, Gast); *weitere Formen:* Arp, Erb, Eppo (fries.)

Archibald männl., aus dem ahd. »erchan« (echt, rein) und »bald« (kühn); *weitere Formen:* Archimbald

Areta weibl., angloamerikan. Vorn. griech. Ursprungs, eigentlich »die Vortreffliche«; *weitere Formen:* Aretha; *bekannte Namensträger:* Aretha Franklin, amerikan. Soul- und Gospelsängerin (geb. 1942)

Ariadne weibl., aus dem Griech. übernommener Vorn., eigentlich »die Liebliche«; in der griech. Mythologie gab Ariadne Theseus ein Garnknäul, damit er aus dem Labyrinth des Minos entkommen konnte; *weitere Formen:* Arieta, Arietta; Aria (niederländ.); Arka (russ.); Ariane (französ.); Arianna, Arianne (italien.)

Arian männl., niederländ. und ungar. Kurzform zu Adrian; *weitere Formen:* Ariano (span.)

Aribert männl., französ. Form zu Herbert; *bekannte Namensträger:* Aribert Reimann, deutscher Pianist und Komponist (geb. 1936)

Arild männl., dän. Form zu Arnold

Aristid männl., eingedeutschte Form des französ. Vorn. Aristide, eigentlich aus dem griech. »aristos« (Bester, Vornehmster); *weitere Formen:* Arist; Aristides (griech.)

Aristide weibl. Form zu Aristid; *weitere Formen:* Arista

Arlette weibl., aus dem Französ. übernommener Vorn. unklarer Herkunft und Bedeutung; *weitere Formen:* Arlett

Armand männl., französ. Form zu Hermann

Armanda	weibl., italien. Form zu Hermanna; *weitere Formen:* Armida, Armide
Armande	weibl., französ. Form zu Hermanna
Armando	männl., italien. Form zu Hermann
Armgard	weibl., Nebenform zu Irmgard
Armin	männl., der Vorn. geht auf den Cheruskerfürsten Arminius zurück, der 9 n. Chr. die Römer schlug; *bekannte Namensträger:* Armin Hary, deutscher Ex-Weltrekordsprinter (geb. 1937)
Arnaldo	männl., italien. Form zu Arnold; *weitere Formen:* Arnoldo
Arnauld	männl., französ. Form zu Arnold
Arnd	männl., Kurzform zu Arnold und anderen Vorn. mit »Arn-«; *weitere Formen:* Arndt, Arne, Arnt
Arnfried	männl., aus dem ahd. »arn« (Adler) und »fridu« (Friede)
Arnfrieda	weibl. Form zu Arnfried
Arnger	männl., aus dem ahd. »arn« (Adler) und »ger« (Speer)
Arnhold	männl., Nebenform zu Arnold; *weitere Formen:* Arnholt, Arnolt
Arno	männl., Kurzform zu Arnold und anderen Vorn. mit »Arn-«; *weitere Formen:* Arniko (ungar.); *bekannte Namensträger:* Arno Holz, deutscher Dichter (1863–1929); Arno Schmidt, deutscher Schriftsteller (1914–1980); *Namenstag:* 13. Juli
Arnold	*Herkunft:* männl., aus dem ahd. »arn« (Adler) und »waltan« (walten, herrschen) *Verbreitung:* durch die Verehrung des Heiligen Arnold, Lautenspieler am Hofe Karls des Großen, verbreitet; im 19. Jh. durch die Ritterdichtung und romantische Literatur neu belebt; heute noch weit verbreitet, aber selten gewählt *Andere Formen:* Arnd, Arno, Arnhold, Nolde; Arnaud (französ.); Arild (dän.); Arnaldo (italien.) *Bekannte Namensträger:* Arnold Böcklin, schweiz. Maler (1827–1901); Arnold Zweig, deutscher Schriftsteller (1887–1968) *Namenstag:* 18. Juli
Arnolde	weibl. Form zu Arnold; *weitere Formen:* Arnoldine; Arnika (ungar.)
Arnulf	männl., aus dem ahd. »arn« (Adler) und »wolf« (Wolf); der Heilige Arnulf, Bischof von Metz, war der Ahnherr der Arnulfinger und Karolinger; *Namenstag:* 19. August

Aron männl., Nebenform zu Aaron

Arthur männl., aus dem Engl. übernommener Vorn., der wahrscheinlich auf den kelt. Britenkönig Artus (um 500) zurückgeht; König Artus und seine Ritter der Tafelrunde wurden Gestalten eines großen Sagenkreises, der im Mittelalter sehr beliebt war; im 19. Jh. diente Sir Arthur Duke of Wellington als Namensvorbild (er schlug 1815 zusammen mit Blücher Napoleon bei Waterloo); *weitere Formen:* Artus, Artur, Arturo; *bekannte Namensträger:* Arthur Miller, amerikan. Schriftsteller (1892–1955); Arthur Schnitzler, österr. Schriftsteller (1862–1931); Arthur Schopenhauer, deutscher Philosoph (1788–1860); Artur Rubinstein, poln. Pianist (1887–1982)

Artura weibl. Form zu Arthur

Asmus männl., Nebenform zu Erasmus

Assunta weibl., aus dem Italien. übernommener Vorn., der sich eigentlich auf das Fest Mariä Himmelfahrt am 15. August bezieht; *weitere Formen:* Asunción

Asta weibl., Nebenform zu Augusta, Astrid oder Anastasia; bekannt wurde der Vorn. durch die dän. Schauspielerin Asta Nielsen (1885–1972)

Astrid weibl., aus dem Nord. übernommener Vorn. german. Ursprungs zu »ans« (Gott) und »fridhr« (schön); *weitere Formen:* Asta, Estrid; *bekannte Namensträger:* Astrid Lindgren, schwed. Schriftstellerin (geb. 1907)

Aswin männl., aus dem ahd. »ask« (Eschenspeer) und »wini« (Freund); *weitere Formen:* Aschwin, Ascwin, Askwin

Aswine weibl. Form zu Aswin

Athanasius männl., aus dem Griech. übernommener Vorn., eigentlich »der Unsterbliche«; *Namenstag:* 2. Mai

Attila männl., der Vorn. geht auf den Hunnenkönig Attila zurück und bedeutet eigentlich »Väterchen«; *bekannte Namensträger:* Attila Hörbiger, österr. Schauspieler (1896–1987)

Audrey weibl., engl. Form zu Adeltrude; *bekannte Namensträger:* Audrey Hepburn, amerikan. Schauspielerin (geb. 1929)

Augosto männl., italien. Form zu August

August *Herkunft:* männl., aus dem Lat. übernommener Vorn., eigentlich »der Erhabene« und ursprünglich ehrender Beiname des römischen Kaisers Gaius Julius Caesar Augustus; ihm zu Ehren wurde der achte Monat des Jahres August genannt

Verbreitung: seit dem 16. Jh. durch das Interesse an der römischen Geschichte beim Adel sehr beliebter Vorn.; im 19. Jh. war der Name so weit verbreitet, daß er durch die Gestalt des »dummen August« abgewertet wurde; heute noch verbreitet, aber selten gewählt
Andere Formen: Augustin, Gustel, Augustus (lat.); Austen (niederd.); Austin (engl.); Auguste (französ.); Augosto (italien.)
Bekannte Namensträger: August der Starke, Kurfürst von Sachsen und König von Polen (1670–1733); August Bebel, Gründer der SPD (1840–1913); August Strindberg, schwed. Schriftsteller (1849–1912); August Macke, deutscher Maler (1887–1914)

Augusta

Herkunft: weibl. Form zu August
Verbreitung: seit dem 16. Jh. als Vorn. adliger Töchter von Vätern, die den Namen August trugen, eingebürgert; dann waren die Gattin von Kaiser Wilhelm I. und von Kaiser Wilhelm II. jeweils Namensvorbild; schließlich war der Vorn. so häufig, daß er als Dienstbotenname abgewertet wurde; heute selten gewählt
Andere Formen: Auguste, Augustina, Asta, Austina, Guste, Gustel; Gutja (russ.)
Namenstag: 27. März

Auguste

männl., französ. Form zu August, aber auch weibl., Nebenform zu Augusta; eindeutiger Zweitname erforderlich

Augustin

männl., alte Nebenform zu August; verbreitet durch die Verehrung des Heiligen Augustin, Bischof von Hippo und bedeutendster Kirchenlehrer des christlichen Altertums (354–430); allgemein bekannt wurde der Vorn. durch das Lied »Ach, du lieber Augustin«; *Namenstag:* 28. August

Augustina

weibl., Nebenform zu Augusta; *weitere Formen:* Augustine

Augustus

männl., lat. Form zu August

Aurelie

weibl. Form zu Aurelius; *weitere Formen:* Aurelia, Aurea; Aurela, Orella (bask.); Oralia, Oriel, Goldy (engl.); Aurélie (französ.); Auralia (niederländ.); Aura, Aurica (rumän.); Aranka (ungar.); Zlatka, Zlata (slaw.)

Aurelius

männl., aus dem Lat. übernommener Vorn., eigentlich »Mann aus der Aureliersippe« (der Goldene); bekannt wurde der Vorn. durch den römischen Kaiser Mark Aurel, eigentlich Marcus Aurelius Antonius (121–180); *weitere Formen:* Aurel, Aurelian; Aurèle (französ.); Zlatko, Zlatan (slaw.); Aurelio (italien.); Orell (bask.)

Austen

männl., niederd. Form zu August

Austin

männl., engl. Form zu August

Austina

weibl., Nebenform zu Augusta; *weitere Formen:* Austine

Axel

männl., schwed. Form zu Absalon; um 1900 in adligen Kreisen verbreitet, um 1960 oft gewählt; *weitere Formen:* Ache, Axi; Aksel (dän.); *bekannte Namensträger:* Axel Springer, deutscher Zeitungsverleger (1912–1985)

Azius

männl., Kurzform zu Bonifazius, Pankrazius und Servazius (die drei Eisheiligen)

Azzo

männl., italien. Kurzform zu Adolf; *weitere Formen:* Azzing

Namen – damit hat es eine sehr mysteriöse Bewandtnis. Ich bin mir nie ganz klar darüber geworden, ob der Name sich nach dem Kinde formt oder sich das Kind verändert, um zum Namen zu passen. Eines ist sicher: Wenn ein Mensch einen Spitznamen hat, so ist das ein Beweis dafür, daß der ihm gegebene Taufname unrichtig war.

John Steinbeck,
Jenseits von Eden

Für jeden Menschen ist sein Name das schönste und bedeutungsvollste Wort in seinem Sprachschatz.

Dale Carnegie

B

Babette, Babs	weibl., Koseformen zu Barbara
Balda	weibl., Kurzform zu Vorn. mit »Bald-«
Baldebert	männl., aus dem ahd. »bald« (mutig) und »beraht« (glänzend)
Baldegunde	weibl., aus dem ahd. »bald« (mutig) und »gund« (Kampf)
Baldemar	männl., aus dem ahd. »bald« (mutig) und »mari« (berühmt)
Balder	männl., Nebenform zu Baldur oder Kurzform zu Vorn. mit »Bald-«
Baldo	männl., fries. Kurzform zu Vorn. mit »Bald-«
Balduin	männl., aus dem ahd. »bald« (mutig) und »wini« (Freund); Balduin war im Mittelalter Taufname der Grafen zu Flandern; *weitere Formen:* Balko, Bauwen; Balwin (engl.); Baldouin (französ.)
Baldur	männl., aus dem Nord. übernommener Vorn., der auf den altnord. Gott Baldr zurückgeht; in der altnord. Mythologie ist Baldr der Sohn Odins und Gott der Fruchtbarkeit und des Lichts
Baldus, Balles	männl., Nebenformen zu Balthasar
Balte	männl., Kurzform zu Vorn. mit »Balt-«; *weitere Formen:* Baltus
Balthasar	*Herkunft:* männl., aus der Bibel übernommener Vorn. hebr. Ursprungs, eigentlich »Gott schütze sein Leben!« *Verbreitung:* seit dem Mittelalter in Deutschland verbreitet; Balthasar ist in der Bibel einer der Heiligen Drei Könige; heute selten gewählt *Andere Formen:* Balzer, Baldus, Balles, Balthes *Bekannte Namensträger:* Balthasar Neumann, deutscher Baumeister (1687–1753) *Namenstag:* 6. Januar
Balthes, Balzer	männl., Nebenformen zu Balthasar
Baptist	*Herkunft:* männl., aus dem Griech. übernommener Vorn., eigentlich Beiname von Johannes dem Täufer *Verbreitung:* seit dem Mittelalter in katholischen Kreisen gewählt und nach Gründung der Sekte der Baptisten (1618) auch in evangelischen Familien verbreitet; heute selten gewählt *Andere Formen:* Boppo; Batiste (französ.); Battista (italien.); Bisch (schweiz.) *Namenstag:* 24. Juni; 29. August
Barbara	*Herkunft:* weibl., aus dem Griech. übernommener Vorn., eigentlich »die Fremde« *Verbreitung:* durch die Verehrung der Heiligen Barbara, eine der 14 Nothelfer und Patronin der Bergleute, Glöckner und Architekten, seit dem 14. Jh. verbreitet und bis heute öfter gewählt

Andere Formen: Bärbel, Barberina, Barbi, Barbro, Babs; Babette, Barbe (französ.); Basia (poln.)
Bekannte Namensträger: Barbara Sukowa, deutsche Schauspielerin (geb. 1950)
Namenstag: 4. Dezember

Barbe weibl., französ. Form zu Barbara

Bärbel weibl., Nebenform zu Barbara

Barberina weibl., Nebenform zu Barbara; *weitere Formen:* Barbarine

Barbi weibl., Kurzform zu Barbara

Bardo männl., Kurzform zu Bardolf

Bardolf männl., aus dem ahd. »barta« (Streitaxt) und »wolf« (Wolf); *weitere Formen:* Bardulf

Barnabas männl., aus der Bibel übernommener Vorn., eigentlich »Sohn der tröstlichen Weissagung«; Barnabas ist der Beiname des Leviten Joseph; *weitere Formen:* Barnes, Bas; Barnabe, Barnaby (engl.); Barnabe (französ.); *Namenstag:* 11. Juni

Barnát männl., ungar. Form zu Bernhard

Barnd männl., Nebenform zu Bernhard

Barthel männl., Kurzform zu Bartholomäus

Barthold männl., Nebenform zu Berthold

Bartholomäus männl., aus der Bibel übernommener Vorn., eigentlich »Sohn des Tolmai«; in der Bibel ist Bartholomäus ein Jünger von Jesus; *weitere Formen:* Barthel, Mewes, Mils, Bartolv; Bartolomeo (italien.); Barthélemy, Bartholomé (französ.); *Namenstag:* 24. August

Bartolomeo männl., italien. Form zu Bartholomäus

Basia weibl., poln. Form zu Barbara

Basilius männl., aus dem Griech. übernommener Vorn., eigentlich »der Königliche«; durch die Verehrung des Heiligen Basilius, Kirchenlehrer und Erzbischof von Cäsarea (um 330–379), vor allem in Osteuropa verbreitet; *weitere Formen:* Basil (engl.); Wassili (russ.); *Namenstag:* 14. Juni

Bastian männl., Kurzform zu Sebastian; *weitere Formen:* Bastien (französ.); Wastl (bayr.)

Bathilde	weibl., aus dem ahd. »bald« (mutig) und »hiltja« (Kampf); *weitere Formen:* Balthilde; der Vorn. ist durch die Gestalt der Bathilde aus der Wielandsage bekannt
Batiste	männl., französ. Form zu Baptist; *weitere Formen:* Baptiste
Battista	männl., italien. Form zu Baptist
Bea	weibl., Kurzform zu Beate
Beate	weibl., aus dem Lat. übernommener Vorn., eigentlich »die Glückliche«
Beatrice	weibl., italien. Form zu Beatrix; bekannt wurde der Vorn. durch Beatrice Protinari, die Jugendliebe von Dante, und durch die Gestalt der Beatrice in Shakespeares Schauspiel »Viel Lärm um nichts«
Beatrix	weibl., aus dem Lat. übernommener Vorn., eigentlich »die Glückbringende«; früher war der Vorn. in Adelskreisen beliebt, wurde aber nie volkstümlich; *Namenstag:* 29. Juli
Becki	weibl., Kurzform zu Rebekka; *weitere Formen:* Becky
Beda	männl., aus dem Engl. übernommener Vorn., der auf den angelsächsischen Kirchenlehrer Beda (7./8. Jh.) zurückgeht
Beeke	männl., fries. Kurzform zu Vorn. mit »Bert-«; *weitere Formen:* Beek, Beekje
Béla	männl., ungar. Form zu Adalbert; *bekannte Namensträger:* Béla Bartók, ungar. Komponist (1884–1945)
Belinda	weibl., aus dem Engl. übernommener Vorn., dessen Herkunft und Bedeutung unklar sind; der Vorn. wurde in Deutschland durch die engl. Schauspielerin Belinda Lee bekannt
Bella	weibl., Kurzform zu Isabella oder aus dem Italien. übernommener Vorn., eigentlich »die Schöne«
Ben	männl., Kurzform zu Benjamin und aus dem Hebr., eigentlich »Sohn«
Bendix	männl., Nebenform zu Benedikt
Benedetto	männl., italien. Form zu Benedikt
Bénédict	männl., französ. Form zu Benedikt
Benedicto	männl., span. Form zu Benedikt

Benedikt
Herkunft: männl., aus dem Lat. übernommener Vorn., eigentlich »der Gesegnete«
Verbreitung: durch die Verehrung des Heiligen Benedikt von Nursia, Abt des benediktinischen Stammklosters Monte Cassino, im Mittelalter weit verbreitet; verschiedene Päpste trugen diesen Namen; heute selten gewählt
Andere Formen: Benno, Dix, Bendix; Benedetto, Benito (italien.); Bengt (schwed., dän.); Bennet (engl.); Bénédict (französ.); Benedicto (span.)
Namenstag: 21. März

Benedikta
weibl. Form zu Benedikt; *weitere Formen:* Benedicta; Benedetta (italien.); Benita (span.); Bengta (schwed., dän.)

Bengt
männl., schwed. und dän. Form zu Benedikt

Benito
männl., italien. Kurzform zu Benedikt

Benjamin
männl., aus dem Hebr. übernommener Vorn., eigentlich »Glückskind«; Benjamin ist in der Bibel der jüngste Sohn von Jakob und Rahel; seit dem 16. Jh. in Deutschland geläufig, aber nicht volkstümlich geworden; derzeit gilt Benjamin als modern; *weitere Formen:* Benno; Bienes (schwäb.); Benny (engl.); *bekannte Namensträger:* Benjamin Franklin, amerikan. Physiker und Staatsmann (1706–1790); Benjamin Britten, engl. Komponist (1913–1976)

Bennet
männl., engl. Form zu Benedikt; *weitere Formen:* Bennett

Benno
männl., Kurzform zu Bernhard, Benjamin und Benedikt

Benny
männl., engl. Kurzform zu Benjamin; *bekannte Namensträger:* Benny Goodman, amerikan. Jazzmusiker (1909–1986)

Benso
männl., italien. Kurzform zu Bernhard

Berchtold
männl., Nebenform zu Berthold

Berinike
weibl., aus dem Griech. übernommener Vorn., eigentlich »die Siegbringende«

Berit
weibl., schwed. und dän. Form zu Birgit

Bernard
männl., engl. und französ. Form zu Bernhard; *bekannte Namensträger:* George Bernard Shaw, engl. Schriftsteller und Nobelpreisträger (1856–1950)

Bernardo
männl., italien. Form zu Bernhard

Bernd
männl., Nebenform zu Bernhard; *weitere Formen:* Bernt, Berend; *bekannte Namensträger:* Bernd Hölzenbein, deutscher Fußballspieler (geb. 1946)

Bernhard
Herkunft: männl., aus dem ahd. »bero« (Bär) und »harti« (hart)
Verbreitung: durch die Verehrung des Heiligen Bernhard von Clairvaux, Kirchenlehrer und Gründer des Zisterzienserordens (1091–1153), im Mittelalter weit verbreitet; im 19. Jh. wurde der Vorn. durch die Ritterdichtung und romantische Literatur neu belebt und wird auch heute noch gewählt
Andere Formen: Barnd, Benno, Bero, Bernd, Berno, Berni, Bernhardin; Bernard (engl., französ.); Bernardo, Benso (italien.); Bernát (ungar.)
Bekannte Namensträger: Bernhard Grzimek, deutscher Zoologe (1909–1989); Bernhard Vogel, deutscher Politiker (geb. 1932); Bernhard Langer, deutscher Golfspieler (geb. 1957)
Namenstag: 20. August

Bernharde
weibl. Form zu Bernhard; *weitere Formen:* Bernhareda, Bernhardine, Bernhardina; Bernarda (engl., französ.)

Bernhardin
männl., Nebenform zu Bernhard

Berni, Berno, Bero
männl., Kurzformen zu Bernhard

Bert
männl., Kurzform zu Berthold oder anderen Vorn. mit »bert«

Berta
Herkunft: weibl. Form zu Bert
Verbreitung: durch die Verehrung der Heiligen Berta , Stifterin des Klosters Biburg (12. Jh.), war der Vorn. im Mittelalter vor allem in Bayern verbreitet; im 19. Jh. wurde der Vorn. durch die romantische Literatur volkstümlich und erreichte um 1900 seine weiteste Verbreitung; im Ersten Weltkrieg wurde das Kruppgeschütz »Dicke Berta« genannt, und seitdem wird der Vorn. selten gewählt
Andere Formen: Bertrada, Bertha, Bertel, Bertida, Berte
Namenstag: 1. Mai

Berte
weibl., Nebenform zu Berta

Bertfried
männl., aus dem ahd. »beraht« (glänzend) und »fridu« (Friede)

Bertfriede
weibl. Form zu Bertfried

Bertha
weibl., Nebenform zu Berta; *bekannte Namensträger:* Bertha von Suttner, österr. Schriftstellerin und Friedensnobelpreisträgerin (1843–1914)

Berthild
weibl., aus dem ahd. »beraht« (glänzend) und »hiltja« (Kampf); *weitere Formen:* Berthilde

Berthold
Herkunft: männl., aus dem ahd. »beraht« (glänzend) und »waltan« (walten, herrschen)
Verbreitung: sehr beliebter Vorn. bei den Herzögen von Zähringen, daher starke Verbreitung in Südwestdeutschland; im 19. Jh.

durch die Ritterdichtung und romantische Literatur neu belebt; heute noch verbreitet, aber selten gewählt
Andere Formen: Bertolt, Bert, Berti, Bertl, Berto, Barthold, Berchtold
Bekannte Namensträger: Berthold von Regensburg, deutscher Franziskaner (13. Jh.); Berthold von Henneberg, deutscher Politiker und Erzbischof von Mainz (1442–1504); Berthold Schwarz, angeblicher Erfinder des Schießpulvers (14. Jh.)
Namenstag: 27. Juli

Berti männl., Kurzform zu Berthold oder anderen Vorn. mit »bert«; *bekannte Namensträger:* Berti Vogts, deutscher Fußballweltmeister und Trainer der Nationalmannschaft (geb. 1946)

Bertida weibl., Nebenform zu Berta

Bertine weibl., Kurzform zu Vorn. mit »-bertine« oder »-bertina«; *weitere Formen:* Bertina

Bertl männl., Kurzform zu Berthold oder weibl., Kurzform zu Berta

Berto männl., Kurzform zu Berthold

Bertolt männl., Nebenform zu Berthold; *weitere Formen:* Bertold; *bekannte Namensträger:* Bertold Brecht, deutscher Schriftsteller und Theaterregisseur (1898–1956)

Bertrada weibl., alte Nebenform zu Berta; Bertrada hieß die Mutter Karls des Großen

Bertram männl., aus dem ahd. »beraht« (glänzend) und »hraban« (Rabe); durch die Verehrung des Heiligen Bertram, Bischof von Mans (7. Jh.), in Deutschland verbreitet; *weitere Formen:* Bertrand (französ.); *bekannte Namensträger:* Meister Bertram, deutscher Maler und Bildschnitzer des 14. Jh.; *Namenstag:* 30. Juli

Bertrand männl., französ. Form zu Bertram oder aus dem ahd. »beraht« (glänzend) und »rand« (Schild); *bekannte Namensträger:* Bertrand de Born, französ. Minnesänger (12. Jh.); Bertrand Russel, engl. Mathematiker und Philosoph (1872–1970)

Bertrun weibl., aus dem ahd. »beraht« (glänzend) und »runa« (Geheimnis); *weitere Formen:* Bertrune

Bess weibl., aus dem Engl. übernommene Kurzform zu Elisabeth; bekannt durch Gershwins Oper »Porgy and Bess«

Bessy, Betsy weibl., engl. Koseformen zu Elisabeth

Betti weibl., Koseform zu Elisabeth; *weitere Formen:* Betta, Bette, Betty (engl.)

Bettina	weibl., Nebenform zu Elisabeth; *bekannte Namensträger:* Bettina von Arnim, deutsche Schriftstellerin (1785–1859)
Bianca	weibl., aus dem Italien. übernommener Vorn., eigentlich »die Weiße«; *weitere Formen:* Blanka
Bibiana	weibl., Nebenform zu Viviane; seit dem Mittelalter durch die Verehrung der Heiligen Bibiana, Helferin bei Fallsucht und Kopfschmerzen (4. Jh.), verbreitet, aber heute selten gewählt; *weitere Formen:* Bibiana, Bibianka; Binka (bulgar.); *Namenstag:* 2. Dezember
Bill	männl., engl. Kurzform zu Wilhelm; *weitere Formen:* Billi, Billy
Billa, Bille	weibl., Kurzformen zu Sibylle
Billfried	männl., aus dem ahd. »billi« (Schwert) und »fridu« (Friede)
Billhard	männl., aus dem ahd. »billi« (Schwert) und »harti« (hart)
Billo	männl., Kurzform zu Vorn. mit »Bill-«
Bine	weibl., Kurzform zu Vorn. mit »-bine«, vor allem zu Sabine; *weitere Formen:* Bina
Birger	männl., aus dem Nord. übernommener Vorn., eigentlich »der Schützer«
Birgit	weibl., schwed. Form zu Brigitte; *weitere Formen:* Birgid, Birgitta, Birgitt, Birke; Birte, Berit (dän.); Berit, Birgitta (schwed.); *Namenstag:* 23. Juli
Bisch	männl., schweiz. Form zu Baptist
Björn	männl., aus dem Schwed. übernommener Vorn., eigentlich »der Bär«; *weitere Formen:* Bjarne (dän.); *bekannte Namensträger:* Björn Borg, schwed. Tennisspieler (geb.1956)
Blaise	männl., französ. und engl. Form zu Blasius; *bekannte Namensträger:* Blaise Pascal, französ. Philosoph und Physiker (1623–1662)
Blanche	weibl., aus dem Französ. übernommener Vorn., eigentlich »die Weiße«; *weitere Formen:* Blanchette
Blanda	weibl., aus dem lat. »blandus« (freundlich); *weitere Formen:* Blandine, Blandina, *Namenstag:* 2. Juni
Blasi	männl., Kurzform zu Blasius; *weitere Formen:* Bläse

Blasius
Herkunft: männl., aus dem Griech. übernommener Vorn. unklarer Bedeutung
Verbreitung: seit dem Mittelalter durch die Verehrung des Heiligen Blasius weit verbreitet, der Patron der Ärzte, Bauarbeiter, Schneider, Schuhmacher und Weber ist und außerdem zu den 14 Nothelfern gehört; heute wird der Vorn. selten gewählt
Andere Formen: Blasi, Blaise (französ., engl.); Blazek (slaw.)
Namenstag: 3. Februar

Blazek
männl., slaw. Form zu Blasius

Bob
männl., engl. Koseform zu Robert; *bekannte Namensträger:* Bob Dytan (eigentlich Robert Zimmermann), amerikan. Folk-Rock-Sänger und Komponist (geb. 1941)

Bobby
männl., engl. Koseform zu Robert; *bekannte Namensträger:* Bobby Charlton, engl. Fußballspieler (geb. 1937)

Bodislaw
männl., aus dem Slaw. übernommener Vorn. zu russ. »bog« (Gott) und »slava« (Ruhm); *weitere Formen:* Bogislav, Boguslaw; Bohuslaw (tschech.)

Bodo
männl., eigenständige Kurzform zu Vorn. mit »Bodo-« oder »Bode-«

Bodomar
männl., aus dem ahd. »bodo« (Bote) und »mari« (berühmt)

Bodowin
männl., aus dem ahd. »bodo« (Bote) und »wini« (Freund)

Bogdan
männl., slaw. Form zu Theodor

Bogumil
männl., slaw. Form zu Gottlieb; *weitere Formen:* Bohumil (tschech.)

Boleslaw
männl., aus dem Slaw. übernommener Vorn. zu russ. »bolee« (mehr) und »slava« (Ruhm); *weitere Formen:* Bolo, Bolko

Bonaventura
männl., aus dem Lat. übernommener Vorn., eigentlich »gute Zukunft«; durch die Verehrung des Heiligen Bonaventura, Kirchenlehrer und General des Franziskanerordens, im Mittelalter verbreitet; heute selten gewählt; *Namenstag:* 14. Juli

Bonifatius
männl., aus dem Lat. übernommener Vorn., eigentlich »der Wohltäter«; durch die Verehrung des Heiligen Bonifatius, Apostel der Deutschen, im Mittelalter weit verbreitet; außerdem trugen mehrere Päpste diesen Namen; *weitere Formen:* Bonifazius, Bonus; *Namenstag:* 5. Juni

Boppo
männl., Nebenform zu Baptist

Borchard
männl., Nebenform zu Burkhard

Borg männl., niederd. Kurzform zu Burkhard

Börge männl., aus dem Nord. übernommener Vorn., Nebenform zu Birger

Boris *Herkunft:* männl., slaw. Kurzform zu Borislaw
Verbreitung: durch den russ. Schriftsteller Boris Pasternak und seinen Roman »Doktor Schiwago« im deutschsprachigen Raum bekannt geworden und bis heute öfter gewählt
Bekannte Namensträger: Boris Blacher, deutscher Komponist (1903–1975); Boris Becker, deutscher Tennisspieler (geb. 1967)

Börries männl., niederd. Kurzform zu Liborius; *bekannte Namensträger:* Börries Freiherr von Münchhausen, deutscher Dichter (1874–1945)

Bosse männl., niederd. Kurzform zu Burkhard

Brand männl., Kurzform zu Vorn. mit »brand«, vor allem Brandolf und Hildebrand

Brandolf männl., aus dem ahd. »brant« (Brand) und »wolf« (Wolf)

Briddy weibl., Koseform zu Brigitte; *weitere Formen:* Briddi

Bride weibl., Kurzform zu Brigitte

Bridget weibl., engl. Form zu Brigitte; *weitere Formen:* Brigit

Briga weibl., Kurzform zu Brigitte

Brigida weibl., lat. Form zu Brigitte; *weitere Formen:* Brigide; *Namenstag:* 1. Februar

Brigitta weibl., Nebenform zu Brigitte

Brigitte *Herkunft:* weibl., aus dem Kelt. übernommener Vorn., eigentlich »die Erhabene«
Verbreitung: durch die Verehrung der Heiligen Brigitte, Gründerin des Klosters Kildare und Patronin Irlands, schon sehr zeitig in Deutschland verbreitet; zwischen 1930 und 1960 war der Vorn. sehr beliebt; seitdem seltener gewählt
Andere Formen: Bride, Briddy, Brigitta, Brigida, Britta, Gitta, Gitte, Briga; Birgit (schwed.); Bridget (engl.); Brigitte (französ.); Brigida (lat.)
Bekannte Namensträger: Brigitte Horney, deutsche Schauspielerin (1911–1988); Brigitte Bardot, französ. Filmschauspielerin (geb. 1934)

Britta weibl., Kurzform zu Brigitte; *weitere Formen:* Britte, Brita, Brit

Bronislaw männl., aus dem Slaw. übernommener Vorn. zu russ. »bronja« (Brünne, Panzer) und »slava« (Ruhm)

Bronislawa weibl. Form zu Bronislaw; *weitere Formen:* Bronia

Bronno männl., fries. Form zu Bruno

Brown männl., engl. Form zu Bruno

Brun männl., Kurzform zu Bruno; bekannt wurde der Vorn. durch den sächs. Missionar Brun von Querfurt (10./11. Jh.)

Bruna weibl. Form zu Bruno

Brunhilde weibl., aus dem ahd. »brunni« (Brustpanzer) und »hiltja« (Kampf); durch die Gestalt der Brunhilde in der Nibelungensage ist der Vorn. bekannt geworden; *weitere Formen:* Brunhild, Bruni

Bruno *Herkunft:* männl., aus dem ahd. »brun« (braun, der Braune); im übertragenen Sinne ist damit »der Bär« gemeint und sollte ursprünglich als Beiname seinem Träger die Eigenschaften eines Bären
Verbreitung: durch die Verehrung des Heiligen Bruno von Köln, Stifter des Kartäuserordens (11. Jh.), im Mittelalter weit verbreitet; besonders beliebt war der Vorn. im sächs. Herzogsgeschlecht; zu Beginn des 19. Jh. wurde der Name durch die Ritterdichtung neu belebt; heute selten gewählt
Andere Formen: Brun; Brown (engl.); Bronno (fries.); Brunone (italien.)
Bekannte Namensträger: Bruno Walter, deutscher Dirigent (1876–1962); Bruno Frank, deutscher Schriftsteller (1887–1945); Bruno Apitz, deutscher Schriftsteller (1900–1979)
Namenstag: 6. Oktober

Brunold männl., aus dem ahd. »brun« (braun, der Braune) und »waltan« (walten, herrschen)

Brunone männl., italien. Form zu Bruno

Burga weibl., Kurzform zu Vorn. mit »burg«, vor allem zu Burghild und Walburga; *weitere Formen:* Burgel, Burgl

Burghild weibl., aus dem ahd. »burg« (Burg) und »hiltja« (Kampf); *weitere Formen:* Burghilde

Burgit weibl., neugebildeter Vorn. aus »Burga« und »Margit« oder Variation auf Birgit; der Vorname wurde gelegentlich in der ehemaligen DDR gewählt

Burgunde weibl., neugebildeter Vorn. in Anlehnung an ostfranzös. Region Burgund

Burk, Bürk	männl., oberdeutsche Nebenformen zu Burkhard
Burkhard	männl., aus dem ahd. »burg« (Burg) und »harti« (hart); durch die Verehrung des Heiligen Burkhard, Bischof von Würzburg (8. Jh.), war der Vorn. früher besonders in Franken und Schwaben verbreitet; *weitere Formen:* Burkhart, Burkart, Burchard, Burchart; Bork, Bosse (niederd.); *Namenstag:* 14. Oktober
Burt	männl., aus dem Engl. übernommener Vorn. unklarer Herkunft, eventuell Kurzform zu Burkhard; *bekannte Namensträger:* Burt Lancaster, amerikan. Schauspieler (geb. 1913)

Es kommt auf dieser Welt viel darauf an,
wie man heißt; der Name tut viel.

Heinrich Heine,
Reisebilder II

C

Cäcilia weibl., Nebenform zu Cäcilie

Cäcilie weibl., aus dem Lat. übernommener Vorn., eigentlich »Frau aus dem Geschlecht der Caecilier«; durch die Verehrung der Heiligen Cäcilie, Patronin der Musiker, Sänger und Dichter (3. Jh.), im Mittelalter weit verbreitet; heute selten gewählt; *weitere Formen:* Cäcilia, Cecilie, Zäzilia, Zecilie, Zilla, Silja, Cilly, Zilly; Cicely, Sheyla, Sissy (engl.); *Namenstag:* 22. November

Caesar *Herkunft:* männl., aus dem Lat. übernommener Vorn., ursprünglich ein Beiname in der Sippe der Julier oder aus dem lat. »caedere« (schneiden); der Sage nach soll Caesar durch einen Kaiserschnitt zur Welt gekommen sein
Verbreitung: durch die Verehrung des Heiligen Cäsarius, Erzbischof von Arles (5./6. Jh.), seit dem Mittelalter verbreitet; in der Renaissance wurde der Vorn. vor allem bei den Gelehrten beliebt; heute sehr selten gewählt
Andere Formen: Cäsar; César (französ.); Cesare (italien.)
Bekannte Namensträger: Gajus Julius Caesar, römischer Feldherr und Staatsmann (100–44 v. Chr.)
Namenstag: 27. August

Cajus männl., Nebenform zu Kajus

Calman männl., Nebenform zu Kalman

Camill männl., aus dem griech. »gamelios« (hochzeitlich, festlich); durch die Verehrung des Heiligen Camillus, Gründer des Kamillanerordens und Schirmherr der Krankenhäuser und -pflege, seit dem Mittelalter bekannt; heute selten gewählt; *weitere Formen:* Kamill; Camille (französ.); Camillo (italien.); Camillus (lat.)

Camilla weibl. Form zu Camill, eigentlich »Altardienerin«; durch die Gestalt der Camilla in Stifters Novelle »Die Schwestern« wurde der Vorn. im 19. Jh. in Deutschland bekannt; *weitere Formen:* Kamilla; Camille (französ.)

Camille männl., französ. Form zu Camill und weibl., französ. Form zu Camilla; eindeutiger Zweitname erforderlich

Camillo männl., italien. Form zu Camill; der Vorn. wurde durch die Gestalt des Don Camillo in dem Roman »Don Camillo und Peppone« von G. Guareschi in Deutschland bekannt

Candida weibl., aus dem Lat. übernommener Vorn., eigentlich »die Weiße, die Reine«; *weitere Formen:* Kandida; Candy (engl.)

Candy weibl., engl. Form zu Candida

Cara weibl., aus dem Lat. übernommener Vorn., eigentlich »die mir Liebe gibt«; *weitere Formen:* Kara

Carin weibl., Nebenform zu Karin

Carina weibl., italien. Form zu Karina

Carl männl., Nebenform zu Karl; *bekannte Namensträger:* Carl Zuckmayer, deutscher Schriftsteller (1896–1977)

Carlo männl., italien. Form zu Karl; *bekannte Namensträger:* Carlo Schmid, deutscher Politiker (1896–1979)

Carlos männl., span. Form zu Karl

Carlota weibl., span. Form zu Charlotte

Carlotta weibl., italien. Form zu Charlotte

Carmen weibl., aus dem Span. übernommener Vorn. zu »Virgen del Carmen« (Jungfrau vom Berge Karmel); mit der Jungfrau ist hier die Jungfrau Maria gemeint, deren Fest am 16. Juli begangen wird; wie Mercedes und Assunta wird Carmen aus religiöser Ehrfurcht stellvertretend für den Vorn. Maria gewählt; Carmen wurde vor allem durch G. Bizets gleichnamige Oper (1875) in Deutschland bekannt; *weitere Formen:* Karmen, Carmina

Carol männl., rumän. Form zu Karl (als männl., Vorn. vom Amtsgericht Hamburg 1967 anerkannt, da der weibl. engl. Vorn. Carol im deutschsprachigen Raum nicht üblich ist)

Carola weibl., Nebenform zu Karla

Carsta weibl., Nebenform zu Karsta

Carsten männl., Nebenform zu Karsten

Cary männl., engl. Form zu Carol; *weitere Formen:* Kerry (eingedeutscht); *bekannte Namensträger:* Cary Grant, amerikan. Filmschauspieler (1907–1986)

Cäsar männl., eingedeutschte Form zu Caesar

Casimir männl., Nebenform zu Kasimir

Caspar männl., Nebenform zu Kasper

Caterina weibl., italien. Form zu Katharina; *bekannte Namensträger:* Caterina Valente, deutsche Schauspielerin, Sängerin und Tänzerin (geb. 1931)

Cathérine weibl., französ. Form zu Katharina; *bekannte Namensträger:* Cathérine Deneuve, französ. Filmschauspielerin (geb. 1943)

Cecilie weibl., Nebenform zu Cäcilie

Cella weibl., Kurzform zu Marcella

César männl., französ. Form zu Caesar; *bekannte Namensträger:* César Franck, französ.-belg. Dirigent und Komponist (1822–1890)

Cesare männl., italien. Form zu Caesar

Charis weibl., aus dem Griech. übernommener Vorn., eigentlich »Anmut, Grazie«

Charles männl., französ. und engl. Form zu Karl; *bekannte Namensträger:* Charles Dickens, engl. Schriftsteller (1812–1870); Charles Chaplin, amerikan. Filmschauspieler und Regisseur (1889–1977); Charles Lindbergh, erster Alleinüberflieger des Atlantik (1902–1974); Charles de Gaulle, französ. General und Staatsmann (1890–1970)

Charley männl., engl. Koseform zu Karl; *weitere Formen:* Charly

Charlot weibl., niederländ. Form zu Charlotte

Charlotte *Herkunft:* weibl., französ. Form zu Karla
Verbreitung: in der zweiten Hälfte des 17. Jh. galt der Vorn. als modern und war weit verbreitet; heute seltener gewählt
Andere Formen: Lotte, Lola, Lolo; Charlot (niederländ.); Carlotta (italien.); Carlota (span.)
Bekannte Namensträger: Charlotte von Stein, Freundin und Fördererin von J. W. Goethe in Weimar (1742–1827)

Chlodwig männl., französ. Form zu Ludwig

Chlothilde weibl., Nebenform zu Klothilde

Chris männl., engl. Kurzform zu Christian oder Christopher; weibl., engl. Kurzform zu Christina oder Christabel

Christa weibl., Kurzform zu Christiane; um 1900 kam der Vorn. in Adelskreisen in Mode, dann wurde er durch Zeitungs- und Zeitschriftenromane weit verbreitet; *bekannte Namensträger:* Christa Wolf, deutsche Schriftstellerin (geb. 1929)

Christabel weibl., Doppelname aus Christa und Bella

Christel weibl., Nebenform zu Christa; *weitere Formen:* Christl

Christian *Herkunft:* männl., aus dem Lat. übernommener Vorn. griech. Ursprungs, eigentlich »der Christ«
Verbreitung: seit der Reformation vor allem in Norddeutschland weit verbreitet; bis heute erfreut sich der Vorn. großer Beliebtheit und wird häufig gewählt
Andere Formen: Karsten, Kersten (niederd.); Kirsten, Chris (engl.); Kristian (schwed.)

Bekannte Namensträger: Christian Dietrich Grabbe, deutscher Dramatiker (1801–1836); Hans Christian Andersen, dän. Märchendichter (1805–1875); Christian Morgenstern, deutscher Lyriker (1871–1914); Christian Dior, französ. Modeschöpfer (1905–1957)
Namenstag: 14. Mai, 4. Dezember

Christiane weibl. Form zu Christian; *weitere Formen:* Christiana, Christianne, Christa, Christel, Nane, Nina; *bekannte Namensträger:* Christiane Vulpius, Ehegattin von J. W. Goethe (1765–1816)

Christina weibl., Nebenform zu Christiane; *weitere Formen:* Christine, Dina; Kristin, Kerstin, Kirstin, Kirsten, Kristina, Kristine (skand.); Kristin, Chrissy, Chris (engl.)

Christine weibl., Nebenform zu Christina; bekannt wurde der Vorn. durch die französ. Dichterin Christine de Pisan (um 1365–1432); *Namenstag:* 24. Juli

Christo männl., bulgar. Form zu Christopher

Christoffer männl., Nebenform zu Christopher

Christoforo männl., italien. Form zu Christopher

Christoph männl., Nebenform zu Christopher; *weitere Formen:* Christof; *bekannte Namensträger:* Christoph Kolumbus, span. Seefahrer (1446–1506); Christoph Willibald Ritter von Gluck, Erneuerer der europäischen Oper (1714–1787); Christoph Martin Wieland, deutscher Dichter (1733–1813)

Christophe männl., französ. Form zu Christopher

Christopher *Herkunft:* männl., aus dem Griech. übernommener Vorn., eigentlich »Christusanhänger«
Verbreitung: der Heilige Christophorus soll der Legende nach das Christuskind durch einen Fluß getragen haben; er gehört zu den 14 Nothelfern und ist Patron der Schiffer, Kraftfahrer und Piloten; im Mittelalter weit verbreitet und in den Nebenformen auch heute noch oft gewählt
Andere Formen: Christoph, Christoffer, Stoffel, Toffel; Christophorus (lat.); Christopher, Chris (engl.); Christophe (französ.); Christoforo (italien.); Christo (bulgar.); Krysztof (slaw.); Kristoffel (niederd.)
Bekannte Namensträger: Christopher Marlowe, engl. Dramatiker (1564–1593)

Christophorus männl., lat. Form zu Christopher; *Namenstag:* 25. Juli

Chrysanthus männl., aus dem Griech. übernommener Vorn., eigentlich »Goldblume«; *weitere Formen:* Chrysant

Cicely weibl., engl. Form zu Cäcilie

Cilly weibl., Koseform zu Cäcilie

Claas männl., Nebenform zu Klaus

Claire weibl., französ. Form zu Klara; *weitere Formen:* Cläre, Kläre; *bekannte Namensträger:* Claire Waldoff, deutsche Kabarettistin und Schauspielerin (1884–1957)

Clara weibl., Nebenform zu Klara

Clarissa weibl., Nebenform zu Klarissa; *weitere Formen:* Clarisse

Clark männl., aus dem Engl. übernommener Vorn. lat. Ursprungs, eigentlich »der Geistliche«; *weitere Formen:* Clarke, Clerk (engl.); *bekannte Namensträger:* Clark Gable, amerikan. Filmschauspieler (1901–1960)

Claude männl., französ. Form zu Claudius; *bekannte Namensträger:* Claude Debussy, französ. Komponist (1862–1918); Claude Eugène Henri Simon, französ. Schriftsteller und Nobelpreisträger (geb. 1913); weibl., französ. Form zu Claudia; eindeutiger Zweitname erforderlich

Claudette weibl., französ. Koseform zu Claudia

Claudia weibl. Form zu Claudius; seit dem 18. Jh. durch italien. Einfluß in Deutschland verbreitet und wird bis heute oft gewählt; *weitere Formen:* Klaudia, Claudiane; Claude, Clodia, Claudine, Claudette (französ.); *bekannte Namensträger:* Claudia Cardinale, italien. Filmschauspielerin (geb. 1939); Claudia Leistner, deutsche Eiskunstläuferin (geb. 1965); *Namenstag:* 18. August

Claudine weibl., französ. Form zu Claudia; der Vorn. wurde durch Goethes Jugenddrama »Claudine von Villa Bella« (1776) bekannt; *weitere Formen:* Dina, Claudinette

Claudio männl., italien. Form zu Claudius; *bekannte Namensträger:* Claudio Monteverdi, italien. Komponist (1567–1643)

Claudius männl., aus dem Lat. übernommener Vorn., eigentlich »der aus dem Geschlecht der Claudier«; bekannt wurde der Vorn. durch den römischen Kaiser Tiberius Claudius Nero (10 v. Chr .– 54 n. Chr.); *weitere Formen:* Claudio (italien.), Claude (französ.)

Clemens männl., aus dem Lat. übernommener Vorn., eigentlich »der Milde, der Gnädige«; *weitere Formen:* Klemens; Clement (engl., französ.); *bekannte Namensträger:* Clemens Brentano, deutscher Schriftsteller (1778–1842); *Namenstag:* 23. November

Clementia	weibl. Form zu Clemens; *weitere Formen:* Klementia, Clementine, Klementine
Clementine	weibl., Nebenform zu Clementia
Cölestin	männl., aus dem Lat. übernommener Vorn., eigentlich »der Himmlische«; *Namenstag:* 19. Mai
Cölestine	weibl. Form zu Cölestin; *weitere Formen:* Célestine (französ.)
Coletta	weibl., Kurzform zu Nicoletta; *weitere Formen:* Colette (französ.)
Colin	männl., engl. Kurzform zu Nikolaus
Conny	männl., engl. Koseform zu Konrad; weibl., engl. Koseform zu Cornelia; *weitere Formen:* Conni
Conrad	männl., Nebenform zu Konrad
Constance	weibl., Nebenform zu Konstanze; *weitere Formen:* Constanze
Constantin	männl., Nebenform zu Konstantin
Cord	männl., Nebenform zu Kord; *weitere Formen:* Cordt
Cordelia	weibl., Nebenform zu Cordula; *weitere Formen:* Kordelia
Cordula	weibl., aus dem Lat. übernommener Vorn., eigentlich »Herzchen«; *weitere Formen:* Cordelia, Kordula, Cora, Kora; *Namenstag:* 22. Oktober
Cornelia	weibl. Form zu Cornelius; seit der Renaissance ist der Vorn. in Deutschland verbreitet und wird auch heute noch oft gewählt; *weitere Formen:* Conny, Cornell, Corrie, Nelli, Lia, Nelia, Kornelia; Cornélie (französ.); Cornela (engl.)
Cornelius	männl., aus dem Lat. übernommener Vorn., eigentlich »der aus dem Geschlecht der Cornelier«; *weitere Formen:* Kornelius; Corell (engl.); *Namenstag:* 16. September
Corona	weibl., aus dem Lat. übernommener Vorn., eigentlich »der Kranz«; *weitere Formen:* Korona; *Namenstag:* 14. Mai
Cosima	weibl., aus dem Lat. übernommener Vorn., eigentlich »wohlgeordnet, sittlich«; *weitere Formen:* Kosima; *bekannte Namensträger:* Cosima Wagner, Ehegattin von R. Wagner (1837–1930)
Crescentia	weibl., Nebenform zu Kreszentia
Curd	männl., Nebenform zu Kurd; *weitere Formen:* Curt; *bekannte Namensträger:* Curd Jürgens, deutscher Schauspieler (1915–1982)

Cynthia weibl., aus dem Griech. übernommener Vorn., eigentlich »die vom Berge Cynthos Stammende«; Cynthia ist auch der Beiname der griech. Jagdgöttin Artemis; *weitere Formen:* Cinzia (italien.); Cintia (ungar.)

Cyrillus männl., aus dem Griech. übernommener Vorn., eigentlich »der zum Herrn Gehörende«; durch den Heiligen Cyrillus, Kirchenlehrer und Bischof von Jerusalem (4. Jh.), im Mittelalter verbreitet, aber heute selten gewählt; *weitere Formen:* Cyrill, Kyrill; *Namenstag:* 7. Juli

Bei vielen Leuten ist nur der Name etwas wert.

La Bruyère,
Charaktere II

D

Dag männl., skand. Kurzform zu Vorn. mit »Dag-« oder »-dag«; *weitere Formen:* Dagino

Dagmar weibl. Form zu Dagomar; um 1900 aus dem Dän. übernommener Vorn., der wahrscheinlich auf die böhmische Prinzessin Dagmar zurückgeht, die im 13. Jh. Königin von Dänemark wurde; der Vorn. wurde bei uns durch die skand. Literatur eingebürgert und wird auch heute noch öfter gewählt; *weitere Formen:* Dagny (skand.); Dragomira (slaw.)

Dagny weibl., skand. Kurzform zu Dagmar oder aus dem Schwed., eigentlich »neuer Tag«

Dagobert männl., aus dem dän. »dag« (Tag) und dem ahd. »beraht« (glänzend); der Vorn. wurde durch die Merowinger und ihre Könige bekannt; im Mittelalter kam der Name aus der Mode und wurde erst im 19. Jh. neu belebt; Walt Disneys Trickfilmfigur Dagobert Duck machte den Vorn. weltberühmt

Dagomar männl., aus dem dän. »dago« (gut) und dem ahd. »mari« (berühmt); der Vorn. wurde im 19. Jh. neu belebt und war in adligen Kreisen beliebt; heute selten gewählt; *weitere Formen:* Dag, Dago

Daisy weibl., aus dem Engl. übernommener Vorn., eigentlich »Gänseblümchen«

Dalila weibl., aus der Bibel übernommener Vorn. hebr. Ursprungs, eigentlich »die Wellenlockige«; in der Bibel ist Dalila die Geliebte von Simson, entlockt ihm das Geheimnis seiner Kraft und liefert ihn seinen Feinden aus; *weitere Formen:* Delila, Delilah

Damaris weibl., aus dem Griech. übernommener Vorn., eigentlich »Gattin, Geliebte«

Dan männl., engl. Kurzform zu Daniel

Dana weibl., slaw. Kurzform zu Daniela oder russ. Kurzform zu Daria; *weitere Formen:* Danja

Dania weibl., slaw. Kurzform zu Daniela

Daniel *Herkunft:* männl., aus der Bibel übernommener Vorn. hebr. Ursprungs, eigentlich »Gott ist mein Richter«
Verbreitung: als Name eines alttestamentarischen Propheten war der Vorn. schon sehr zeitig in Deutschland verbreitet und erfreut sich auch heute noch wachsender Beliebtheit
Andere Formen: Dan, Dano; Daniel (französ.); Daniel, Danny (engl.); Danilo (russ.); Dános (ungar.)
Bekannte Namensträger: Daniel Chodowiecki, deutscher Kupferstecher, Zeichner und Maler (1726–1801); Daniel Defoe, engl. Schriftsteller (1660–1731)
Namenstag: 21. Juli

Daniela — *Herkunft:* weibl.; italien. Form zu Daniel
Verbreitung: um 1900 durch Zeitungs- und Zeitschriftenromane bekannt gewordener und bis heute sehr oft gewählter Vorn.
Andere Formen: Danielle, Dany (französ.); Daniella (italien.); Danniebelle (amerikan.); Dana, Dania (slaw.)

Daniella — weibl., italien. Form zu Daniela; *weitere Formen:* Danilla

Danielle — weibl., französ. Form zu Daniela; *bekannte Namensträger:* Danielle Darrieux, französ. Filmschauspielerin (geb. 1917)

Danilo — männl., russ. Form zu Daniel

Dankmar — männl., aus dem ahd. »dank« (Gedanke) und »mari« (berühmt); *weitere Formen:* Tamme, Thankmar

Dankrad — männl., aus dem ahd. »dank« (Gedanke) und »rat« (Ratgeber); *weitere Formen:* Tankred, Dankrat

Dankwart — männl., aus dem ahd. »dank« (Gedanke) und »wart« (Hüter); bekannt wurde der Vorn. durch die Gestalt des Dankwart (Hagens Bruder) im Nibelungenlied; *weitere Formen:* Danko, Tanko

Danniebelle — weibl., amerikan. Form zu Daniela

Danny — männl., engl. Kurzform zu Daniel

Dano — männl., Kurzform zu Daniel

Dános — männl., ungar. Form zu Daniel

Dany — weibl., französ. Kurzform zu Daniela

Daphne — weibl., aus dem Griech. übernommener Vorn., eigentlich »Lorbeerbaum«; in der griech. Mythologie wird Daphne von Apollo verfolgt, so daß sie auf ihren Wunsch hin von den Göttern in einen Lorbeerbaum verwandelt wird; *weitere Formen:* Dafne, Daphna; *bekannte Namensträger:* Daphne du Maurier, engl. Schriftstellerin (1907–1989)

Daria — weibl. Form zu Darius; durch die Verehrung der Heiligen Daria, die zusammen mit Chrysanthus in Rom ermordet wurde, im Mittelalter bekannt geworden; heute nur selten gewählt; *weitere Formen:* Dana, Darja (russ.); *Namenstag:* 25. Oktober

Dario — männl., italien. Form zu Darius

Darius — männl., aus dem Lat. übernommener Vorn., der eigentlich auf einen persischen Königsnamen zurückgeht; *weitere Formen:* Dario (italien.); *bekannte Namensträger:* Darius Milhaud, französ. Komponist (1892–1974)

David

Herkunft: männl., aus der Bibel übernommener Vorn. hebr. Ursprungs, eigentlich »der Geliebte«; in der Bibel ist der König David der Besieger des Riesen Goliath und Gründer des jüdischen Staates
Verbreitung: seit dem späten Mittelalter in Deutschland verbreiteter Vorn., der auch heute noch oft gewählt wird
Andere Formen: Davide (italien.); Davy, Davis (engl.)
Bekannte Namensträger: David Hume, engl. Philosoph und Historiker (1711–1776); David Livingstone, engl. Forschungsreisender (1813–1873); Caspar David Friedrich, deutscher Maler (1774–1840); David Oistrach, russ. Violinvirtuose (1908–1974); David Ben Gurion, israel. Staatsmann (1886–1973); David Bowie, engl. Schauspieler und Rockmusiker (geb. 1948)
Namenstag: 29. Dezember

Davida

weibl. Form zu David; *weitere Formen:* Davina (schott.); Davide, Davita (niederländ.)

Davide

männl., italien. Form zu David

Davis, Davy

männl., engl. Formen zu David

Debald

männl., niederd. Form zu Dietbald

Deddo

männl., fries. Kurzform zu Dietrich und anderen Vorn. mit »Diet-« oder »De-«; *weitere Formen:* Dedo, Dedde

Degenhard

männl., aus dem ahd. »degan« (junger Krieger) und »harti« (hart)

Deike

weibl., fries. Kurzform zu Vorn. mit »Diet-«

Dele

weibl., Kurzform zu Adele; *weitere Formen:* Dela

Delia

weibl., aus dem Griech. übernommener Vorn., eigentlich »die auf der Insel Delos Geborene«; der Vorn. wurde als Beiname der Göttin Artemis bekannt, wird aber selten gewählt

Demetrius

männl., aus dem Griech. übernommener Vorn., eigentlich »Sohn der Erdgöttin Demeter«; als Name des jüngsten Sohnes von Iwan dem Schrecklichen bekannt geworden und vor allem im slaw. Raum weit verbreitet; *weitere Formen:* Dimitri (russ.); Mitja (slaw.)

Denis

männl., französ. Form zu Dionysius

Denise

weibl. Form zu Denis; *weitere Formen:* Denny

Dennis

männl., engl. Form zu Dionysius; *bekannte Namensträger:* Dennis Hopper, amerikan. Schauspieler und Regisseur (geb. 1936)

Derek, Derik

männl., fries. Nebenformen zu Dietrich

Derk männl., fries. Form zu Dietrich

Derrick männl., engl. Form zu Dietrich

Desidera weibl. Form zu Desiderius; *weitere Formen:* Désirée (französ.)

Desiderius männl., aus dem Lat. übernommener Vorn., eigentlich »der Ersehnte«; der letzte Langobardenkönig trug diesen Namen (8. Jh.); *weitere Formen:* Didier, Désiré (französ.)

Désirée weibl., französ. Form zu Desidera

Detlef männl., niederd. Form des heute nicht mehr gebräuchlichen Vorn. Dietleib, eigentlich »Sohn des Volkes«; *weitere Formen:* Detlev, Delf, Tjalf, Tjade; Detlof (schwed.)

Detmar männl., niederd. Form zu Dietmar; *weitere Formen:* Dettmar

Dewald männl., niederd. Form zu Dietbald oder Dietwald

Diana weibl., aus dem Lat. übernommener Vorn., der auf die römische Jagdgöttin zurückzuführen ist; seit der Renaissance in Deutschland verbreitet, vor allem durch A. Dumas d. J. Roman »Diane de Lys« (1856) und in neuerer Zeit auch durch die engl. Kronprinzessin Diana; *weitere Formen:* Diane; Dianne (französ.)

Dick männl., engl. Kurzform zu Richard

Dicky männl., engl. Koseform zu Richard

Didda weibl., fries. Kurzform zu Vorn. mit »Diet-«; *weitere Formen:* Ditte

Didi männl., fries. Kurzform zu Dietrich; *bekannte Namensträger:* Didi Thurau, deutscher Radprofi (geb. 1954)

Diebald männl., Nebenform zu Dietbald

Diede männl., fries. Kurzform zu Dietrich

Diedrich männl., Nebenform zu Dietrich

Diemo männl., Kurzform zu Dietmar

Dietbald männl., aus dem ahd. »diot« (Volk) und »bald« (kühn); *weitere Formen:* Diebold, Diebald, Deotpold; Theobald (lat.); Debald, Dewald (niederd.)

Dietberga weibl., aus dem ahd. »diot« (Volk) und »bergan« (Schutz, Zuflucht); *weitere Formen:* Dietburga, Dieta, Dietha

Dietbert männl., aus dem ahd. »diot« (Volk) und »beraht« (glänzend)

Dietbrand männl., aus dem ahd. »diot« (Volk) und »brant« (Brand)

Dieter männl., Kurzform zu Dietrich; seit dem Mittelalter durch das Nibelungenlied weit verbreitet und auch heute noch öfter gewählt; *bekannte Namensträger:* Dieter Borsche, deutscher Schauspieler (1909–1982), Dieter Hildebrandt, deutscher Kabarettist (geb. 1927); Dieter Hoeneß, deutscher Fußballspieler (geb. 1953)

Dieterik männl., Nebenform zu Dietrich

Dietfried männl., aus dem ahd. »diot« (Volk) und »fridu« (Friede); im Mittelalter war die latinisierte Form Theodefried weit verbreitet

Dietgard weibl., aus dem ahd. »diot« (Volk) und »gard« (Schutz)

Dietger männl., aus dem ahd. »diot« (Volk) und »ger« (Speer)

Diethard männl., aus dem ahd. »diot« (Volk) und »harti« (hart)

Diethelm männl., aus dem ahd. »diot« (Volk) und »helm« (Helm, Schutz)

Diethild weibl., aus dem ahd. »diot« (Volk) und »hiltja« (Kampf)

Dietlind weibl., aus dem ahd. »diot« (Volk) und »linta« (Schutzschild aus Lindenholz); *weitere Formen:* Dietlinde, Dietlindis

Dietmar männl., aus dem ahd. »diot« (Volk) und »mari« (berühmt); der Vorn. war im Mittelalter vor allem in der latinisierten Form Theodemar weit verbreitet; *weitere Formen:* Dimo, Diemo, Timmo, Thiemo, Thietmar, Dittmer, Dittmar; Detmar (niederd.); *bekannte Namensträger:* Dietmar Mögenburg, deutscher Hochspringer (geb. 1961)

Dietmut weibl., aus dem ahd. »diot« (Volk) und »muot« (Sinn, Geist); *weitere Formen:* Dietmute, Diemut; Demeke (niederd.)

Dietram männl., aus dem ahd. »diot« (Volk) und »hraban« (Rabe)

Dietrich *Herkunft:* männl., aus dem ahd. »diot« (Volk) und »rihhi« (reich, mächtig)
Verbreitung: in der älteren Form »Theoderich« war der Vorn. bereits im 13./14. Jh. sehr weit verbreitet; im 19. Jh. wurde der Name durch die romantische Literatur neu belebt, wird aber heute nur noch selten gewählt
Andere Formen: Diedrich, Ditrich, Dieter, Dieterik, Dirk, Diede, Didi, Tilo, Tillmann, Till; Derk, Derek, Derik, Diez, Deddo, Teetje, Tido, Tiede (fries.); Derrick (engl.)
Bekannte Namensträger: Dietrich Fischer-Dieskau, deutscher Sänger (geb. 1925); Dietrich Bonhoeffer, deutscher Theologe (1906–1945)
Namenstag: 2. Februar

Dietrun weibl., aus dem ahd. »diot« (Volk) und »runa« (Geheimnis)

Dietwald männl., aus dem ahd. »diot« (Volk) und »waltan« (walten, herrschen)

Dietward männl., aus dem ahd. »diot« (Volk) und »wart« (Beschützer)

Dietwin männl., aus dem ahd. »diot« (Volk) und »wini« (Freund)

Dietwolf männl., aus dem ahd. »diot« (Volk) und »wolf« (Wolf); *weitere Formen:* Dietolf

Diez männl., fries. Kurzform zu Dietrich

Diktus männl., Kurzform zu Benediktus

Dilia weibl., Kurzform zu Odilia

Dimitri männl., russ. Form zu Demetrius; der Vorn. ist in Rußland und Bulgarien weit verbreitet und wurde bei uns durch die russ. Literatur bekannt; *weitere Formen:* Dimitry, Dimitrij

Dina weibl., Kurzform zu Vorn. mit »-dina«, »-tina«, »-dine« oder »-tine« oder aus dem Hebr. übernommener Vorn, eigentlich »die Richterin« (Dina ist in der Bibel eine Tochter von Jakob)

Dionysius männl., aus dem Griech. übernommener Vorn., eigentlich »der dem Gott Dionysos Geweihte«; durch die Verehrung des Heiligen Dionysius, erster Bischof von Paris und einer der 14 Nothelfer, war der Vorn. im Mittelalter verbreitet; *weitere Formen:* Nies, Nys, Dionys, Dinnies, Dion, Dins; Denis (französ.); Dennis (engl.); Diwis (tschech.); Denes (ungar.); *Namenstag:* 9. Oktober

Diotima weibl., aus dem Griech. übernommener Vorn., eigentlich »die Gottgeweihte«; bekannt wurde der Vorn. durch die Gestalt der Diotima in Platons »Symposion«; heute spielt der Vorn. im deutschen Sprachraum keine Rolle mehr

Dirk männl., Kurzform zu Dietrich; *weitere Formen:* Dierk

Ditrich männl., Nebenform zu Dietrich

Dix männl., Kurzform zu Benediktus

Djarmila weibl., kirgisische Form zum tschech. Vorn. Jarmila; dieser Vorn. wurde durch eine Erzählung Aitmatow in den letzten Jahren auch in Deutschland bekannt; *weitere Formen:* Dschamila

Dobby männl., engl. Koseform zu Robert

Dodo weibl., Koseform zu Dorothea

Dolf männl., Kurzform zu Vorn. mit »-dolf«, vor allem zu Rudolf; *bekannte Namensträger:* Dolf Sternberger, deutscher Publizist und Politologe (geb. 1907)

Dolly weibl., engl. Koseform zu Dorothea; *weitere Formen:* Doll

Dolores weibl., aus dem Span. übernommener Vorn. zu »Maria de los Dolores« (Maria der Schmerzen); aus religiöser Ehrfurcht wurde Dolores stellvertretend für Maria als Taufname vergeben (vergleiche auch Carmen und Mercedes); *weitere Formen:* Lola

Doma weibl., slaw. Form zu Dominika

Doman männl., ungar. Form zu Dominikus

Domenica weibl., italien. Form zu Dominika

Domenico männl., italien. Form zu Dominikus

Domingo männl., span. Form zu Dominikus

Dominic männl., engl. Form zu Dominikus

Dominik männl., Kurzform zu Dominikus

Dominika weibl. Form zu Dominikus; *weitere Formen:* Domenica (italien.); Doma (slaw.); Dominique (französ.); *Namenstag:* 5. August

Dominikus männl., aus dem Lat. übernommener Vorn., eigentlich »dem Herrn gehörend«; der Spanier Dominikus Guzman gründete 1215 den Dominikanerorden; seitdem wurde er oft zum Namensvorbild genommen, und auch heute noch gilt der Vorn. als modern; *weitere Formen:* Dominik; Dominique (französ.); Domingo (span.); Domenico (italien.); Dominic (engl.); Doman (ungar.); *Namenstag:* 8. August

Dominique weibl., französ. Form zu Dominika; männl., französ. Form zu Dominikus; der Name wurde aber als männl. Vorn. in Deutschland abgelehnt, obwohl er als solcher in der Schweiz gebräuchlich ist

Don männl., Kurzform zu Donald

Donald männl., engl. Vorn. mit keltischem Ursprung, eigentlich »der Mächtige«; als Vorn. von schott. Königen geläufig; weltbekannt wurde dieser Vorn. durch die Disneyfigur »Donald Duck«; *bekannte Namensträger:* Donald Sutherland, kanad. Schauspieler (geb. 1934)

Donata weibl. Form zu Donatus; *weitere Formen:* Donatella (italien.); Donatienne (französ.); Dota, Donka (bulgar.)

Donatus männl., aus dem Lat. übernommener Vorn., eigentlich »Geschenk Gottes«; durch die Verehrung des Heiligen Donatus seit dem 17. Jh. in Deutschland verbreitet; der italien. Bildhauer Donatello hieß eigentlich Donato di Niccolo di Betto (1386–1466); *weitere Formen:* Donet (engl.); Donat, Donatien (französ.); Donato (span., italien.); *Namenstag:* 7. August

Dora weibl., Kurzform zu Dorothea und Theodora; *weitere Formen:* Doro, Dorel, Dorika

Doreen weibl., engl. Kurzform zu Dorothea

Dorette weibl., französ. Koseform zu Dorothea

Dorian männl., engl. Vorn., der auf eine griech. Herkunftsbezeichnung zurückgeht, eigentlich »der Dorer«; bekannt wurde der Vorn. durch Wildes Roman »Das Bildnis des Dorian Gray« (übers. 1901); *weitere Formen:* Doriano (italien.)

Dorina, Dorinda weibl., Nebenformen zu Dorothea

Doris weibl., Kurzform zu Dorothea; *weitere Formen:* Doriet, Dorit; *bekannte Namensträger:* Doris Dörrie, deutsche Filmregisseurin (geb. 1955)

Dorota weibl., poln. und tschech. Form zu Dorothea

Dorotea weibl., span. und italien. Form zu Dorothea

Dorothea *Herkunft:* weibl., aus dem Griech. übernommener Vorn., eigentlich »Gottesgeschenk«; Dorothea ist gleichbedeutend mit Theodora
Verbreitung: durch die Verehrung der Heiligen Dorothea, Patronin der Gärtner, im Mittelalter verbreitet; in der Neuzeit war der Vorn. vor allem in Adelskreisen beliebt; Goethes Epos »Hermann und Dorothea« trug ebenfalls zur Beliebtheit des Namens bei; heute selten gewählt
Andere Formen: Dodo, Dora, Dorinda, Dorina, Doris, Thea, Dörte; Dorothy, Dolly, Doreen (engl.); Dorothée, Dorette (französ.); Dorota (poln., tschech.); Dorotea (span., italien.)
Bekannte Namensträger: Dorothea Schlegel, Tochter von M. Mendelssohn und Ehegattin von Friedrich Schlegel (1763–1839)
Namenstag: 6. Februar, 25. Juni

Dorothée weibl., französ. Form zu Dorothea

Dorothy weibl., engl. Form zu Dorothea

Dörte weibl. Kurzform zu Dorothea; *weitere Formen:* Dörthe

Dortje weibl., fries. Form zu Dagmar

Douglas	männl., engl. Vorn. mit keltischem Ursprung, eigentlich »dunkelblau«; auch ein schottischer Fluß- und Familienname
Dragomira	weibl., slaw. Form zu Dagmar
Drewes	männl., niederd. Form zu Andreas
Dubravka	weibl., tschech. Vorn., der auf die Tochter eines böhmischen Herrschers im 10. Jh. zurückgeht; *weitere Formen:* Dobravka
Dudo	männl., fries. Kurzform zu Ludolf; *weitere Formen:* Dodo
Dunja	weibl., aus dem Slaw. übernommener Vorn. griech. Ursprungs, eigentlich »die Hochgeschätzte«; der Vorn. wurde durch die jugoslaw. Filmschauspielerin Dunja Raijter bei uns bekannt
Dusja	weibl., russ. Koseform zu Ida

E

Ebba	weibl., Kurzform zu Vorn. mit »Eber-«
Ebbo, Eber	männl., Kurzformen zu Vorn. mit »Eber-«
Ebergard	weibl., aus dem ahd. »ebur« (Eber) und »gard« (Hort, Schutz)
Ebergund	weibl., aus dem ahd. »ebur« (Eber) und »gund« (Kampf); *weitere Formen:* Ebergunde
Eberhard	*Herkunft:* männl., aus dem ahd. »ebur« (Eber) und »harti« (hart) *Verbreitung:* seit dem Mittelalter bekannt; um 1900 durch Zeitungs- und Zeitschriftenromane neu belebt und bis heute verbreitet, wenn auch selten gewählt *Andere Formen:* Eber, Ebert, Ebbo, Everhard; Jori, Jorrit (fries.) *Bekannte Namensträger:* Eberhard Diepgen, deutscher Politiker (geb. 1941); Eberhard Gienger, deutscher Kunstturnweltmeister (geb. 1951) *Namenstag:* 22. Juni
Eberharde	weibl. Form zu Eberhard; *weitere Formen:* Eberharda, Eberhardine, Dina, Dine, Eberta
Eberhelm	männl., aus dem ahd. »ebur« (Eber) und »helm« (Helm)
Eberhild	weibl., aus dem ahd. »ebur« (Eber) und »hiltja« (Kampf); *weitere Formen:* Eberhilde
Ebermund	männl., aus dem ahd. »ebur« (Eber) und »munt« (Schutz der Unmündigen)
Ebert	männl., Kurzform zu Eberhard
Eberwin	männl., aus dem ahd. »ebur« (Eber) und »wini« (Freund)
Eberwolf	männl., aus dem ahd. »ebur« (Eber) und »wolf« (Wolf)
Eckart	männl., Kurzform zu Eckehard; *weitere Formen:* Eckard, Eckhart, Ekard, Eckhard, Eck
Eckbert	männl., aus dem ahd. »ecka« (Speerspitze) und »beraht« (glänzend); *weitere Formen:* Egbert, Egbrecht, Ebbert
Ecke	männl., Kurzform zu Eckehard
Eckehard	*Herkunft:* männl., aus dem ahd. »ecka« (Speerspitze) und »harti« (hart) *Verbreitung:* seit dem Mittelalter durch die Sagengestalt des treuen Eckehard bekannt; in der zweiten Hälfte des 19. Jh. war der Vorn. in Adelskreisen besonders beliebt; heute ist der Name noch verbreitet, wird aber selten gewählt *Andere Formen:* Eckhard, Eginhard, Eckart, Ecke; Edzard, Egge, Edsart, Edsert (fries.)

Eckhard männl., Nebenform zu Eckehard

Ed männl., Kurzform zu Eduard

Edda weibl., Kurzform von Vorn., die mit »Ed-« zusammengesetzt sind; zur Bekanntheit dieses Vorn. hat sicher auch die – zufälligerweise – gleichnamige altnord. Liedersammlung beigetragen; der Vorn. wurde in der Trivialliteratur des 19. Jh. und in Zeitschriftenromanen häufiger gebraucht; gegenwärtig selten gewählt; *weitere Formen:* Etta; Eda (schwed.)

Eddy männl., engl. Kurzform zu Eduard; *bekannte Namensträger:* Eddy Merckx, belg. Radrennfahrer (geb. 1945)

Ede männl., Kurzform zu Eduard

Edel weibl., Kurzform zu Vorn. mit »Edel-«, vor allem zu Edeltraud und Edelgard

Edelberga weibl., Nebenform zu Adelberga

Edelbert männl., Nebenform zu Adalbert

Edelberta weibl., Nebenform zu Adalberta

Edelgard weibl., Nebenform zu Adalgard; *weitere Formen:* Edelgart; Ethelgard (engl.)

Edelmar männl., Nebenform zu Adalmar

Edeltraud weibl., Nebenform zu Adeltraud

Edgar

Herkunft: männl., engl. Form zu Otger
Verbreitung: der Vorn. wurde in Deutschland im 19. Jh. durch Shakespeares »König Lear« bekannt und war in Adelskreisen beliebt; heute selten gewählt
Andere Formen: Edgard
Bekannte Namensträger: Edgar Allan Poe, amerikan. Schriftsteller (1809–1849); Edgar Degas, französ. Maler (1834–1917)
Namenstag: 8. Juli

Edgard männl., Nebenform zu Edgar

Edith

Herkunft: weibl., aus dem Engl. übernommener Vorn. zu altengl. »ead« (Besitz) und »gyth« (Kampf)
Verbreitung: durch die Ehegattin von Otto dem Großen nach Deutschland gebracht, aber erst im 19. Jh. stärker verbreitet, heute selten gewählt
Andere Formen: Editha, Edda, Ada, Dita; Edyth (engl.)
Bekannte Namensträger: Edith Piaf, französ. Chansonsängerin (1915–1963)
Namenstag: 16. September

Editha	weibl., Nebenform zu Edith
Edmund	männl., aus dem Engl. übernommener Vorn. zu altengl. »ead« (Besitz) und »mund« (Schutz); der Vorn. wurde im 19. Jh. in Deutschland bekannt und zunächst von Adelskreisen bevorzugt; heute ist der Name verbreitet, wird aber selten gewählt; *weitere Formen:* Edmond; Edmondo (italien.)
Edna	weibl., aus dem Hebr. übernommener Vorn., eigentlich »Lust, Entzücken«; *bekannte Namensträger:* Edna Ferber, amerikan. Schriftstellerin (1887–1968)
Edoardo	männl., italien. Form zu Eduard; *weitere Formen:* Odoardo
Édouard	männl., französ. Form zu Eduard
Edsart, Edsert	männl., fries. Kurzformen zu Eckehard
Eduard	*Herkunft:* männl., eingedeutschte Form zu Edward *Verbreitung:* der Vorn. wurde im 18. Jh. durch die Gestalt des Édouard in Rousseaus Roman »Julie oder die neue Heloise« in Deutschland bekannt, heute selten gewählt *Andere Formen:* Ed, Ede; Eddy, Edward (engl.); Édouard (französ.); Edvard (norweg.); Edoardo (italien.); Duarte (portug.) *Bekannte Namensträger:* Eduard von Hartmann, deutscher Philosoph (1842–1906); Eduard Mörike, deutscher Schriftsteller (1804–1875); Eduard Künneke, deutscher Operettenkomponist (1885–1963) *Namenstag:* 13. Oktober
Edvard	männl., norweg. Form zu Eduard; *bekannte Namensträger:* Edvard Grieg, norweg. Komponist (1843–1907); Edvard Munch, norweg. Maler und Graphiker (1863–1944)
Edward	männl., engl. Form zu Eduard
Edwin	männl., engl. Form zu Otwin; *bekannte Namensträger:* Edwin Moses, amerikan. Leichtathlet (geb. 1955)
Edwine	weibl. Form zu Edwin; *weitere Formen:* Edwina
Edyth	weibl., engl. Form zu Edith
Edzard	männl., fries. Form zu Eckehard; der Vorn. spielte eine große Rolle bei den ostfries. Grafen
Effi	weibl., Kurzform zu Elfriede; bekannt wurde der Vorn. durch Fontanes Roman »Effi Briest« (1895)
Egberta	weibl. Form zu Eckbert; *weitere Formen:* Egbertine, Egbertina
Egge	männl., fries. Kurzform zu Eckehard

Egid	männl., Nebenform zu Ägidius
Egil	männl., Kurzform zu Vorn. mit »Egil-«, vor allem zu Egilbert
Egilbert	männl., aus dem ahd. »ecka« (Speerspitze) und »beraht« (glänzend)
Egilof	männl., Nebenform zu Agilof
Eginald	männl., Kurzform zu Reginald
Eginhard	männl., Nebenform zu Eckehard
Egino	männl., Kurzform zu Vorn. mit »Egin-«
Eginolf	männl., aus dem ahd. »ecka« (Speerspitze) und »wolf« (Wolf); *weitere Formen:* Egolf
Egmund	männl., aus dem ahd. »ecka« (Speerspitze) und »munt« (Schutz der Unmündigen); *weitere Formen:* Egmont (niederd., niederländ.)
Egon	männl., Kurzform zu Egino; der Vorn. ist seit dem ausgehenden Mittelalter gebräuchlich und war um 1900 Adelsname; durch Zeitungs- und Zeitschriftenromane wurde der Name volkstümlich; heute selten gewählt; *bekannte Namensträger:* Egon Erwin Kisch, der »rasende Reporter« (1885–1948)
Ehm	männl., fries. Form zu Vorn. mit »Egin-«; *bekannte Namensträger:* Ehm Welk, deutscher Schriftsteller (1884–1966)
Ehregott	männl., pietistische Neubildung, eigentlich »ehre Gott!«
Ehrenfried	männl., pietistische Neubildung, eigentlich »ehre den Frieden!«, oder Nebenform zu Arnfried
Ehrentraud	weibl., Herkunft und Bedeutung unklar
Eike	männl., fries. Kurzform zu Vorn. mit »Ecke-«; weibl., Kurzform zu Vorn. mit »Adel-«, »Edel-« oder »Ecke-«; eindeutiger Zweitname erforderlich
Eilbert	männl., Kurzform zu Egilbert
Eilert	männl., Kurzform zu Eilhard
Eilika	weibl. Form zu Eiliko
Eiliko	männl., fries. Kurzform zu Vorn. mit »Agil-« oder »Eil-«
Eilmar	männl., Nebenform zu Agilmar

Eirik männl., norweg. Form zu Erich

Eitel männl., der Vorn. war früher nur in Verbindung mit einem anderen Namen sinnvoll, denn er drückte aus, daß der Namensträger »nur einen« Vorn. hat; heute ist er auch als einziger Vorn. anerkannt; *weitere Formen:* Eitelfritz, Eiteljörg, Eitelwolf

Elard männl., Kurzform zu Eilhard

Elbert männl., Kurzform zu Agilbert oder Eilbert

Eleanor weibl., engl. Form zu Eleonore

Elena weibl., Kurzform zu Helene; *weitere Formen:* Elene, Eleni

Eleonore *Herkunft:* weibl., aus dem Arab. übernommener Vorn., eigentlich »Gott ist mein Licht«
Verbreitung: mit den Mauren kam der Vorn. nach Spanien und gelangte von dort über Frankreich nach England; durch Shakespeares Werke wurde der Name in Deutschland bekannt und durch Beethovens »Leonoren-Ouvertüren« verbreitet; heute wird der Vorn. seltener gewählt
Andere Formen: Eleonora, Ella, Elli, Leonore, Lora; Eleanor, Elly, Ellinor, Ellen (engl.); Ellen, Elna (skand.); Eléonore (französ.); Norina (italien.)
Bekannte Namensträger: Eleonora Duse, italien. Schauspielerin (1858–1924)

Eléonore weibl., französ. Form zu Eleonore

Elfgard weibl., im 20. Jh. neu gebildeter Vorn. aus Elfe und dem ahd. »gard« (Schutz)

Elfi weibl., Kurzform zu Elfriede

Elfriede weibl. Form zu Alfred; der Vorn. galt um 1900 als modern und wird heute nur selten gewählt; *weitere Formen:* Effi, Elfi, Elfe, Frieda; Elfreda (engl.); *Namenstag:* 20. Mai

Elfrun weibl., Nebenform zu Albrun

Elga weibl., Herkunft und Bedeutung unklar, wahrscheinlich Kurzform zu Helga; bekannt wurde der Vorn. durch Grillparzers Novelle »Das Kloster von Sendomir« (1828); *weitere Formen:* Elgin

Elger männl., Kurzform zu Adelgar

Eliane weibl. Form zu Elias

Eliano männl., italien. Form zu Elias

Elias

Herkunft: männl., aus der Bibel übernommener Vorn. hebr. Ursprungs, eigentlich »mein Gott ist Jawe«
Verbreitung: der Name des Propheten Elias, um den sich viele Legenden ranken, ist seit dem Mittelalter gebräuchlich; um 1900 wurde der Vorn. vorwiegend von jüdischen Familien bevorzugt; gegenwärtig wird er selten gewählt
Andere Formen: Elias, Ellis (engl.); Elie (französ.); Eliano (italien.); Ilja (russ.)
Bekannte Namensträger: Elias Holl, deutscher Baumeister (1573–1646)

Elie

männl., französ. Form zu Elias

Eligius

männl., aus dem Lat. übernommener Vorn., eigentlich »der Erwählte«; durch die Verehrung des Heiligen Eligius, Schirmherr der Schmiede und Goldarbeiter (um 590–660), wurde der Name in Deutschland verbreitet; *weitere Formen:* Elgo, Euligius

Elisa

weibl., Kurzform zu Elisabeth

Elisabeth

Herkunft: weibl., aus der Bibel übernommener Vorn., eigentlich »Gottesverehrerin«; in der Bibel ist Elisabeth die Mutter von Johannes dem Täufer
Verbreitung: durch die Verehrung der Heiligen Elisabeth von Thüringen wurde der Vorn. im Mittelalter geläufig und war dann beim Hochadel sehr beliebt; heute ist der Vorn., vor allem in seinen vielen Kurz- und Nebenformen, sehr weit verbreitet und wird öfter gewählt
Andere Formen: Elisa, Elsbeth, Ella, Elli, Else, Elsa, Elsabe, Elsbe, Elsi, Ilsa, Ilse, Li, Lis, Lies, Lisbeth, Liesa, Lisa, Liese, Lise, Libeth, Liesel; Alice, Babette, Lisette (französ.); Alice, Elly, Elsy, Elizabeth, Bess, Bella, Lissy, Lilly, Isabel (engl.); Telsa (fries.); Sissy (österr.); Elisabetta (italien.)
Bekannte Namensträger: Elisabeth I., Königin von England (1533–1603); Elisabeth Langgässer, deutsche Schriftstellerin (1899–1950); Elisabeth Bergner, österr. Filmschauspielerin (1897–1986)
Namenstag: 19. November

Elisabetta

weibl., italien. Form zu Elisabeth

Elizabeth

weibl., engl. Form zu Elisabeth; *bekannte Namensträger:* Elizabeth Taylor, engl.-amerikan. Schauspielerin (geb. 1932)

Elke

weibl., fries. Form zu Adelheid; durch die Gestalt der Elke Haien in Storms Novelle »Der Schimmelreiter« (1888) wurde der Vorn. bekannt und wird auch heute noch öfter gewählt; *weitere Formen:* Elka, Elleke, Eltje

Elko

männl., fries. Kurzform zu Vorn., die mit »Adel-«, »Egil-« oder »Agil-« beginnen

Ella	weibl., Kurzform zu Eleonore und Elisabeth; *bekannte Namensträger:* Ella Fitzgerald, amerikan. Sängerin (geb. 1918)
Ellen	weibl., engl. und skand. Kurzform zu Eleonore oder Helene
Elli	weibl., Kurzform zu Eleonore und Elisabeth; *weitere Formen:* Nelli
Ellinor	weibl., engl. Form zu Eleonore
Ellis	männl., engl. Form zu Elias
Elly	weibl., engl. Koseform zu Eleonore und Elisabeth
Elma	weibl., Kurzform zu Wilhelmine
Elmar	männl., Kurzform zu Egilmar; *weitere Formen:* Almar, Elimar; Elmo (fries.); Elmer (engl., schwed.)
Elmira	weibl., aus dem Span. übernommener Vorn. arab. Ursprungs, eigentlich »die Fürstin«
Elmo	männl., italien. Form zu Erasmus
Elna	weibl., skand. Kurzform zu Eleonore
Elsa	weibl., Kurzform zu Elisabeth; der Vorn. wurde durch die Gestalt der Elsa von Brabant in Wagners Oper »Lohengrin« verbreitet; heute ist der Name nach wie vor üblich, wird aber nicht mehr oft gewählt
Elsabe, Elsbe, Elsbeth	weibl., Kurzformen zu Elisabeth
Else	weibl., Kurzform zu Elisabeth; der Vorn. wurde durch mehrere literarische Gestalten populär und galt um 1900 als modern; heute noch verbreitet, aber zurückgehend; *weitere Formen:* Elseke, Elsk, Elska, Elsike, Telse (niederd.); *bekannte Namensträger:* Else Lasker-Schüler, deutsche Schriftstellerin (1869–1945)
Elsi	weibl., Koseform zu Elisabeth
Elsy	weibl., engl. Form zu Elisabeth
Elvira	weibl., aus dem Span. übernommener Vorn., dessen Bedeutung unklar ist; bekannt ist die Gestalt der Elvira in Mozarts Oper »Don Giovanni«
Emanuel	männl., Nebenform zu Immanuel; *weitere Formen:* Mano, Emmanuel (engl., französ.); Emanuele, Manuele, Manolo (italien.); Manuel (span.); *bekannte Namensträger:* Emanuel Geibel, deutscher Dichter (1815–1884)

Emanuela weibl. Form zu Emanuel; *weitere Formen:* Manuela, Mana

Emelrich männl., Nebenform zu Amalrich

Emerentia weibl., aus dem Lat. übernommener Vorn., eigentlich »die Würdige«; *weitere Formen:* Emerenz, Emerentiana, Meret, Merta, Renzi; *Namenstag:* 23. Januar

Emil *Herkunft:* männl., aus dem Französ. übernommener Vorn. lat. Ursprungs, Nebenform zu Aemilius (römischer Sippenname)
Verbreitung: der Vorn. kam im 18. Jh. durch Rousseaus Roman »Émile oder über die Erziehung«(1762 in deutscher Übersetzung) nach Deutschland und war Ende des 19. Jh. sehr beliebt; heute ist der Vorn. noch weit verbreitet, wird aber selten gewählt
Andere Formen: Émile (französ.); Emilio (italien., span.); Mile, Milko (slaw.)
Bekannte Namensträger: Emil von Behring, deutscher Bakteriologe (1854–1917); Emil Nolde, deutscher Maler (1867–1956); Emil Jannings, schweizer. Schauspieler (1884–1950); Emil Steinberger, schweizer. Kabarettist (geb. 1933)

Émile männl., französ. Form zu Emil; *bekannte Namensträger:* Émile Zola, französ. Schriftsteller (1840–1902)

Emilio männl., italien. und span. Form zu Emil

Emma weibl., selbständige Kurzform zu Vorn. mit »Erm-« oder »Irm-«; der Name kam im späten Mittelalter außer Gebrauch und wurde erst im 19. Jh. durch die Ritterdichtung und romantische Literatur neu belebt; um 1900 war der Vorn. so weit verbreitet, daß er Ziel vieler Spottverse war; heute noch verbreitet, aber sehr selten gewählt; *weitere Formen:* Emmeline, Emmi, Emmy, Imma, Imme, Emme; Ema (span.); *Namenstag:* 27. Juni

Emmerich männl., Nebenform zu Amalrich; *weitere Formen:* Emerich, Emmo; Amery (engl.); Imre (ungar.); Emerigo (span.); *bekannte Namensträger:* Emmerich Kálmán, ungar. Operettenkomponist (1882–1953); *Namenstag:* 4. November

Emmo männl., Kurzform zu Vorn. mit »Erm-« und zu Emmerich

Ena weibl., Kurzform zu Helena

Endres männl., Nebenform zu Andreas oder Heinrich; *weitere Formen:* Enders, Endris, Endrich, Endrik

Engel weibl., Nebenform zu Angela

Engelberga weibl., aus dem Stammesnamen der »Angeln« und dem ahd. »bergan« (bergen, schützen); *weitere Formen:* Engelburga

Engelbert	männl., aus dem Stammesnamen der »Angeln« und dem ahd. »beraht« (glänzend); heute wird der Vorn. meist als »glänzender Engel« gedeutet; *weitere Formen:* Engelbrecht; *bekannte Namensträger:* Engelbert Humperdinck, deutscher Komponist (1854–1921); *Namenstag:* 7. November
Engelberta	weibl. Form zu Engelbert
Engelfried	männl., aus dem Stammesnamen der »Angeln« und dem ahd. »fridu« (Friede)
Engelhard	männl., aus dem Stammesnamen der »Angeln« und dem ahd. »harti« (hart)
Engelmar	männl., aus dem Stammesnamen der »Angeln« und dem ahd. »mari« (berühmt)
Enno	männl., Kurzform zu Vorn. mit »Egin-« oder »Ein-«
Enrica	weibl. Form zu Enrico
Enrico	männl., italien. Form zu Heinrich; *weitere Formen:* Enzio, Enzo; Enrique (span.); Enrik, Enric (niederländ.); *bekannte Namensträger:* Enrico Caruso, italien. Tenor (1873–1921); Enzo Ferrari, italien. Automobilfabrikant (1898–1988)
Ephraim	männl., aus der Bibel übernommener Vorn. hebr. Ursprungs, eigentlich »doppelt fruchtbar«; in der Bibel ist Ephraim der zweite Sohn von Joseph; *bekannte Namensträger:* Gotthold Ephraim Lessing, deutscher Schriftsteller (1729–1781); Ephraim Kishon, israel. Schriftsteller (geb. 1924)
Erasme, Erasmo	männl., französ. und italien. Formen zu Erasmus
Erasmus	*Herkunft:* männl., aus dem Griech. übernommener Vorn., eigentlich »der Lebenswerte« *Verbreitung:* durch die Verehrung des Heiligen Erasmus, der zu den 14 Nothelfern gehört und Patron der Drechsler und Schiffer ist, war der Vorn. im Mittelalter verbreitet; heute selten gewählt *Andere Formen:* Asmus, Rasmus; Erasme (französ.); Erasmo, Elmo (italien.) *Bekannte Namensträger:* Erasmus von Rotterdam, niederländ. Humanist (1465–1536) *Namenstag:* 2. Juni
Erhard	männl., aus dem ahd. »era« (Ehre, Ansehen) und »harti« (hart); durch die Verehrung des Heiligen Ehrhard, Bischof von Regensburg und Patron gegen Tierseuchen und die Pest (8. Jh.), war der Vorn. im Mittelalter verbreitet; *weitere Formen:* Erhart, Ehrhard, Hard; Errit (fries.); *bekannte Namensträger:* Erhard Keller, deutscher Eisschnelläufer (geb. 1944); *Namenstag:* 8. Januar

Eric männl., engl. Form zu Erich

Erich *Herkunft:* männl., aus dem ahd. »era« (Ehre) und »rihhi« (reich, mächtig)
Verbreitung: seit dem Mittelalter ist der Vorn. gebräuchlich; im 19. Jh. durch die Ritter- und Räuberliteratur neu belebt; heute verbreitet, aber seltener gewählt
Andere Formen: Erik (dän., schwed.); Eirik (norweg.); Eric (engl.)
Bekannte Namensträger: Erich Kästner, deutscher Schriftsteller (1899–1974); Erich Maria Remarque, deutsch-amerikan. Schriftsteller (1898–1970); Erich Kühnhackl, deutscher Eishockeyspieler (geb. 1950)
Namenstag: 18. Mai; 10. Juli

Erik männl., dän. und schwed. Form zu Erich; der Vorn. wurde wahrscheinlich durch die Gestalt des Erik in Wagners Oper »Der fliegende Holländer« auch in Deutschland bekannt

Erika weibl. Form zu Erik; der Vorn. wird oft fälschlich mit dem Heidekraut Erika in Verbindung gebracht; der Vorn. galt um 1900 als modern und wurde durch Zeitungs- und Zeitschriftenromane verbreitet; heute selten gewählt; *weitere Formen:* Erica

Erkenbald männl., aus dem ahd. »erkan« (ausgezeichnet) und »bald« (kühn)

Erkenbert männl., aus dem ahd. »erkan« (ausgezeichnet) und »beraht« (glänzend)

Erkenfried männl., aus dem ahd. »erkan« (ausgezeichnet) und »fridu« (Friede)

Erkengard weibl., aus dem ahd. »erkan« (ausgezeichnet) und »gard« (Hort, Schutz)

Erkenhild weibl., aus dem ahd. »erkan« (ausgezeichnet) und »hiltja« (Kampf); *weitere Formen:* Erkenhilde

Erkentrud weibl., aus dem ahd. »erkan« (ausgezeichnet) und »trud« (Kraft); *weitere Formen:* Erkentraud

Erkenwald männl., aus dem ahd. »erkan« (ausgezeichnet) und »waltan« (walten, herrschen)

Erla weibl., Kurzform zu Vorn. mit »Erl-«

Erlfried männl., aus dem ahd. »erl« (freier Mann) und »fridu« (Friede)

Erlfriede weibl. Form zu Erlfried

Erlwin männl., aus dem ahd. »erl« (freier Mann) und »wini« (Freund)

Erlwine	weibl. Form zu Erlwin
Erma	weibl., Nebenform zu Irma
Ermenbert	männl., Nebenform zu Irmbert
Ermenfried	männl., Nebenform zu Irmfried
Ermengard	weibl., Nebenform zu Irmgard
Ermenhard	männl., Nebenform zu Irmenhard
Ermenhild	weibl., Nebenform zu Irmenhild
Ermentraud	weibl., Nebenform zu Irmtraud
Ermina	weibl., russ. Form zu Hermanna
Erminia	weibl., italien. Form zu Hermine
Ermlinde	weibl., Nebenform zu Irmlinde
Erna	weibl., Kurzform zu Ernestine; um 1900 durch Zeitungs- und Zeitschriftenromane weit verbreitet; heute selten gewählt
Ernest	männl., französ. und engl. Form zu Ernst; *bekannte Namensträger:* Ernest Hemingway, amerikan. Schriftsteller und Nobelpreisträger (1899–1961)
Ernestine	weibl. Form zu Ernst; *weitere Formen:* Ernestina, Ernesta, Erna; Stine (fries.)
Ernestino, Ernesto	männl., span. und italien. Formen zu Ernst
Ernestus	männl., lat. Form zu Ernest; *weitere Formen:* Ernestius
Ernfriede	weibl., Nebenform zu Arnfriede
Ernö	männl., ungar. Form zu Ernst
Ernst	*Herkunft:* männl., aus dem ahd. »ernust« (Ernst, Entschlossenheit zum Kampf) *Verbreitung:* der Vorn. wurde im Mittelalter durch die Legenden um Ernst, Herzog von Schwaben, bekannt; der Vorn. war in Verbindung mit August beim Adel sehr beliebt; heute wird der Name seltener gewählt *Andere Formen:* Ernest (französ., engl.); Ernestus (lat.); Ernestino, Ernesto (span., italien.); Ernö (ungar.); Arnóst (tschech.) *Bekannte Namensträger:* Ernst Barlach, deutscher Bildhauer (1870–1938); Ernst Heinkel, deutscher Flugzeugkonstrukteur (1888–1958); Ernst Reuter, deutscher Politiker (1889–1953); Ernst Rowohlt, deutscher Verleger (1878–1960); Ernst Toller,

deutscher Dichter (1893–1939); Ernst Bloch, deutscher Philosoph (1885–1977)
Namenstag: 7. November

Erwin

Herkunft: männl., aus dem ahd. »heri« (Herr, Kriegsvolk) und »wini« (Freund)
Verbreitung: seit dem Mittelalter gebräuchlicher Vorn., vor allem beim Adel; um 1900 durch Zeitungs- und Zeitschriftenromane verbreitet; heute selten gewählt
Andere Formen: Irving, Irwin (engl.)
Bekannte Namensträger: Erwin von Steinbach, Baumeister des Straßburger Münsters (1244–1318); Erwin Strittmatter, deutscher Schriftsteller (geb. 1912)
Namenstag: 25. April

Erwine

weibl. Form zu Erwin

Esmeralda

weibl., aus dem Span. übernommener Vorn., eigentlich »der Smaragd«

Estalla

weibl., Nebenform zu Estrella

Estella

weibl., aus dem Span. übernommener Vorn., eigentlich »Stern«; bekannter ist die Kurzform Stella

Estéban, Estevan

männl., span. Formen zu Stephan

Esther

weibl., aus der Bibel übernommener Vorn. hebr. Ursprungs, eigentlich »Myrte«; in der Bibel ist sie die Gattin von Xerxes I. und verhindert die Ausrottung der Juden in Persien; *weitere Formen:* Ester; Hester (engl., niederländ.)

Estienne

männl., französ. Form zu Stephan

Ethel

weibl., engl. Kurzform zu Vorn. mit »Edel-«

Étienne

männl., französ. Form zu Stephan

Etiennette

weibl., französ. Form zu Stephanie

Etta

weibl., Kurzform zu Henriette oder Nebenform zu Edda

Etzel

männl., aus dem Got. übernommener Vorn., eigentlich »Väterchen«; als eingedeutschter Name des Hunnenkönigs Attila (5. Jh.) aus dem Nibelungenlied bekannt

Eugen

Herkunft: männl., aus dem Griech. übernommener Vorn., eigentlich »der Wohlgeborene«; seit dem Mittelalter als Papstname bekannt, aber erst im 18. Jh. durch den Prinz Eugen von Savoyen, österr. Feldmarschall und Staatsmann, allgemein bekannt geworden; im 19. Jh. trug Tschaikowskis Oper »Eugen Onegin« zur Verbreitung des Vorn. bei; heute seltener gewählt

Andere Formen: Eugène (französ.); Eugenio (italien., span.); Gene, Geno (engl.); Jenö (ungar.)
Bekannte Namensträger: Eugen Roth, deutscher Schriftsteller (1895–1976); Eugen Kogon, deutscher Publizist und Politologe (1903–1987)
Namenstag: 2. Juni

Eugenie weibl. Form zu Eugen; der Vorn. wurde durch die Gattin von Napoleon III. bekannt, aber selten gewählt

Eugenio männl., italien. und span. Form zu Eugen

Eugène männl., französ. Form zu Eugen

Eulalia weibl., aus dem Griech. übernommener Vorn., eigentlich »die Beredte«; *weitere Formen:* Eulalie, Alea, Lalli; *Namenstag:* 10. Dezember

Eusebia weibl. Form zu Eusebius

Eusebius männl., aus dem Griech. übernommener Vorn., eigentlich »der Fromme«; *weitere Formen:* Eusebios; *Namenstag:* 16. Dezember

Eustachius männl., aus dem Griech. übernommener Vorn., eigentlich »der Fruchtbare«; verbreitet durch die Verehrung des Heiligen Eustachius, der im 2. Jh. als römischer Offizier die Christen verfolgte, sich dann aber selbst zum Christentum bekannte und den Märtyrertod erlitt; er zählt zu den 14 Nothelfern und ist Patron der Jäger; *weitere Formen:* Stachus; *Namenstag:* 20. September

Ev weibl., Kurzform zu Eva

Eva
Herkunft: weibl., aus der Bibel übernommener Vorn., eigentlich »die Lebenspendende«
Verbreitung: als Name der Urmutter der Menschen seit dem Mittelalter verbreitet, seit der Reformation volkstümlich geworden; bis heute weit verbreitet und öfter gewählt
Andere Formen: Evamaria, Ev, Evi, Ewa; Evita (span.); Eve (französ.)
Bekannte Namensträger: Eva Luid, österr. Opernsängerin (geb.1966); Eva Matthes, deutsche Schauspielerin (geb. 1954)
Namenstag: 24. Dezember

Evamaria weibl., Doppelname aus Eva und Maria

Eve weibl., französ. Form zu Eva

Evelyn weibl., aus dem Engl. übernommener Vorn., wahrscheinlich Fortbildung zu Eva; *weitere Formen:* Evelina, Eweline; Evelyne (französ.)

Everhard männl., Nebenform zu Eberhard

Evi	weibl., Nebenform zu Eva
Evita	weibl., span. Form zu Eva; *bekannte Namensträger:* Eva Duarte de Péron, genannt »Evita«, argentin. Politikerin (1919–1952)
Ewa	weibl., Nebenform zu Eva
Ewald	männl., aus dem ahd. »ewa« (Recht, Ordnung) und »waltan« (walten, herrschen); *weitere Formen:* Wolt; *Namenstag:* 3. Oktober
Ezra	männl., aus der Bibel übernommener Vorn. hebr. Ursprungs, eigentlich »Hilfe«; der Priester Ezra führte die Juden aus der babylonischen Gefangenschaft; *weitere Formen:* Esra; *bekannte Namensträger:* Ezra Loomis Pound, amerikan. Dichter (1885–1972)
Ezzo	männl., italien. Form zu Adolf oder fries. Form zu Ehrenfried

Gebt euren Kindern schöne Namen,
darin ein Beispiel nachzuahmen,
ein Muster vorzuhalten sei.
Sie werden leichter es vollbringen,
sich guten Namen zu erringen,
denn Gutes wohnt dem Schönen bei.

Friedrich Rückert,
Erbauliches und Beschauliches
aus dem Morgenlande

Ein hohes Kleinod ist der gute Name.

Friedrich Schiller,
Maria Stuart

F

Fabia weibl. Form zu Fabius; *weitere Formen:* Fabiane; Fabienne (französ.)

Fabian männl., aus dem Lat. übernommener Vorn., eigentlich ein römischer Sippenname; der römische Stratege Quintus Fabius Maximus (um 280–203 v. Chr.) rettete Rom vor Hannibal; *weitere Formen:* Fabianus; Fabien, Fabius (französ.); Fabiano, Fabio (italien.); *Namenstag:* 20. Januar

Fabiano männl., italien. Form zu Fabian

Fabien männl., französ. Form zu Fabian

Fabio männl., italien. Form zu Fabian

Fabiola weibl., wahrscheinlich span. Weiterbildung zu Fabia; der Vorn. wurde durch die Königin von Belgien (geb. 1928) bekannt; *Namenstag:* 27. Dezember

Fabius männl., französ. Form zu Fabian

Falko männl., aus dem ahd. »falcho« (Falke); *weitere Formen:* Falk, Falco

Fanni weibl., ungar. Form zu Franziska

Fannie weibl., engl. Form zu Stephanie

Fanny weibl., engl. Form zu Stephanie oder Koseform zu Franziska; der Vorn. wurde in Deutschland durch Fieldings Roman »Joseph Andrews« (1742) bekannt; *weitere Formen:* Fanchette, Fanchon (französ.); *bekannte Namensträger:* Fanny Lewald, deutsche Schriftstellerin (1811–1889)

Farah weibl., aus dem Arab. übernommener Vorn., eigentlich »Freude, Lustbarkeit«; bekannt wurde der Vorn. auch in Deutschland durch Farah Diba, die Ehegattin des ehemaligen pers. Schahs und durch die amerikan. Filmschauspielerin Farah Fawcett-Majors

Farfried männl., aus dem ahd. »faran« (fahren, reisen) und »fridu« (Friede)

Farhild weibl., aus dem ahd. »faran« (fahren, reisen) und »hiltja« (Kampf)

Farmund männl., aus dem ahd. »faran« (fahren, reisen) und »munt« (Schutz der Unmündigen)

Fatima weibl., aus dem Arab. übernommener Vorn. unklarer Bedeutung; Fatima (606–632) war die jüngste Tochter Mohammeds

Faust männl., Kurzform zu Faustus; der Arzt, Theologe und Schwarzkünstler Georg (Johannes) Faust (um 1480–1538) war schon zu Lebzeiten der Mittelpunkt vieler abenteuerlicher Geschichten; die bekannteste literarische Bearbeitung ist Goethes »Faust«; der Name spielt heute keine Rolle mehr

Fausta weibl. Form zu Faustus; *weitere Formen:* Faustine, Faustina

Faustus männl., aus dem Lat. übernommener Vorn., eigentlich »der Glückbringende«; *weitere Formen:* Faust; Faustinus (lat.), Faustino (italien.)

Fedder männl., Kurzform zu Friedrich

Feddo männl., fries. Kurzform zu Vorn. mit »Fried-«, vor allem zu Friedrich

Federico männl., italien. Form zu Friedrich

Federigo männl., span. Form zu Friedrich

Fedor männl., russ. Form zu Theodor

Fee weibl., Kurzform zu Felizitas

Fei weibl., Kurzform zu Sophia

Feli weibl., Kurzform zu Felizitas

Felicitas weibl., Nebenform zu Felizitas

Felipe männl., span. Form zu Philipp

Felix *Herkunft:* männl., aus dem Lat. übernommener Vorn., eigentlich »der Glückliche«; ursprünglich war Felix ein römischer Beiname
Verbreitung: als Name von Päpsten seit dem Mittelalter verbreitet; im 19. Jh. sehr beliebter Vorn., zu dem auch Goethes »Wilhelm Meister« (1821) beigetragen hat; auch heute noch wird der Vorn. öfter gewählt
Andere Formen: Félicien (französ.); Felice (italien.); Feliks (russ.); Bodog (ungar.)
Bekannte Namensträger: Felix Dahn, deutscher Schriftsteller und Geschichtsforscher (1834–1912); Felix Mendelssohn-Bartholdy, deutscher Komponist (1809–1847); Felix Timmermanns, flämischer Dichter (1886–1947); Felix Magath, deutscher Fußballspieler (geb. 1953)
Namenstag: 11. September, 20. November

Felizitas *Herkunft:* weibl., aus dem Lat. übernommener Vorn., eigentlich »die Glückselige«
Verbreitung: durch die Verehrung der Heiligen Felizitas von Karthago verbreitet; der Vorn. gilt auch heute noch als modern
Andere Formen: Felicitas, Feli, Fee, Feta
Namenstag: 6. März, 23. November

Feodor	männl., russ. Form zu Theodor oder zu Friedrich
Feodora	weibl., russ. Form zu Theodora
Ferd	männl., Kurzform zu Ferdinand
Ferdi	männl., Koseform zu Ferdinand
Ferdinand	*Herkunft:* männl., aus dem Span. übernommener Vorn., eigentlich Nebenform zu dem heute nicht mehr gebräuchlichen Vorn. Fridunant, aus dem ahd. »fridu« (Friede) und »nanta« (gewagt, kühn) *Verbreitung:* mit den Westgoten gelangte der Vorn. nach Spanien und war dort weit verbreitet; im 16. Jh. wurde der Name von den Habsburgern übernommen und wurde bald in ganz Österreich und Deutschland beliebt; auch heute noch gilt der Vorn. als modern und wird öfter gewählt *Andere Formen:* Ferd, Ferdi, Fernand; Ferdl (oberd.); Nanno (fries.); Nando, Fernando (italien.); Ferrand, Fernandel (französ.); Fernandez (span., portug.); Nándor (ungar.) *Bekannte Namensträger:* Ferdinand Freiligrath, deutscher Dichter (1810–1876); Ferdinand Lasalle, deutscher Politiker und Gründer der Sozialdemokratie (1825–1864); Ferdinand Hodler, deutscher Maler (1853–1918); Ferdinand Graf von Zeppelin, deutscher Luftschiffkonstrukteur (1838–1917); Ferdinand Sauerbruch, deutscher Chirurg (1875–1951); Ferdinand Porsche, deutscher Kraftfahrzeugkonstrukteur (1875–1951) *Namenstag:* 30. Mai, 5. Juni
Ferdinande	weibl. Form zu Ferdinand; *weitere Formen:* Fernande, Ferdinanda, Ferdinandine, Nanda, Nande, Nanna
Ferdl	männl., oberd. Form zu Ferdinand
Ferike	weibl., ungar. Form zu Franziska
Fernand	männl., Nebenform zu Ferdinand
Fernandel	männl., französ. Form zu Ferdinand
Fernandez	männl., span. und portug. Form zu Ferdinand
Fernando	männl., italien. Form zu Ferdinand
Ferrand	männl., französ. Form zu Ferdinand
Ferry	männl., Kurzform zu Friedrich
Feta	weibl., Kurzform zu Felizitas
Fey, Fi, Fia	weibl., Kurzformen zu Sophia
Fiddy	männl., Kurzform zu Friedrich

Fides	weibl., aus dem Lat. übernommener Vorn., eigentlich »der Glaube«
Fieke	weibl., fries. Kurzform zu Sophia
Fiene	weibl., fries. Kurzform zu Josephine
Fiete	männl., Kurzform zu Friedrich; weibl., Kurzform zu Friderike; eindeutiger Zweitname erforderlich
Filibert	männl., aus dem ahd. »filu« (viel) und »beraht« (glänzend); *weitere Formen:* Filiberto (italien.)
Filiberta	weibl. Form zu Filibert
Filip	männl., slaw. Form zu Philipp
Filippo	männl., italien. Form zu Philipp; *weitere Formen:* Filippino
Filko	männl., ungar. Form zu Philipp
Finn	weibl., Kurzform von Josefine; *weitere Formen:* Finne, Fina, Finni
Fioretta	weibl., italien. Form zu Flora
Fips	männl., Kurzform zu Philipp
Firmus	männl., aus dem Lat. übernommener Vorn., eigentlich »der Starke«; *weitere Formen:* Firminus, Firmin
Fita	weibl., Herkunft und Bedeutung unklar, wahrscheinlich fries. Kurzform zu Friederike
Fjodor	männl., russ. Form zu Theodor; *bekannte Namensträger:* Fjodor Dostojewski, russ. Schriftsteller (1821–1881)
Fjodora	weibl., russ. Form zu Theodora
Flavia	weibl. Form zu Flavius
Flavius	männl., aus dem Lat. übernommener Vorn., eigentlich »der Blonde«; *weitere Formen:* Flavio (italien.)
Fleur	weibl., französ. Form zu Flora; *weitere Formen:* Fleurette
Flora	weibl., aus dem Lat. übernommener Vorn., eigentlich Name der altröm. Frühlingsgöttin; der Vorn. war im 19. Jh. weit verbreitet; *weitere Formen:* Flore, Floria, Florina, Florentine; Florence, Fleur (französ.); Fioretta (italien.); Floretta (span.)
Florence	weibl., französ. Form zu Flora

Florens	männl. Form zu Flora; *weitere Formen:* Florentin, Florentinus, Florenz
Florentine	weibl., Nebenform zu Flora; *weitere Formen:* Florentina
Floretta	weibl., span. Form zu Flora
Flori	männl., Kurzform zu Florian
Florian	*Herkunft:* männl., aus dem Lat. übernommener Vorn., eigentlich »der Blühende, der Prächtige« *Verbreitung:* durch die Verehrung des Heiligen Florian, Schutzpatron bei Feuer- und Wassergefahr, seit dem Mittelalter verbreitet; auch heute zählt der Vorn. noch zu den beliebtesten Namen *Andere Formen:* Florin, Flori, Floris; Florianus (lat.); Flurus (rätoroman.) *Bekannte Namensträger:* Florian Geyer, Reichsritter und Anführer der aufständischen Bauern (1490–1525) *Namenstag:* 4. Mai
Floriane	weibl. Form zu Florian
Florianus	männl., lat. Form zu Florian
Florin, Floris	männl., Kurzformen zu Florian
Flutus	männl., rätoroman. Form zu Florian
Focke	männl., fries. Kurzform zu Vorn. mit »Volk-«; *weitere Formen:* Focko
Folke	männl., Kurzform zu Vorn. mit »Volk-«; weibl., Kurzform zu Vorn. mit »Volk-«; eindeutiger Zweitname erforderlich
Folker, Folkher	männl., Nebenformen zu Volker
Fons	männl., Kurzform zu Alfons
Frances	weibl., engl. Nebenform zu Franziska
Francesca	weibl., italien. Form zu Franziska; *weitere Formen:* Francisca
Francesco	männl., italien. Form zu Franz
Francis	männl., engl. Form zu Franz; *bekannte Namensträger:* Sir Francis Drake, engl. Freibeuter (1540–1596); Francis Bacon, engl. Maler (geb. 1909)
Franciscus	männl., latinisierte Form zu Franz; *weitere Formen:* Franziskus
Franciska	weibl., slaw. Form zu Franziska; *weitere Formen:* Frantiska

Franco männl., italien. Form zu Frank

François männl., französ. Form zu Franz; *bekannte Namensträger:* François Villon, französ. Dichter (um 1431–nach 1463); François Mitterand, französ. Staatsmann (geb. 1916)

Françoise weibl., französ. Form zu Franziska; *weitere Formen:* Françette, Françine

Franek männl., poln. Form zu Franz

Franeka weibl., slaw. Form zu Franziska; *weitere Formen:* Franica, Franika

Franja weibl., slaw. Form zu Franziska

Frank *Herkunft:* männl., ursprünglich ein Beiname, eigentlich »der aus dem Volksstamm der Franken«
Verbreitung: der Vorn. wurde erst im 18. Jh., wahrscheinlich unter engl. Einfluß, in Deutschland bekannt; heute weit verbreitet
Andere Formen: Frank, Franklin (engl.); Franko (span.); Franco (italien.)
Bekannte Namensträger: Frank Wedekind, deutscher Schriftsteller (1864–1918)

Franka weibl. Form zu Frank

Franklin männl., engl. Form zu Frank; *bekannte Namensträger:* Franklin D. Roosevelt, amerikan. Präsident (1882–1945)

Franko männl., span. Form zu Frank

Frankobert männl., aus dem ahd. »franko« (Franke) und »beraht« (glänzend)

Frans männl., Nebenform zu Franz; *bekannte Namensträger:* Frans Hals, niederländ. Maler (um 1580–1666); Frans Masareel, belg. Maler und Grafiker (1889–1972)

Franz *Herkunft:* männl., deutsche Form zu Francesco; der Vater des Heiligen Franz von Assisi nannte seinen Sohn nach seiner französ. Mutter »Francesco« (Französlein)
Verbreitung: durch die Verehrung des Heiligen Franz von Assisi war der Vorn. zunächst in Süddeutschland und in Österreich verbreitet, wurde dann aber in ganz Deutschland volkstümlich; gegenwärtig ist der Namen weit verbreitet, auch in Doppelnamen, wird aber seltener gewählt
Andere Formen: Frans; Franciscus (lat.); Francesco (italien.); Francis (engl.); Franek (poln.); François (französ.)
Bekannte Namensträger: Franz Schubert, deutscher Komponist (1797–1828); Franz Grillparzer, österr. Dramatiker (1791–1872); Franz Liszt, ungar.-deutscher Komponist (1811–1886); Franz von Suppé, österr. Operettenkomponist (1819–1895);

Franz Léhar, ungar. Operettenkomponist (1870–1948); Franz Marc, deutscher Maler (1880–1916); Franz Kafka, österr. Schriftsteller tschech. Herkunft (1883–1924); Franz Beckenbauer, deutscher Fußballspieler und Teamchef der deutschen Fußballnationalmannschaft (geb. 1945); Franz-Josef Strauß, deutscher Politiker (1915–1988)
Namenstag: 24. Januar, 2. April, 4. Oktober, 3. Dezember

Fränze, Franzi
weibl., Kurzformen zu Franziska

Franziska
Herkunft: weibl. Form zu Franziskus
Verbreitung: durch die Verehrung der Heiligen Franziska im 13./14. Jh. wurde der Vorn. bekannt, aber erst im 18. Jh. durch die Gestalt der Franziska in Lessings »Minna von Barnhelm« verbreitet; heute noch öfter gewählt
Andere Formen: Franzi, Fränze, Ziska; Fanny, Frances (engl.); Francesca (italien.); Fanni, Ferike (ungar.); Françoise (französ.); Franciska, Franeka, Franja (slaw.)
Namenstag: 9. März

Frauke
weibl., fries. Koseform zu »Frau«, eigentlich »kleines Frauchen«; *weitere Formen:* Fraukea, Frawa, Frawe, Frauwe

Fred
männl., engl. Kurzform zu Friedrich, Alfred, Manfred und Gottfried; *bekannte Namensträger:* Fred Raymond, deutscher Komponist (1900–1954)

Freddy
männl., Kurzform zu Friedrich; der Vorn. wurde durch den Schlagersänger Freddy Quinn neu verbreitet; *weitere Formen:* Freddi, Freddo

Frederic
männl., engl. Form zu Friedrich

Frédéric
männl., französ. Form zu Friedrich

Frederik
männl., niederländ. Form zu Friedrich

Fredrik
männl., schwed. Form zu Friedrich; *weitere Formen:* Rik

Frek
männl., Kurzform zu Friedrich; *weitere Formen:* Frerk

Frerich
männl., Nebenform zu Friedrich

Frido
männl., Kurzform zu Friedrich; *weitere Formen:* Friedo, Friddo

Fridolin
männl., Nebenform zu Friedrich; durch die Verehrung des Heiligen Fridolin, Patron der Tiere (6. Jh.), seit dem Mittelalter verbreitet, aber selten gewählt; *weitere Formen:* Frily; *Namenstag:* 6. März

Frieda
weibl., Kurzform zu Elfriede

Friedbert	männl., aus dem ahd. »fridu« (Friede) und »beraht« (glänzend)
Friedebald	männl., aus dem ahd. »fridu« (Friede) und »bald« (kühn)
Friedegund	weibl., aus dem ahd. »fridu« (Friede) und »gund« (Kampf)
Friedel	männl., Koseform zu Friedrich; weibl., Nebenform zu Frieda; eindeutiger Zweitname erforderlich
Friedelind	weibl., aus dem ahd. »fridu« (Friede) und »linta« (Schutzschild aus Lindenholz)
Friedemann	männl., aus dem ahd. »fridu« (Friede) und »man« (Mann); der Vorn. wurde durch Friedemann Bach, einen Sohn von Johann Sebastian Bach, bekannt
Friedemar	männl., aus dem ahd. »fridu« (Friede) und »mari« (berühmt)
Friedemund	männl., aus dem ahd. »fridu« (Friede) und »munt« (Schutz der Unmündigen)
Frieder	männl., Nebenform zu Friedrich
Friederike	weibl. Form zu Friedrich; *weitere Formen:* Frederike, Rika, Frika; Frigge (fries.); *bekannte Namensträger:* Friederike Brion (1752–1813), die Jugendliebe von J. W. Goethe
Friedewald	männl., aus dem ahd. »fridu« (Friede) und »waltan« (walten, herrschen)
Friedger	männl., aus dem ahd. »fridu« (Friede) und »ger« (Speer); *weitere Formen:* Friedeger
Friedhelm	männl., aus dem ahd. »fridu« (Friede) und »helm« (Helm, Schutz)
Friedhild	weibl., aus dem ahd. »fridu« (Friede) und »hiltja« (Kampf); *weitere Formen:* Friedhilde
Friedlieb	männl., Nebenform zu Friedleib; aus dem ahd. »fridu« (Friede) und »leiba« (Überbleibsel)
Friedo	männl., Kurzform zu Vorn. mit »Fried-«
Friedrich	*Herkunft:* männl., aus dem ahd. »fridu« (Friede) und »rihhi« (reich, mächtig) *Verbreitung:* seit dem Mittelalter in sehr vielen Kurz- und Nebenformen verbreitet und vor allem als Name vieler Kaiser und Könige bekannt geworden; seit Beginn unseres Jh. wird der Vorn. nicht mehr so oft gewählt *Andere Formen:* Frerich, Frek, Frido, Fridolin, Friedel, Fritz, Fiddy, Fiete, Frieder, Fedder; Ferry, Frédéric (französ.); Fred, Freddy, Frederic (engl.); Frederik (niederländ.); Feodor (russ.);

Federico (italien.); Federigo (span.); Fryderyk (poln.); Frigyes (ungar.); Fredrik (schwed.)
Bekannte Namensträger: Friedrich Schiller, deutscher Dramatiker (1759–1805); Friedrich Hölderlin, deutscher Dichter (1770–1843); Friedrich Engels, deutscher Politiker (1820–1895); Friedrich Hegel, deutscher Philosoph (1770–1831); Friedrich Nietzsche, deutscher Dichter und Philosoph (1844–1900); Friedrich Ebert, deutscher Politiker (1871–1925); Friedrich Nowottny, deutscher Journalist (geb. 1925)
Namenstag: 18. Juli

Friedrun
weibl., aus dem ahd. »fridu« (Friede) und »runa« (Geheimnis); *weitere Formen:* Friederun, Fridrun

Frieso
männl., ursprünglicher Beiname »der aus dem Volksstamm der Friesen«

Frigyes
männl., ungar. Form zu Friedrich

Frithjof
männl., aus dem Nord. übernommener Vorn. zu dem ahd. »fridu« (Friede) und »ioffor« (Fürst oder Räuber); der Vorn. wurde durch die Frithjofsaga des Schweden Tegnér in Deutschland bekannt; *bekannte Namensträger:* Frithjof Nansen, norweg. Polarforscher (1861–1930); Frithjof Vierock, deutscher Schauspieler (geb. 1943)

Fritz
männl., Kurzform zu Friedrich; der Vorn. wurde durch den »Alten Fritz« (Friedrich den Großen) volkstümlich und war so weit verbreitet, daß »Fritz« von den Russen als Bezeichnung für »Deutscher« gebraucht wurde; *bekannte Namensträger:* Fritz Reuter, deutscher Schriftsteller (1810–1874); Fritz von Uhde, deutscher Maler (1848–1911); Fritz Klimsch, deutscher Bildhauer (1870–1960); Fritz Kreisler, deutscher Komponist und Violinist (1875–1962); Fritz J. Raddatz, deutscher Literaturkritiker (geb. 1931)

Frodebert
männl., aus dem ahd. »fruot« (klug) und »beraht« (glänzend)

Frodegard
weibl., aus dem ahd. »fruot« (klug) und »gard« (Schutz); *weitere Formen:* Frogard

Frodehild
weibl., aus dem ahd. »fruot« (klug) und »hiltja« (Kampf); *weitere Formen:* Frodehilde, Frohild

Frodemund
männl., aus dem ahd. »fruot« (klug) und »munt« (Schutz der Unmündigen); *weitere Formen:* Fromund

Frodewin
männl., aus dem ahd. »fruot« (klug) und »wini« (Freund); *weitere Formen:* Frowin, Frowein; *Namenstag:* 27. März

Frommhold
männl., der Vorn. geht auf eine pietistische Neubildung des 18. Jh. zurück

Fromut	männl., aus dem ahd. »fruot« (klug) und »muot« (Sinn, Geist)
Fryderyk	männl., poln. Form zu Friedrich
Fulbert	männl., Nebenform zu Volbert
Fulberta	weibl., Nebenform zu Volkberta
Fulke	männl., fries. Kurzform zu Vorn. mit »Volk-«
Fülöp	männl., ungar. Form zu Philipp
Fürchtegott	männl., pietistische Neubildung, eigentlich die Aufforderung, Gott zu fürchten; *bekannte Namensträger:* Christian Fürchtegott Gellert, deutscher Schriftsteller (1715–1769)

Ich bewundere, sagte ich, daß die Menschen um ein wenig Namen es sich so sauer werden lassen, so daß sie selbst zu falschen Mitteln ihre Zuflucht nehmen. »Liebes Kind«, sagte Goethe, »ein Name ist nichts Geringes. Hat doch Napoleon eines großen Namens wegen fast die halbe Welt in Stücke geschlagen.«

Johann Peter Eckermann,
Gespräche mit Goethe

Von des Lebens Gütern allen
ist der Ruhm das höchste doch,
wenn der Leib in Staub zerfallen,
lebt der große Name noch.

Friedrich Schiller,
Siegesfest

G

Gaard	männl., niederländ. Kurzform zu Gerhard
Gabi	weibl., Kurzform zu Gabriele; *weitere Formen:* Gaby; *bekannte Namensträger:* Gaby Dohm, deutsche Schauspielerin (geb. 1943)
Gábor	männl., ungar. Form zu Gabriel
Gabriel	*Herkunft:* männl., aus der Bibel übernommener Vorn. hebr. Ursprungs, eigentlich »Mann Gottes« *Verbreitung:* der Vorn. war als Name des Erzengels Gabriel im Mittelalter verbreitet, wird aber heute selten gewählt *Andere Formen:* Gabriele, Gabriello, Gabrio (italien.); Gawril (slaw.); Gábor (ungar.) *Bekannte Namensträger:* Gabriel Marcel, französ. Schriftsteller und Philosoph (1889–1973); Gabriel García Márquez, kolumbian. Schriftsteller und Nobelpreisträger (geb. 1928) *Namenstag:* 27. Februar
Gabriela	weibl., Nebenform zu Gabriele; *bekannte Namensträger:* Gabriela Sabatini, argentin. Tennisspielerin (geb. 1970)
Gabriele	*Herkunft:* weibl. Form zu Gabriel; in Italien gilt Gabriele auch als männl. Vorn.! *Verbreitung:* seit dem Mittelalter bekannter Vorn., aber erst seit Mitte des 19. Jh. stärker verbreitet; heute seltener gewählt *Andere Formen:* Gabi, Gabriella, Gabrielle, Gabriela; Jella (fries.) *Bekannte Namensträger:* Gabriele Wohmann, deutsche Schriftstellerin (geb. 1932); Gabriele Seyfert, deutsche Eiskunstläuferin (geb. 1948) *Namenstag:* 17. Juli
Gabriella	weibl., Nebenform zu Gabriele
Gabriello	männl., italien. Form zu Gabriel
Gabrio	männl., italien. Kurzform zu Gabriel
Gaddo, Galdo	männl., italien. und span. Kurzformen zu Gerhard
Gandolf	männl., aus dem altisländ. »gandr« (Werwolf) und dem ahd. »wolf« (Wolf)
Gangolf	männl., Umkehrung zu Wolfgang; durch die Verehrung des Heiligen Gangolf, der wegen seiner untreuen Frau zum Einsiedler und von ihr ermordet wurde (8. Jh.), im Mittelalter verbreitet, aber heute selten gewählt; *weitere Formen:* Gangulf, Gangel, Wolfgang; *Namenstag:* 11. Mai
Gard	männl., Kurzform zu Gerhard

Garlef	männl., aus dem ahd. »ger« (Speer) und »leiba« (Überbleibsel, Nachkomme)
Garlieb	männl., Nebenform zu Garlef
Garrard, Garret, Garrit	männl., engl. Formen zu Gerhard
Gary	männl., aus dem Amerikan. übernommener Vorn., eigentlich der Name einer 1904 am Michigansee gegründeten Industriestadt oder »wild, stürmisch«; *bekannte Namensträger:* Gary Cooper, amerikan. Filmschauspieler (1901–1961); Gary Kasparow, russ. Schachspieler (geb. 1963)
Gaspard	männl., französ. Form zu Kaspar
Gasparo	männl., italien. Form zu Kaspar
Gast	männl., Kurzform zu Vorn. mit »Gast-« oder »-gast«
Gaston	männl., aus dem Französ. übernommener Vorn., wahrscheinlich auf Vadastus, einen fläm. Heiligen, zurückzuführen
Gawril	männl., slaw. Form zu Gabriel
Gebbo	männl., Kurzform zu Gebhard
Gebhard	*Herkunft:* männl., aus dem ahd. »geba« (Gabe) und »harti« (hart) *Verbreitung:* durch die Verehrung des Heiligen Gebhard, Bischof von Konstanz (10. Jh.), seit dem Mittelalter verbreitet; heute selten gewählt *Andere Formen:* Gebbo, Gebke; Geppert, Gewehard (niederd.) *Bekannte Namensträger:* Gebhard Leberecht Blücher, preußischer Feldmarschall (1742–1819) *Namenstag:* 27. August
Gebharde	weibl. Form zu Gebhard; *weitere Formen:* Geba
Gebke	männl., Kurzform zu Gebhard
Gebrielle	weibl., Nebenform zu Gabriele
Geert	männl., Kurzform zu Gerhard
Geeske	weibl., fries. Form zu Gertrud
Gela	weibl., Kurzform zu Angela und Gertrud; *weitere Formen:* Geli; Geelke (fries.)
Gellert	männl., ungar. Form zu Gerhard
Gemma	weibl., aus dem Lat. übernommener Vorn., eigentlich »Edelstein«

Gene	männl., engl. Form zu Eugen
Geneviève	weibl., französ. Form zu Genoveva
Geno	männl., engl. Form zu Eugen
Genoveva	*Herkunft:* weibl., alter deutscher Vorn., dessen Bedeutung unklar ist *Verbreitung:* bekannt wurde der Vorn. durch Genoveva von Brabant, die Frau des Pfalzgrafen Siegfried; sie wurde des Ehebruchs beschuldigt und mußte sechs Jahre mit ihrem Sohn im Wald leben, bis ihre Unschuld erwiesen war (um 750); dieses Thema wurde von Hebbel und Tieck literarisch bearbeitet, und Schumann verwendete diesen Stoff für eine Oper; heute selten gewählt *Andere Formen:* Eva, Veva; Geneviève, Ginette (französ.)
Geoffrey	männl., engl. Form zu Gottfried
Geoffroy	männl., französ. Form zu Gottfried
Georg	*Herkunft:* männl., aus dem Griech. übernommener Vorn., eigentlich »der Landmann« *Verbreitung:* durch die Verehrung des Heiligen Georg, nach der Legende Drachentöter und als Schutzpatron der Waffenschmiede, Krieger und Landleute einer der 14 Nothelfer, seit dem Mittelalter verbreitet; heute seltener gewählt *Andere Formen:* Schorsch; Jörg, Gorch, Görgel, Gorg, Gerg; York (dän.); Jürgen (niederd.); Juri (russ.); Joris (fries.); George (engl.); Georges (französ.); Giorgio (italien.); Jorge (span.); Jerzy (poln.); Jiri (tschech.); György (ungar.) *Bekannte Namensträger:* Georg Büchner, deutscher Dichter (1813–1837); Georg Trakl, österr. Lyriker (1887–1914); Georg Baselitz, deutscher Maler und Bildhauer (geb. 1938) *Namenstag:* 23. April
George	männl., engl. Form zu Georg; *bekannte Namensträger:* George Washington; erster amerikan. Präsident (1732–1799); George Marshall, »Vater des Marshallplanes« und Nobelpreisträger (1880–1959); George Bush, amerikan. Präsident (geb. 1924)
Georges	männl., französ. Form zu Georg; *bekannte Namensträger:* Georges Bizet, französ. Komponist (1835–1875)
Georgia	weibl. Form zu Georg; *weitere Formen:* Georgina, Georgine; Georgette (französ.)
Geppert	männl., niederd. Form zu Gebhard
Geradus	männl., niederländ. Form zu Gerhard

Gerald männl., aus dem ahd. »ger« (Speer) und »waltan« (walten, herrschen); *weitere Formen:* Gerold; Giraldo (italien.); Gérard (französ.); Gerald (engl.)

Geralde weibl. Form zu Gerald; *weitere Formen:* Geraldine, Gerolde

Geraldina weibl., Nebenform zu Aldina

Gérard männl., französ. Form zu Gerhard

Gerardo männl., italien. und span. Form zu Gerhard

Gerbald männl., aus dem ahd. »ger« (Speer) und »bald« (kühn)

Gerbert männl., aus dem ahd. »ger« (Speer) und »beraht« (glänzend)

Gerbod männl., aus dem ahd. »ger« (Speer) und »boto« (Bote)

Gerbrand männl., aus dem ahd. »ger« (Speer) und »brand« (Brand)

Gerburg weibl., aus dem ahd. »ger« (Speer) und »bergan« (bergen, schützen)

Gerda
Herkunft: weibl., Kurzform zu Gertrud oder aus dem Skand. übernommener Vorn., eigentlich »Einhegung, Schutzzaun«
Verbreitung: erst im 19. Jh. in Deutschland aufgekommener Vorn., wahrscheinlich durch die Gestalt der Gertrud in Andersens Märchen »Die Schneekönigin« gefördert; um 1900 galt der Vorn. als modern und neu, heute wird er selten gewählt
Andere Formen: Gerde, Gerdi, Gerte; Gerta (fries.)

Gerde weibl., Kurzform zu Gerda

Gerdi weibl., Koseform zu Gerda; *weitere Formen:* Gerdie

Gerfried männl., aus dem ahd. »ger« (Speer) und »fridu« (Friede)

Gerg männl., Kurzform zu Georg

Gerhard
Herkunft: männl., aus dem ahd. »ger« (Speer) und »harti« (hart)
Verbreitung: durch die Verehrung des Heiligen Gerhard von Toul (10. Jh.) seit dem Mittelalter verbreitet; beliebter Vorn. beim Adel; gegenwärtig noch verbreitet, aber selten gewählt
Andere Formen: Gerd, Geert, Gero, Gard; Gerrit (fries.); Garret, Garrit, Garrard (engl.); Gérard (französ.); Geradus, Gaard (niederländ.); Gellert (ungar.); Gerardo, Gaddo, Galdo (italien., span.)
Bekannte Namensträger: Gerhard von Scharnhorst, Reformer der preußischen Armee (1755–1813); Gerhard Marcks, deutscher Bildhauer (1889–1981); Gerhard Richter, deutscher Maler und Graphiker (geb. 1932)
Namenstag: 23. April

Gerharde	weibl. Form zu Gerhard; *weitere Formen:* Gerrit (fries.)
Gerhild	weibl., aus dem ahd. »ger« (Speer) und »hiltja« (Kampf)
Gerke	weibl., fries. Form zu Gertrud; *weitere Formen:* Geertje
Gerko	männl., Kurzform zu Vorn. mit »Ger-«
Gerlinde	weibl., aus dem ahd. »ger« (Speer) und »linta« (Schutzschild aus Lindenholz); bekannt wurde der Vorn. durch die Gestalt der Gerlinde in der Kudrunsage; *weitere Formen:* Gerlind, Gerlindis
German	männl., Kurzform zu Vorn. mit »Ger-« oder russ. Form zu Hermann; *weitere Formen:* Germain (französ.); German (engl.); Germano (italien.); Germo (bulgar.)
Germar	männl., aus dem ahd. »ger« (Speer) und »mari« (berühmt)
Gernot	männl., aus dem ahd. »ger« (Speer) und »not« (Bedrängnis, Gefahr); der Vorn. wurde bei uns durch die Gestalt des Gernot aus dem Nibelungenlied, dem Bruder der Kriemhild, bekannt
Gero	männl., Kurzform zu Gerhard
Gerolf	männl., aus dem ahd. »ger« (Speer) und »wolf« (Wolf)
Gerrit	männl., fries. Form zu Gerhard; weibl., fries. Form zu Gerharde
Gerta	weibl., fries. Kurzform zu Gerda
Gerte	weibl., Kurzform zu Gerda und Gertrud
Gertraud	weibl., Nebenform zu Gertrud
Gertrud	*Herkunft:* weibl., aus dem ahd. »ger« (Speer) und »trud« (Kraft) *Verbreitung:* der Vorn. war im Mittelalter durch die Verehrung der Heiligen Gertrud von Nevelles (7. Jh.) sehr beliebt, kam aber dann außer Gebrauch und wurde erst im 19. Jh. durch die Ritterdichtung neu belebt; heute weit verbreitet, aber selten gewählt *Andere Formen:* Gertraud, Gertrude, Gela, Gerda, Gerte; Gerty (engl.); Gerke, Gesa, Geeske, Gesine (fries.) *Bekannte Namensträger:* Gertrud von Le Fort, deutsche Schriftstellerin (1876–1973); Gertrud Fussenegger, österr. Schriftstellerin (geb. 1912) *Namenstag:* 17. März
Gertrude	weibl., Nebenform zu Gertrud; *bekannte Namensträger:* Gertrude Stein, amerikan. Schriftstellerin (1874–1946)
Gerty	weibl., engl. Form zu Gertrud
Gerwig	männl., aus dem ahd. »ger« (Speer) und »wig« (Kampf)

Gerwin	männl., aus dem ahd. »ger« (Speer) und »wini« (Freund)
Gerwine	weibl. Form zu Gerwin
Gesa	weibl., fries. Form zu Gertrud; *weitere Formen:* Gese, Geseke
Gesche	weibl., Kurzform zu Margarete
Gesine	weibl., fries. Form zu Gertrud; *weitere Formen:* Sina
Gevert	männl., niederländ. Kurzform zu Gottfried
Gewehard	männl., niederd. Form zu Gebhard
Gian	männl., italien. Form zu Johannes
Gianna	weibl., italien. Form zu Johanna; *bekannte Namensträger:* Gianna Nannini, italien. Popsängerin (geb. 1956)
Gianni	männl., italien. Form zu Johannes
Gideon	männl., aus dem Hebr. übernommener Vorn., eigentlich »der Baumfäller, der Krieger«; *weitere Formen:* Gidion, Gedeon, Gidon
Gifion	weibl., aus dem Nord. übernommener Vorn., eigentlich der Name einer altnord. Meeresgöttin
Gila	weibl., Kurzform zu Gisela
Gilda	weibl. Form zu Gildo
Gildo	männl., Kurzform zu Vorn. mit »Gild-«
Giles, Gilian	männl., engl. Formen zu Julius
Gilla	weibl., schwed. Kurzform zu Gisela
Gina	weibl., Kurzform zu Regina; *weitere Formen:* Gine; *bekannte Namensträger:* Gina Lollobrigida, italien. Filmschauspielerin (geb. 1928)
Ginette	französ. Koseform zu Genoveva
Giorgio	männl., italien. Form zu Georg
Giovanna	weibl., italien. Form zu Johanna
Giovanni	männl., italien. Form zu Johannes; der Vorn. wurde bei uns vor allem durch Mozarts Oper »Don Giovanni« bekannt; *weitere Formen:* Nino

Gisa weibl., Kurzform zu Vorn. mit »Gis-«, vor allem zu Gisela

Gisbert männl., Nebenform zu Giselbert

Gisberta weibl. Form zu Gisbert

Gisela *Herkunft:* weibl., Herkunft und Bedeutung unklar, eventuell Kurzform zu Vorn. mit »Gis-«
Verbreitung: der Vorn. war schon im Mittelalter sehr beliebt; in der Mitte unseres Jh. war der Vorn. weit verbreitet, wurde aber dann seltener gewählt
Andere Formen: Gisa, Gila, Silke; Gilla (schwed.); Giselle (französ.)
Bekannte Namensträger: Gisela Uhlen, deutsche Filmschauspielerin (geb. 1924); Gisela Schlüter, deutsche Kabarettistin (geb. 1919)
Namenstag: 7. Mai

Giselberga weibl., aus dem ahd. »gisa« (Geisel) und »bergan« (bergen, schützen)

Giselbert männl., aus dem ahd. »gisa« (Geisel) und »beraht« (glänzend)

Giselberta weibl. Form zu Giselbert

Giselher männl., aus dem ahd. »gisa« (Geisel) und »heri« (Herr); der Vorn. wurde bei uns durch die Gestalt des Giselher im Nibelungenlied bekannt (Kriemhildes jüngster Bruder); *weitere Formen:* Giso, Gise

Giselle weibl., französ. Form zu Gisela; *weitere Formen:* Gisèle

Giselmar männl., aus dem ahd. »gisa« (Geisel) und »mari« (berühmt)

Giselmund männl., aus dem ahd. »gisa« (Geisel) und »munt« (Schutz der Unmündigen)

Gislind weibl., aus dem ahd. »gisa« (Geisel) und »linta« (Schutzschild aus Lindenholz)

Gismar männl., Nebenform zu Giselmar

Gismondo männl., italien. Form zu Siegmund

Gismund männl., Nebenform zu Giselmund

Giso männl., Kurzform zu Vorn. mit »Gis-«, vor allem zu Giselher

Gitte weibl., Kurzform zu Brigitte; *weitere Formen:* Gitta

Giuglio, Giuliano männl., italien. Formen zu Julius

Giuseppe	männl., italien. Form zu Joseph
Glaubrecht	männl., pietistische Neubildung aus dem 17./18. Jh.
Glenn	männl., aus dem Engl. übernommener Vorn. wahrscheinlich kelt. Ursprungs; *bekannte Namensträger:* Glenn Miller, amerikan. Jazzmusiker und Komponist (1904–1944)
Gloria	weibl., aus dem Lat. übernommener Vorn., eigentlich »Ruhm, Ehre«
Goda	weibl., Kurzform zu Vorn. mit »God-«, vor allem zu Godowela; *weitere Formen:* Godela
Godehard	männl., aus dem ahd. »got« (Gott) und »harti« (hart); *Namenstag:* 4. Mai
Godelinde	weibl., aus dem ahd. »got« (Gott) und »linta« (Schutzschild aus Lindenholz)
Godfrey	männl., engl. Form zu Gottfried
Godo	männl., Kurzform zu Vorn. mit »God-«, vor allem zu Gottfried
Godofrey	männl., französ. Form zu Gottfried
Godowela	weibl. Form zu Gottlieb
Goesta	männl., schwed. Form zu Gustav; *weitere Formen:* Gösta
Goffredo	männl., italien. Form zu Gottfried
Golo	männl., Kurzform zu Vorn. mit »Gode-«; *bekannte Namensträger:* Golo Mann, deutscher Historiker (geb. 1909)
Göpf	männl., schweiz. Kurzform zu Gottfried
Gorch	männl., Kurzform zu Georg
Görd	männl., fries. Kurzform zu Gottfried
Gorg, Görgel	männl., Kurzformen zu Georg
Gosbert	männl., aus dem Stammesnamen der Goten und dem ahd. »beraht« (glänzend)
Goswin	männl., aus dem Stammesnamen der Goten und dem ahd. »wini« (Freund)
Gottbert	männl., aus dem ahd. »got« (Gott) und »beraht« (glänzend)

Gottfried

Herkunft: männl., aus dem ahd. »got« (Gott) und »fridu« (Friede)
Verbreitung: durch die Verehrung des Heiligen Gottfried von Amiens seit dem Mittelalter verbreitet; der Vorn. wurde oft von den Herzögen von Lothringen gewählt; in der Zeit des Pietismus (17./18. Jh.) wurde der Name neu belebt; heute selten gewählt
Andere Formen: Götz, Friedel; Godfrey, Geoffrey, Jeffrey (engl.); Göpf (schweiz.); Görd (fries.); Gevert, Govert (niederländ.); Geoffroy, Godofrey (französ.); Goffredo (italien.)
Bekannte Namensträger: Johann Gottfried Herder, deutscher Schriftsteller (1744–1803); Gottfried Keller, schweizer. Dichter (1816–1890); Gottfried von Cramm, deutscher Tennisspieler (1909–1976); Gottfried Benn, deutscher Lyriker (1886–1956)
Namenstag: 16. Januar, 8. November

Gotthard

männl., aus dem ahd. »got« (Gott) und »harti« (hart); durch die Verehrung des Heiligen Gotthard von Hildesheim (11. Jh.) im Mittelalter verbreitet; der Heilige ist auch der Namenspatron des gleichnamigen Alpenmassivs und -passes; *weitere Formen:* Godehard, Gottert, Göttert; *Namenstag:* 4. Mai

Gotthelf

männl., pietistische Neubildung aus dem 17./18. Jh.

Gotthold

männl., pietistische Neubildung aus dem 17./18. Jh.; *bekannte Namensträger:* Gotthold Ephraim Lessing, deutscher Schriftsteller (1729–1781)

Gottlieb

männl., pietistische Neubildung aus dem 17./18. Jh., angelehnt an das ahd. »leiba« (Überbleibsel, Nachkomme); *bekannte Namensträger:* Friedrich Gottlieb Klopstock, deutscher Schriftsteller (1724–1803); Johann Gottlieb Fichte, deutscher Philosoph (1762–1814)

Gottlob

männl., pietistische Neubildung aus dem 17./18. Jh., eigentlich die Aufforderung »lobe Gott!«

Gottschalk

männl., aus dem ahd. »got« (Gott) und »schalk« (Knecht); durch den Heiligen Gottschalk, Prediger und Missionar (9. Jh.), im Mittelalter verbreitet, aber heute nicht mehr gewählt; *Namenstag:* 7. Juni

Gottwald

männl., aus dem ahd. »got« (Gott) und »waltan« (walten, herrschen)

Gottwin

männl., aus dem ahd. »got« (Gott) und »wini« (Freund)

Götz

männl., Kurzform zu Gottfried; der Vorn. wurde durch Götz von Berlichingen, deutscher Reichsritter und Bauernführer (1480–1562), bekannt; *bekannte Namensträger:* Götz George, deutscher Schauspieler (geb. 1938)

Govert

männl., niederländ. Kurzform zu Gottfried

Grace weibl., engl. Form zu Gratia; *bekannte Namensträger:* Grace Kelly, der Geburtsname der späteren Fürstin Gracia Patricia von Monaco (1929–1982)

Gracia weibl., span. Form zu Gratia; der Vorn. wurde durch Gracia Patricia, Fürstin von Monaco, bekannt

Gratia weibl., aus dem Lat. übernommener Vorn., eigentlich »die Anmutige«; *weitere Formen:* Grazia; Grace (engl.); Gracia (span.)

Gregoire männl., französ. Form zu Gregor

Gregoor männl., niederländ. Form zu Gregor

Gregor *Herkunft:* männl., aus dem Griech. übernommener Vorn., eigentlich »der Wachsame«
Verbreitung: durch die Verehrung von Gregor dem Großen (6./7. Jh.) war der Vorn. im Mittelalter verbreitet und bis heute öfter gewählt
Andere Formen: Grigorij, Grischa (russ.); Gregoire (französ.); Gregorio (span., italien.); Gregoor (niederländ.); Gregory (engl.)
Bekannte Namensträger: Gregor XIII., Papst und Kalenderreformer (1502–1585); Gregor Mendel, Entdecker der biologischen Vererbungsgesetze (1822–1884)
Namenstag: 12. März, 9. Mai, 25. Mai, 17. November

Gregorio männl., span. und italien. Form zu Gregor

Gregory männl., engl. Form zu Gregor

Greta weibl., Kurzform zu Margarete; *bekannte Namensträger:* Greta Garbo, schwed. Filmschauspielerin (1905–1990)

Gretchen weibl., Koseform zu Margarete

Grete weibl., Kurzform zu Margarete; *weitere Formen:* Grethe; *bekannte Namensträger:* Grethe Weiser, deutsche Schauspielerin (1903–1970)

Gretel weibl., Koseform zu Margarete

Grigorij männl., russ. Form zu Gregor

Grimbert männl., aus dem ahd. »grim« (grimmig) und »beraht« (glänzend)

Grimwald männl., aus dem ahd. »grim« (grimmig) und »waltan« (walten, herrschen); *weitere Formen:* Grimald

Grischa männl., russ. Koseform zu Gregor; der Vorn. wurde bei uns durch A. Zweigs Roman »Der Streit um den Sergeanten Grischa« bekannt

Griselda	weibl., aus dem Italien. übernommener Vorn, der auf eine Sagengestalt zurückgeht; bekannt wurde als literarische Bearbeitung die Gestalt der Griselda in Boccaccios »Decamerone« (14. Jh.); *weitere Formen:* Zelda (engl.)
Gritt	weibl., Kurzform zu Margarete; *weitere Formen:* Gritta, Grit, Grite, Grita
Guda	weibl., Kurzform zu Vorn. mit »gud-«
Gudrun	weibl., aus dem ahd. »gund« (Kampf) und »runa« (Geheimnis); der Vorn. wurde durch die Gestalt der Gudrun der Kudrunsage (13. Jh.) bekannt; im Mittelalter als Adelsname verbreitet und im 19. Jh. neu belebt; *weitere Formen:* Gudula, Gundula, Gunda, Gudrune, Gutrune
Gudula	weibl., Nebenform zu Gudrun; durch die Verehrung der Heiligen Gudula von Brüssel (7./8. Jh.) seit dem Mittelalter verbreitet; *Namenstag:* 8. Januar
Guglielmina	weibl., italien. Form zu Wilhelmine
Guglielmo	männl., italien. Form zu Wilhelm
Guido	männl., italien. Form zu Withold; *bekannte Namensträger:* Guido Reni, italien. Maler (1575–1642); Guido Kratschmer, deutscher Zehnkämpfer (geb. 1953)
Guillaume	männl., französ. Form zu Wilhelm
Guillerma	weibl., span. Form zu Wilhelmine
Guillermo	männl., span. Form zu Wilhelm
Gunda	weibl., Kurzform zu Vorn. mit »Gud-«, vor allem zu Gudrun
Gundel	weibl., Koseform zu Vorn. mit »Gund-« oder »-gund«
Gunder	männl., dän. Form zu Gunter
Gundobald	männl., aus dem ahd. »gund« (Kampf) und »bald« (kühn)
Gundolf	männl., aus dem ahd. »gund« (Kampf) und »wolf« (Wolf)
Gundula	weibl., Nebenform zu Gudrun; *bekannte Namensträger:* Gundula Janowitz, deutsche Sopranistin (geb. 1937)
Gunnar	männl., skand. Form zu Günter; *bekannte Namensträger:* Gunnar Gunnarsson, isländ. Schriftsteller (1889–1975)
Guntbert	männl., aus dem ahd. »gund« (Kampf) und »beraht« (glänzend); *weitere Formen:* Gumpert, Gundobert

Guntberta — weibl. Form zu Gundbert

Günter — *Herkunft:* männl., aus dem ahd. »gund« (Kampf) und »heri« (Herr)
Verbreitung: seit dem Mittelalter als Name des Burgunderkönigs Gunther aus dem Nibelungenlied bekannt und weit verbreitet; um 1920 galt Günter als Modename; heute noch weit verbreitet, aber seltener gewählt
Andere Formen: Günther, Gunter, Gunther; Gunnar (skand.); Gunder (dän.)
Bekannte Namensträger: Günter Eich, deutscher Schriftsteller (geb. 1907); Günter Grass, deutscher Schriftsteller (geb. 1927)
Namenstag: 9. Oktober

Gunter, Gunther — männl., Nebenformen zu Günter

Günther — männl., Nebenform zu Günter

Gunthild — weibl., aus dem ahd. »gund« (Kampf) und »hiltja« (Kampf); *weitere Formen:* Gunhild

Guntlinde — weibl., aus dem ahd. »gund« (Kampf) und »linta« (Schutzschild aus Lindenholz)

Guntmar — männl., aus dem ahd. »gund« (Kampf) und »mari« (berühmt)

Guntrada — weibl., aus dem ahd. »gund« (Kampf) und »rat« (Ratgeber)

Guntram — männl., aus dem ahd. »gund« (Kampf) und »hraban« (Rabe)

Guntwin — männl., aus dem ahd. »gund« (Kampf) und »wini« (Freund)

Gus — männl., Kurzform zu Gustav

Gustaaf — männl., niederländ. Form zu Gustav

Gustaf — männl., Nebenform zu Gustav; *bekannte Namensträger:* Gustaf Gründgens, deutscher Schauspieler, Regisseur und Theaterleiter (1899–1963)

Gustav — *Herkunft:* männl., aus dem Schwed. übernommener Vorn., eigentlich »Gottes Stütze«
Verbreitung: durch den Schwedenkönig Gustav Adolf (1594–1632) wurde der Vorn. in Deutschland bekannt und weit verbreitet; um 1900 galt der Name als modern, heute seltener gewählt
Andere Formen: Gus, Gustaf, Gustel; Goesta (schwed.); Gustave (engl., französ.); Gustavo (span.); Gustaaf, Gustavus (niederländ.)
Bekannte Namensträger: Gustav Schwab, deutscher Dichter (1792–1850); Gustav Freytag, deutscher Schriftsteller (1816–1895); Gustav Mahler, österr. Komponist (1860–1911); Gustav Knuth, deutscher Schauspieler (1901–1987)

Gustave	männl., engl. und französ. Form zu Gustav; *bekannte Namensträger:* Gustave Flaubert, französ. Schriftsteller (1821–1880)
Gustavo	männl., span. Form zu Gustav
Gustavus	männl., niederländ. Form zu Gustav
Guste	weibl., Nebenform zu Auguste
Gustel	männl., Koseform zu Gustav und weibl., Koseform zu Augusta; eindeutiger Zweitname erforderlich
Gwendolin	weibl., aus dem Engl. übernommener Vorn., dessen Bedeutung unklar ist, eventuell zu kelt. »gwyn« (weiß); *weitere Formen:* Gwenda, Gwen
György	männl., ungar. Form zu Georg
Gyula	männl., ungar. Form zu Julius

H

Hadburga weibl., aus dem ahd. »hadu« (Kampf) und »bergan« (bergen, schützen); *weitere Formen:* Hadeburg

Hadelind weibl., aus dem ahd. »hadu« (Kampf) und »linta« (Schutzschild aus Lindenholz); *weitere Formen:* Hadelinde

Hademar männl., aus dem ahd. »hadu« (Kampf) und »mari« (berühmt); *weitere Formen:* Hadamar

Hadewin männl., aus dem ahd. »hadu« (Kampf) und »wini« (Freund)

Hadmut weibl., aus dem ahd. »hadu« (Kampf) und »muot« (Sinn, Geist)

Hadrian männl., Nebenform zu Adrian

Hadwig weibl., Nebenform zu Hedwig

Hagen männl., Kurzform zu Vorn. mit »Hagan-«; bekannt ist die Gestalt des Hagen von Tronje aus dem Nibelungenlied; *weitere Formen:* Hanno; Hajo (fries.); Hakon (norweg.)

Hajo männl., fries. Kurzform zu Hagen, Hugo, Heiko, Hayo oder Kurzform des neuen Doppelnamens Hansjoachim

Hakon männl., norweg. Form zu Hagen; *weitere Formen:* Hakan; Haquinus (latinisiert)

Hanja weibl., Nebenform zu Hanna, wahrscheinlich an Anja angelehnt

Hanjo männl., Kurzform zu Hansjoachim und Hansjoseph

Hanka weibl., slaw. Form zu Hanna

Hanke männl., niederd. Kurzform zu Johannes

Hanna *Herkunft:* weibl., Kurzform zu Johanna
Verbreitung: seit dem Mittelalter verbreitet, auch durch die Verehrung der Heiligen Hanna, Mutter des Samuel und Frau des Tobias im Alten Testament; gegenwärtig seltener gewählt
Andere Formen: Hannah, Hanne, Hannele, Hanja, Hannchen, Hansi; Hanka (slaw.)
Bekannte Namensträger: Hanna Schygulla, deutsche Schauspielerin (geb. 1943)

Hannah weibl., Nebenform zu Hanna

Hannchen weibl., Koseform zu Hanne

Hanne weibl., Nebenform zu Hanna

Hannele weibl., Nebenform zu Hanna; bekannt wurde der Vorn. durch G. Hauptmanns »Hanneles Himmelfahrt« (1892)

Hannelore weibl., Doppelname aus Hanne und Eleonore

Hannerose weibl., Doppelname aus Hanne und Rose

Hannes männl., Nebenform zu Hans

Hanno männl., Nebenform zu Anno oder Kurzform zu Hagen und Johannes

Hanns männl., Nebenform zu Hans

Hans *Herkunft:* männl., Kurzform zu Johannes
Verbreitung: seit dem 14. Jh. zählt Hans zu den beliebtesten deutschen Vorn.; der Name war in Deutschland so häufig, daß er zum »Gattungsnamen« abgewertet wurde (Hanswurst, Hansdampf in allen Gassen, Schmalhans, Hans Guckindieluft, Prahlhans); auch heute noch weit verbreitet, vor allem in seinen vielen Nebenformen und Doppelnamen mit Hans
Andere Formen: Hanns, Hansi, Hannes, Hanko, Hänsel, Hansjoachim, Hansdieter, Hansjürgen, Hansjoseph
Bekannte Namensträger: Hans Sachs, deutscher Fastnachtsspieldichter (1494–1576); Hans Christian Andersen, dän. Märchenverfasser (1805–1875); Hans Albers, deutscher Schauspieler (1892–1960); Hans Fallada, deutscher Schriftsteller (1893–1947); Hans Moser, österr. Schauspieler (1880–1964); Hans Rosenthal, deutscher Fernsehunterhalter (1925–1987)

Hansdieter männl., Doppelname aus Hans und Dieter; *weitere Formen:* Hans-Dieter

Hansdietrich männl., Doppelname aus Hans und Dietrich; *weitere Formen:* Hans-Dietrich; *bekannte Namensträger:* Hans-Dietrich Genscher, deutscher Außenminister (geb. 1927)

Hänsel männl., Koseform zu Hans; bekannt wurde der Vorn. vor allem durch das Märchen der Brüder Grimm »Hänsel und Gretel«

Hansi männl., Koseform zu Hans und weibl., Koseform zu Hanna; eindeutiger Zweitname erforderlich

Hansjoachim männl., Doppelname aus Hans und Joachim; *weitere Formen:* Hajo, Hanjo, Hans-Joachim; *bekannte Namensträger:* Hans-Joachim Kuhlenkampff, deutscher Schauspieler und Quizmaster (geb. 1921); Hanns Joachim Friederichs, deutscher Fernsehjournalist (geb. 1927)

Hansjoseph männl., Doppelname aus Hans und Joseph; *weitere Formen:* Hans-Joseph

Hansjürgen männl., Doppelname aus Hans und Jürgen; *weitere Formen:* Hans-Jürgen

Harald

Herkunft: männl., aus dem Nord. übernommener Vorn., eigentlich angelehnt an Hariwald, aus dem ahd. »hari« (Heer) und »waltan« (walten, herrschen)
Verbreitung: der Vorn. spielte bei den nord. Königen eine große Rolle und wurde bei uns um 1900 modern; heute noch verbreitet, aber nicht mehr so oft gewählt
Andere Formen: Harold
Bekannte Namensträger: Harald Norpoth, deutscher Langstreckenläufer (geb. 1942); Harald Juhnke, deutscher Fernsehunterhalter (geb. 1929); Harald Schmid, deutscher Leichtathlet (geb. 1957)

Hard

männl., Kurzform zu Vorn. mit »Hard-«; *weitere Formen:* Hardo

Hardi

männl., Kurzform zu Vorn. mit »Hart-« oder »-hard«; *weitere Formen:* Hardy, Hardo, Harto; Hartke, Hartung (niederd.)

Hariolf

männl., aus dem ahd. »heri« (Heer) und »wolf« (Wolf); *weitere Formen:* Hariulf

Harm

männl., fries. Form zu Hermann; *weitere Formen:* Harmann

Harmke

männl., fries. Form zu Hermann

Harold

männl., Nebenform zu Harald oder aus dem ahd. »heri« (Heer) und »waltan« (walten, herrschen); *weitere Formen:* Herold, Herwald

Harro

männl., fries. Form zu Hermann und Kurzform zu Vorn. mit »Har-«; *weitere Formen:* Haro

Harry

männl., engl. Form zu Heinrich; *bekannte Namensträger:* Harry S. Truman, amerikan. Präsident (1884–1972); Harry Kupfer, deutscher Opernregisseur (geb. 1935)

Hartlieb

männl., aus dem ahd. »harti« (hart) und »liob« (lieb)

Hartmann

männl., aus dem ahd. »harti« (hart) und »man« (Mann); *bekannte Namensträger:* Hartmann von Aue, deutscher Dichter (um 1200)

Hartmut

männl., aus dem ahd. »harti« (hart) und »muot« (Sinn, Geist); der Vorn. ist vor allem durch die Gestalt des Hartmut in der mittelalterlichen Kudrunsage bekannt

Hartwig

männl., aus dem ahd. »harti« (hart) und »wig« (Kampf)

Hartwin

männl., aus dem ahd. »harti« (hart) und »wini« (Freund)

Hasso

männl., Kurzform zu Vorn. mit »Hart-«; ursprünglich war Hasso ein Herkunftsname (der Hesse); *weitere Formen:* Hesso, Hasko, Hassilo

Haubert männl., Nebenform zu Hubert

Haug männl., fries. Kurzform zu Vorn. mit »Hug-«; weibl., fries. Kurzform zu Vorn. mit »Hug-«; eindeutiger Zweitname erforderlich

Hauke männl., fries. Kurzform zu Hugo; bekannt wurde der Vorn. durch die Gestalt des Hauke Haien in Storms Novelle »Der Schimmelreiter« (1888); weibl., fries. Kurzform zu Vorn. mit »Hug-«; eindeutiger Zweitname erforderlich

Hedda weibl., skand. Kurzform zu Hedwig; bekannt wurde der Vorn. durch Ibsens Schauspiel »Hedda Gabler« (1891 in deutscher Übersetzung)

Heddy weibl., Koseform zu Hedwig

Hede weibl., Kurzform zu Hedwig

Hedvig weibl., schwed. Form zu Hedwig

Hedwig *Herkunft:* weibl., aus dem ahd. »hadu« (Kampf) und »wig« (Kampf)
Verbreitung: Hedwig gehört zu den ältesten deutschen Vorn.; im Mittelalter als Name von vielen Fürstinnen und Heiligen verbreitet; die Verehrung der Heiligen Hedwig, Patronin von Schlesien (12./13. Jh.), trug zur Verbreitung des Vorn. bei; heute selten gewählt
Andere Formen: Hadwig, Hede, Heddy, Hese; Hedda (skand.); Jadwiga (poln.); Hedvig (schwed.); Hedwigis (niederländ.); Edwige (italien.)
Bekannte Namensträger: Hedwig Courths-Mahler, deutsche Schriftstellerin (1867–1950)
Namenstag: 16. Oktober

Hedwiges weibl., niederländ. Form zu Hedwig

Heide weibl., Kurzform zu Adelheid

Heidelinde weibl., Doppelname aus Heide und Linda

Heidelore weibl., Doppelname aus Heide und Eleonore

Heidemaria weibl., Doppelname aus Heide und Maria; *weitere Formen:* Heidemarie; *bekannte Namensträger:* Heidemarie Hatheyer, schweizer. Filmschauspielerin (geb. 1919)

Heiderose weibl., Doppelname aus Heide und Rose

Heidi weibl., Koseform zu Adelheid; der Vorn. wurde vor allem durch die »Heidi«-Bücher der J. Spyri (seit 1881) bekannt; *bekannte Namensträger:* Heidi Kabel, deutsche Schauspielerin (geb. 1914); Heidi Brühl, deutsche Schauspielerin (geb. 1942)

Heila	weibl., Kurzform zu Vorn. mit »Heil-«
Heilgard	weibl., aus dem ahd. »heil« (gesund) und »gard« (Schutz)
Heilke	weibl., fries. Kurzform zu Vorn. mit »Heil-«
Heilko	männl., fries. Kurzform zu Vorn. mit »Heil-«
Heilmar	männl., aus dem ahd. »heil« (gesund) und »mari« (berühmt)
Heilmut	männl., aus dem ahd. »heil« (gesund) und »muot« (Sinn, Geist)
Heilwig	männl. und weibl., aus dem ahd. »heil« (gesund) und »wig« (Kampf); eindeutiger Zweitname erforderlich
Heima	weibl., Kurzform zu Vorn. mit »Heim-«
Heimbrecht	männl., aus dem ahd. »heim« (Haus) und »beraht« (glänzend)
Heimeran	männl., aus dem ahd. »heim« (Haus) und »hraban« (Rabe)
Heimerich	männl., aus dem ahd. »heim« (Haus) und »rihhi« (reich, mächtig)
Heimfried	männl., aus dem ahd. »heim« (Haus) und »fridu« (Friede)
Heimo	männl., Kurzform zu Vorn. mit »Heim-«; *weitere Formen:* Heimko, Heimke, Heimito; *bekannte Namensträger:* Heimito von Doderer, österr. Schriftsteller (1896–1966)
Heineke	männl., fries. Form zu Heinrich
Heinfried	männl., neuer Doppelname aus Heinrich und Friedrich
Heini	männl., Kurzform zu Heinrich; Heini wird umgangssprachlich auch abwertend für einen törichten und einfältigen Menschen gebraucht, deshalb selten gewählt
Heino	männl., fries. Kurzform zu Heinrich
Heinrich	*Herkunft:* männl., aus dem ahd. »hagan« (Hof) und »rihhi« (reich, mächtig) *Verbreitung:* im Mittelalter war Heinrich einer der häufigsten deutschen Vorn., daher stammt auch die Bezeichnung »Hinz und Kunz« (Heinrich und Konrad) für »jedermann«; heute immer noch weit verbreitet, aber seltener gewählt *Andere Formen:* Hinrich, Hinz, Reitz, Heinz, Heini, Heise; Harry, Henry (engl.); Enzio, Enrico (italien.); Jendrik (slaw.); Heintje, Heino, Henner, Henneke, Henke, Henning, Heinke (fries.); Henri (französ.); Hendrik (dän.); Henrik (schwed.); Jindrich (tschech.); Genrich (russ.) *Bekannte Namensträger:* Heinrich Schütz, deutscher Musiker (1585–1672); Heinrich Schliemann, deutscher Archäologe und

Entdecker von Troja (1822–1890); Heinrich von Kleist, deutscher Dramatiker (1777–1811); Heinrich Heine, deutscher Schriftsteller (1797–1856); Heinrich Hertz, deutscher Physiker (1857–1894); Heinrich Zille, Berliner Zeichner (1858–1929); Heinrich Mann, deutscher Schriftsteller (1871–1950); Heinrich George, deutscher Schauspieler (1893–1946); Heinrich Böll, deutscher Schriftsteller (1917–1986)
Namenstag: 13. Juli

Heintje
männl., fries. Form zu Heinrich

Heinz
männl., Kurzform zu Heinrich; beliebteste Kurzform zu Heinrich; *bekannte Namensträger:* Heinz Rühmann, deutscher Schauspieler (geb. 1902); Heinz Piontek, deutscher Schriftsteller (geb. 1925)

Heise
männl., Nebenform zu Heinrich

Helen
weibl., deutsche und engl. Kurzform zu Helene; *bekannte Namensträger:* Helen Keller, amerikan. Schriftstellerin (1880–1968)

Helena
weibl., Nebenform zu Helene

Helene
Herkunft: weibl., aus dem Griech. übernommener Vorn., eigentlich »die Sonnenhafte«
Verbreitung: durch die Heilige Helena und die griech. Sagengestalt Helena seit dem Mittelalter bekannt; durch Offenbachs Operette »Die schöne Helena« (1864) wurde der Vorn. neu belebt, um 1900 galt Helene als Modename, wird aber heute seltener gewählt
Andere Formen: Helena, Helen, Elena, Elina, Ella, Ilka, Lene, Nelli, Ellen; Ilona, Jelja (ungar.); Lenka (slaw.); Ela (slowak.); Elena (italien.); Hélène (französ.); Ileana (rumän.); Elin (schwed.); Ellen, Helen (engl.); Alene (russ.)
Bekannte Namensträger: Helene Lange, deutsche Frauenrechtlerin (1848–1930); Helene Weigel, deutsche Schauspielerin (1900–1971)
Namenstag: 18. August

Helga
weibl., aus dem Nord. übernommener Vorn., eigentlich »die Geweihte, die Heilige«

Helle
männl., Kurzform zu Helmut

Hellmut, Hellmuth
männl., Nebenformen zu Helmut

Helmbrecht
männl., aus dem ahd. »helm« (Helm) und »beraht« (glänzend); *weitere Formen:* Helmbert

Helmburg
weibl., aus dem ahd. »helm« (Helm) und »bergan« (bergen, schützen)

Helmfried männl., aus dem ahd. »helm« (Helm) und »fridu« (Friede)

Helmke männl., Kurzform zu Vorn. mit »Helm-« oder »-helm«, vor allem zu Helmut und Wilhelm; *weitere Formen:* Helmko, Helmo; weibl., Kurzform zu Vorn. mit »Helm-« oder »-helm«, vor allem zu Helmtraud und Wilhelma; *weitere Formen:* Helma; eindeutiger Zweitname erforderlich

Helmtraud weibl., aus dem ahd. »helm« (Helm) und »trud« (Kraft, Stärke); *weitere Formen:* Helma, Helmke

Helmut *Herkunft:* männl., Herkunft unklar, wahrscheinlich aus dem ahd. »helm« (Helm) und »muot« (Sinn, Geist)
Verbreitung: der Vorn. wurde erst im 19. Jh. öfter gewählt und wahrscheinlich durch Helmuth von Moltke (1800–1891), Generalstabschef der deutschen Einigungskriege, verbreitet; um 1930 galt der Name als modern, heute selten gewählt
Andere Formen: Hellmut, Helmuth, Hellmuth, Helmke, Helle
Bekannte Namensträger: Helmut Schön, ehemaliger Trainer der deutschen Fußballnationalmannschaft (geb. 1915); Helmut Heissenbüttel, deutscher Lyriker (geb. 1921); Helmut Schmidt, deutscher Politiker und ehemaliger Bundeskanzler (geb. 1918); Helmut Qualtinger, österr. Schauspieler (1928–1986); Helmut Kohl, deutscher Politiker und Bundeskanzler (geb. 1930)

Helmuth männl., Nebenform zu Helmut

Helmward männl., aus dem ahd. »helm« (Helm) und »wart« (Hüter)

Hemm männl., fries. Form zu Hermann; *weitere Formen:* Hemmo

Hendrik männl., dän. Form zu Heinrich; *weitere Formen:* Hendryk, Hendrikus, Hinderk, Hinnerk, Hinrik, Rik

Henke männl., fries. Kurzform zu Heinrich

Henneke, Henner männl., fries. Formen zu Heinrich

Henning männl., fries. Form zu Heinrich; *weitere Formen:* Hennig

Henri männl., französ. Form zu Heinrich

Henrik männl., schwed. Form zu Heinrich; *weitere Formen*: Hinrik; Henryk (poln.); *bekannte Namensträger:* Henrik Ibsen, norweg. Schriftsteller (1828–1906)

Henrike weibl. Form zu Henrik; *weitere Formen:* Henni, Henny, Rika; Rieka (niederländ.)

Henry männl., engl. Form zu Heinrich; *bekannte Namensträger:* Henry Ford, amerikan. Automobilindustrieller (1863–1947); Henry Fonda, amerikan. Schauspieler (1905–1982)

Herbert

Herkunft: männl., aus dem ahd. »heri« (Heer) und »beraht« (glänzend)
Verbreitung: durch die Verehrung des Heiligen Herbert, Erzbischof von Köln (11. Jh.); seit dem Mittelalter vor allem im Rheinland verbreitet; um 1900 galt Herbert als modern; heute selten gewählt
Andere Formen: Heribert, Herbort; Aribert (französ.)
Bekannte Namensträger: Herbert von Karajan, österr. Dirigent (1900–1989); Herbert Wehner, deutscher Politiker (1906–1989); Herbert Grönemeyer, deutscher Sänger und Schauspieler (geb. 1956)
Namenstag: 16. März

Herberta

weibl. Form zu Herbert

Herbort

männl., Nebenform zu Herbert

Herdi

weibl., fries. Kurzform zu Vorn. mit »her« oder »hart«; *weitere Formen:* Herdis

Heribert

männl., Nebenform zu Herbert

Herlinde

weibl., aus dem ahd. »heri« (Heer) und »linta« (Schutzschild aus Lindenholz)

Herman

männl., deutsche und engl. Nebenform zu Hermann; *bekannte Namensträger:* Herman Melville, Schriftsteller (1819–1891)

Hermann

Herkunft: männl., aus dem ahd. »heri« (Heer) und »man« (Mann)
Verbreitung: seit dem Mittelalter sehr beliebter Vorn., vor allem beim Adel; im 19. Jh. trug Goethes »Hermann und Dorothea« zur Verbreitung des Namens bei; heute wird der Vorn. selten gewählt
Andere Formen: Herrmann, Herman; Hemm, Harro, Harm, Harmke, Herms (fries.); Herman (engl.); Armand (französ.); Hermien (niederländ.); Ermanno, Erminio (italien.); Armando (span., italien.); German (russ.)
Bekannte Namensträger: Hermann Hesse, deutscher Schriftsteller (1877–1962); Hermann Broch, deutscher Schriftsteller (1886–1951); Hermann Neuberger, Präsident des Deutschen Fußballbundes (geb. 1919)

Hermien

männl., niederländ. Form zu Hermann

Hermine

weibl. Form zu Hermann oder Kurzform zu Vorn. mit »Her-« oder »Irm-«; *weitere Formen:* Herma, Hermia, Hermina, Hermy, Hermione; *bekannte Namensträger:* Hermine Körner, deutsche Schauspielerin (1882–1960)

Herms

männl., fries. Form zu Hermann; *weitere Formen:* Harms

Herrmann

männl., Nebenform zu Hermann

Hertha	weibl., der Vorn. geht auf einen Lesefehler bezüglich der bei Tacitus erwähnten german. Göttin der Fruchtbarkeit Nerthus zurück; um 1900 weit verbreiteter Vorn., heute selten gewählt; *bekannte Namensträger:* Hertha Többer, österr. Sängerin (geb. 1924)
Hertwig	männl., Nebenform zu Hartwig
Hertwiga	weibl. Form zu Hertwig
Herward	männl., aus dem ahd. »heri« (Heer) und »wart« (Hüter, Schützer); *weitere Formen:* Herwart, Herwarth
Herwig	männl., aus dem ahd. »heri« (Heer) und »wig« (Kampf); *weitere Formen:* Herweig
Herwiga	weibl. Form zu Herwig
Herwin	männl., aus dem ahd. »heri« (Heer) und »wini« (Freund); *weitere Formen:* Erwin
Hese	weibl., Kurzform zu Hedwig; *weitere Formen:* Heseke
Hester	weibl., Nebenform zu Esther
Hias	männl., bayr. Nebenform zu Matthias
Hick	männl., engl. Kurzform zu Richard
Hidda	weibl., Kurzform zu Hildegard
Hieronymos	*Herkunft:* männl., aus dem Griech. übernommener Vorn., eigentlich »der Mann mit dem heiligen Namen« *Verbreitung:* der Vorn. wurde durch den Kirchenvater und Übersetzer der Bibel Sophronius Eusebius Hieronymus (4. Jh.) bekannt, wird heute aber selten gewählt *Andere Formen:* Olmes, Grommes, Gromer; Jero (schweizer.); Gerome, Jerome (engl.); Jérome (französ.); Geronimo (italien.); Jeronimo (span.) *Bekannte Namensträger:* Hieronymus Bosch, niederländ. Maler (1450–1516) *Namenstag:* 30. September
Hilarius	männl., aus dem Lat. übernommener Vorn., eigentlich »der Heitere«; durch die Verehrung des Heiligen Hilarius, Papst und Erzbischof von Arles (5. Jh.), seit dem Mittelalter bekannt, aber heute selten gewählt; *weitere Formen:* Hilaire (französ.); Larry (engl.); *Namenstag:* 28. Februar
Hilda	weibl., Kurzform zu Hildegard

Hilde weibl., Kurzform zu Vorn. mit »Hild-« oder »-hilde«, vor allem zu Hildegard und Mathilde; *weitere Formen:* Hilja; *bekannte Namensträger:* Hilde Domin, deutsche Lyrikerin (geb. 1912)

Hildebert männl., aus dem ahd. »hiltja« (Kampf) und »beraht« (glänzend); *weitere Formen:* Hilbert, Hilpert, Hildebrecht, Hilbrecht

Hildeberta weibl. Form zu Hildebert

Hildefons männl., aus dem ahd. »hiltja« (Kampf) und »funs« (eifrig); durch die Verehrung des Heiligen Ildefons, Erzbischof von Toledo (7. Jh.), seit dem Mittelalter verbreitet, aber heute selten gewählt; *weitere Formen:* Ildefons; *Namenstag:* 23. Januar

Hildegard *Herkunft:* weibl., aus dem ahd. »hiltja« (Kampf) und »gard« (Schutz);
Verbreitung: durch die Verehrung der Heiligen Hildegard von Bingen (11./12. Jh.) seit dem Mittelalter verbreitet; der Vorn. wurde durch die romantische Literatur und Ritterdichtung zu Beginn des 19. Jh. neu belebt; heute selten gewählt
Andere Formen: Hilda, Hilde, Hilla, Hidda; Hilke (fries.)
Bekannte Namensträger: Hildegard Knef, deutsche Schauspielerin (geb. 1925)
Namenstag: 17. September

Hildeger männl., aus dem ahd. »hiltja« (Kampf) und »ger« (Speer)

Hildegunde weibl., aus dem ahd. »hiltja« (Kampf) und »gund« (Kampf); *weitere Formen:* Hildegunde

Hildemar männl., aus dem ahd. »hiltja« (Kampf) und »mari« (berühmt)

Hildemut männl., aus dem ahd. »hiltja« (Kampf) und »muot« (Sinn, Geist)

Hilderich männl., aus dem ahd. »hiltja« (Kampf) und »rihhi« (reich, mächtig)

Hilderun weibl., aus dem ahd. »hiltja« (Kampf) und »runa« (Geheimnis)

Hilger männl., Kurzform zu Hildeger

Hilke weibl., fries. Form zu Vorn. mit »Hilde-«, vor allem zu Hildegard

Hilla weibl., Kurzform zu Vorn. mit »Hilde-«, vor allem zu Hildegard

Hiltraud weibl., aus dem ahd. »hiltja« (Kampf) und »trud« (Stärke); *weitere Formen:* Hiltrud

Hinrich männl., Nebenform zu Heinrich

Hinz männl., Kurzform zu Heinrich

Hiob männl., aus der Bibel übernommener Vorn. hebr. Ursprungs, dessen Bedeutung unklar ist; der Vorn. wurde sehr selten gewählt, da der biblische Hiob eine Unglücksgestalt ist

Hippo männl., Kurzform zu Vorn. mit »Hil-«

Hjalmar männl., skand. Form zu Hilmar; *bekannte Namensträger:* Hjalmar Schacht, deutscher Finanzpolitiker (1877–1970)

Hob, Hobby männl., engl. Kurzformen zu Robert

Hobe männl., engl. Kurzform zu Richard

Holda weibl., Nebenform zu Hulda; *weitere Formen:* Holdine

Holdger männl., Nebenform zu Holger

Holdo männl., Kurzform zu Vorn. mit »-hold«

Holger *Herkunft:* männl., aus dem altisländ. »holmi« (Insel) und »geirr« (Speer)
Verbreitung: der aus dem Nord. übernommene Vorn. ist vor allem in Dänemark sehr beliebt, denn Holger Danske heißt der Nationalheld, der der Sage nach aus seinem Schlaf erwacht, wenn Dänemark in Not gerät; der Vorn. wurde bei uns auch durch Andersens Märchen verbreitet; heute wird der Vorn. seltener gewählt
Andere Formen: Holdger

Holm männl., aus dem Nord. übernommener Vorn., eigentlich »der von der Insel«

Horst *Herkunft:* männl., der Vorn. ist wahrscheinlich an die Bezeichnung »Horst« (Gehölz, niedriges Gestrüpp) angelehnt
Verbreitung: der Vorn. galt um 1900 als Adelsname, wurde dann aber volkstümlich; heute weit verbreitet, aber selten gewählt
Bekannte Namensträger: Horst Buchholz, deutscher Schauspieler (geb. 1933); Horst Eberhard Richter, deutscher Psychoanalytiker (geb. 1923); Horst Janssen, deutscher Maler und Graphiker (geb. 1929)

Hortensia weibl., aus dem Lat. übernommener Vorn., eigentlich »die aus dem altrömischen Geschlecht der Hortensier«; der Vorn. wird auch oft mit der gleichnamigen Pflanze Hortensie in Zusammenhang gebracht (diese Pflanze wurde nach der französ. Astronomin Hortense Lepouche benannt); *weitere Formen:* Hortense (französ.)

Hosea männl., aus der Bibel übernommener Vorn. hebr. Ursprungs, eigentlich »der Herr ist Hilfe und Rettung«; Hosea ist in der Bibel ein Prophet, der sich gegen den Götzendienst wendet

Howard männl., engl. Form zu Hubert; *bekannte Namensträger:* Howard Hawks, amerikan. Westernregisseur (1886–1977)

Hroswitha weibl., Nebenform zu Roswitha

Hubert *Herkunft:* männl., neuere Form zu Hugbert, aus dem ahd. »hugu« (Gedanke, Verstand) und »beraht« (glänzend)
Verbreitung: durch die Verehrung des Heiligen Hubert, Bischof von Lüttich, Apostel der Ardennen und Patron der Jäger (8. Jh.), seit dem Mittelalter verbreitet; heute selten gewählt
Andere Formen: Hugbert, Hubrecht, Hupp, Bert, Haubert; Howard (engl.); Hubertus (lat.)
Bekannte Namensträger: Hubert von Meyerinck, deutscher Filmschauspieler (1896–1971)
Namenstag: 3. November

Huberta weibl. Form zu Hubert

Hubertus männl., lat. Form zu Hubert

Hugbald männl., aus dem ahd. »hugu« (Gedanke, Verstand) und »bald« (kühn)

Hugbert männl., Nebenform zu Hubert

Hugbrecht männl., Nebenform zu Hubert; *weitere Formen:* Hugprecht

Hugdietrich männl., Doppelname aus Hugo und Dietrich

Hugh männl., engl. Form zu Hugo

Hugo *Herkunft:* männl., Kurzform zu Vorn. mit »Hug-«, vor allem zu Hugbert und Hugbald
Verbreitung: seit dem Mittelalter verbreiteter Vorn., der im 19. Jh. durch die romantische Literatur und Ritterdichtung neu belebt wurde; heute selten gewählt
Andere Formen: Hauke, Haug (fries.); Ugolino (italien.); Hugh (engl.)
Bekannte Namensträger: Hugo von Hofmannsthal, österr. Schriftsteller (1874–1929); Hugo Junkers, deutscher Flugzeugkonstrukteur (1859–1935); Hugo Eckner, deutscher Luftfahrtpionier und Zeppelinkonstrukteur (1868–1954)
Namenstag: 28. April

Hulda weibl., aus dem ahd. »holda« (guter weibl. Geist); *weitere Formen:* Holda, Holle

Humbert *Herkunft:* männl., aus dem ahd. »huni« (junges Tier, junger Bär) und »beraht« (glänzend)
Verbreitung: Humbert war im Königshaus von Savoyen gebräuchlich; volkstümlich wurde der Vorn. in Deutschland nie
Andere Formen: Umberto (italien.)

Humberta	weibl. Form zu Humbert
Hunfried	männl., aus dem ahd. »huni« (junges Tier, junger Bär) und »fridu« (Friede)
Hunold	männl., aus dem ahd. »huni« (junges Tier, junger Bär) und »waltan« (walten, herrschen); *weitere Formen:* Hunwald, Hunwalt
Hupp	männl., Kurzform zu Hubert
Hyazinth	männl., aus dem Griech. übernommener Vorn., dessen Bedeutung unklar ist; der Vorn. geht auf einen spartanischen Jüngling zurück, der von Apoll versehentlich mit einem Diskus getötet wurde und aus dessen Blut die Blume Hyazinthe sproß; *weitere Formen:* Hyacinth, Hyacinthus; *Namenstag:* 17. August, 11. September

I

Ibbe, Ibbo, Ibe	männl., Nebenformen zu Ibo
Ibo	*Herkunft:* männl., Ursprung unklar, eventuell aus dem ahd. »iwa« (Bogen aus Eibenholz) oder fries. Nebenform zu Yves *Verbreitung:* auf den fries. Sprachraum beschränkt, heute selten gewählt *Andere Formen:* Ib, Ibbe, Ibbo, Ibe; Yves (französ.)
Ibrahim	männl., arab. Form zu Abraham
Ida	*Herkunft:* weibl. Kurzform zu Zusammensetzungen mit »Ida« und »Idu«, besonders aber Kurzform des ahd. Vorn. Iduberga (eine Heilige Iduberga ist Schutzpatronin der Schwangeren) *Verbreitung:* im Mittelalter sehr beliebter Vorn., dann aus der Mode gekommen und zu Beginn des 19. Jh. durch die Ritterdichtung neu belebt, heute selten gewählt *Andere Formen:* Idda, Idis, Ita, Itha; Ead, Eed (engl.); Ida, Ide (französ.); Iken (niederländ.) *Bekannte Namensträger:* Heilige Ida, Gattin des Sachsenherzogs Egbert (um 800); Ida Ehre, österr. Schauspielerin (1900–1989) Namenstag: 4. September
Idda, Idis	weibl., Nebenformen zu Ida
Idita	weibl., Nebenform zu Jutta
Iduna	weibl., nord. Vorn., geht auf die altnord. Göttin der ewigen Jugend »Idunn« zurück
Idzi	männl., poln. Form zu Ägidius
Ignatia	weibl. Form zu Ignatius
Ignatius	*Herkunft:* männl., aus dem lat. »ignius« (das Feuer) *Verbreitung:* als Vorn. des Heiligen Ignatius von Loyola (15./16. Jh.) wurde der Name im 18. Jh. in Süddeutschland gebräuchlich; heute immer noch verbreitet, aber selten gewählt *Andere Formen:* Ignaz *Bekannte Namensträger:* Heiliger Ignatius von Antiochien, Märtyrer (1./2. Jh.) *Namenstag:* 1. Februar, 31. Juli
Ignaz	*Herkunft:* männl., Nebenform zu Ignatius *Bekannte Namensträger:* Ignaz Philipp Semmelweis, österr. Arzt, der die Ursachen des Kindbettfiebers erkannte (1818–1865); Ignaz Kiechle, deutscher Politiker (geb. 1930) *Namenstag:* 1. Februar, 31 Juli
Ignes	weibl., Nebenform zu Agnes

Igor

Herkunft: männl., aus dem Russ. übernommener Vorn., der seinerseits auf den skand. Vorn. Ingvar zurückgeht
Verbreitung: durch die schwed. Waräger wurde dieser Vorn. im Mittelalter in Rußland verbreitet; Borodins Oper »Fürst Igor« war ausschlaggebend für die Verbreitung des Vorn. im deutschen Sprachraum
Andere Formen: Ika (russ.); Ingvar (skand.)
Bekannte Namensträger: Igor Strawinski, amerikan.-russ. Komponist (1882–1971); Igor Oistrach, russ. Violinenvirtuose (geb. 1931)

Ika

männl., russ. Nebenform zu Igor

Iken

weibl., niederländ. Koseform zu Ida; *weitere Formen:* Imke, Ike (fries.)

Ildefons

männl., Nebenform zu Hildefons

Ilg

männl., Kurzform zu Ägidius

Ilga

weibl., alter deutscher Vorn., wahrscheinlich Nebenform zu Helga oder Hilga; eine Heilige Ilga wurde im Mittelalter im Bodenseegebiet verehrt (um 1000)

Ilian

männl., Nebenform zu Ägidius

Iliane

weibl., fläm. und schwed. Form zu Juliane

Ilja

männl., russ. Form zu Elias; weitere Formen: Illja

Ilka

weibl., ungar. Nebenform zu Ilona

Illo

männl., Herkunft und Bedeutung unklar, eventuell fries. Form zu Ägidius

Ilona

Herkunft: weibl., ungar. Form zu Helene
Verbreitung: um 1900 vor allem in Adelskreisen gewählt, seit etwa 1940 im gesamten deutschen Sprachgebiet verbreitet
Andere Formen: Ilu, Iluska, Inka, Ilka, Ilonka (ungar.)

Ilonka

weibl., ungar. Koseform zu Ilona

Ilsa

weibl., Nebenform zu Ilse und Elisabeth

Ilse

Herkunft: weibl., Kurzform zu Elisabeth und Zusammensetzungen mit »Ilse-«
Verbreitung: im 19. Jh. stark verbreitet, vor allem durch G. Freytags Roman »Die verlorene Handschrift« (1864), dessen Heldin Ilse Bauer hieß
Andere Formen: Ilsa, Ilsebill, Ilsedore, Ilsegret, Ilselore, Ilselotte, Ilsemarie, Ilsetraut
Bekannte Namensträger: Ilse Werner, deutsche Filmschauspiele-

rin und Sängerin (geb. 1921); Ilse Aichinger, österr. Schriftstellerin (geb. 1921)

Ilsebill weibl., Nebenform zu Isabel oder Doppelname aus Ilse und Sibylle

Ilsedore weibl., Doppelname aus Ilse und Dore

Ilsegret weibl., Doppelname aus Ilse und Grete

Ilselore weibl., Doppelname aus Ilse und Lore

Ilselotte weibl., Doppelname aus Ilse und Lotte

Ilsemarie weibl., Doppelname aus Ilse und Marie

Ilsetraud weibl., Doppelname aus Ilse und (Ger)traud

Iltsch männl., Nebenform zu Ägidius

Ilu, Iluska weibl., ungar. Nebenformen zu Ilona

Imke weibl., fries. Kurz- und Koseform von Vorn., die mit »Irm« gebildet werden, besonders Irmgard

Imma weibl., Kurzform von Zusammensetzungen mit »Irm«, vor allem von Irmgard und Irmtraud; *weitere Formen:* Imme

Immanuel *Herkunft:* männl., aus der Bibel übernommener Vorn. hebr. Ursprungs »nu-el« (Gott mit uns)
Verbreitung: um 1900 Adelsname, danach auch von Bürgerlichen gewählt
Andere Formen: Emanuel (griech.-lat.); Manuel, Nallo
Bekannte Namensträger: Immanuel Kant, deutscher Philosoph (1724–1804)

Immo männl., ostfries. Kurzform eines mit »Irm« oder »Irmen« gebildeten Namens, vor allem Irmbert; *weitere Formen:* Emmo, Imo

Imre männl., ungar. Form zu Emmerich; *bekannte Namensträger:* Imre Nagy, Führer des Ungarnaufstandes 1956 (1896–1958)

Ina *Herkunft:* weibl., Kurzform von Vorn., die auf »ina« oder »ine« enden, vor allem Katharina, Karoline und Regina
Verbreitung: um 1900 in Adelskreisen oft gewählt, heute im gesamten deutschsprachigen Raum stark verbreitet
Andere Formen: Ine
Bekannte Namensträger: Ina Seidel, deutsche Erzählerin (1885–1974)

Ine weibl., Nebenform zu Ina

Ines weibl., aus dem Span. übernommener Vorn., der auf Agnes zurückgeht

Inga weibl., Kurzform von Zusammensetzungen mit »Ing«, besonders Ingeborg; *bekannte Namensträger:* Inga Rumpf, deutsche Rocksängerin (geb. 1948)

Ingbert männl., Kurzform zu Ingobert

Inge *Herkunft:* weibl., Kurzform von Ingeborg
Verbreitung: seit etwa 1930 verbreitet, aber gegenwärtig selten gewählt
Andere Formen: Inga, Ingeburg, Ingela, Ingelore, Ingelotte, Ingemaren, Ingemarie, Ingerose, Ingetraud, Inka
Bekannte Namensträger: Inge Meysel, deutsche Schauspielerin (geb. 1910); Inge Borkh, schwed. Sängerin (geb. 1918)

Ingeborg *Herkunft:* weibl., nord. Vorn. aus »Ingvio« (german. Stammesgott) und »bergan« (schützen)
Verbreitung: durch die Heldin Ingeborg in E. Tegners »Frithiofssaga« (1826 ins Deutsche übersetzt) bekannt geworden, starke Verbreitung in der ersten Hälfte des 20. Jh.
Andere Formen: Inge, Inka; Inken (nordfries.)
Bekannte Namensträger: Ingeborg Bachmann, österr. Schriftstellerin (1926–1973)

Ingeburg, Ingela weibl., Nebenformen von Ingeborg

Ingelore weibl., Doppelname aus Inge und Lore

Ingelotte weibl., Doppelname aus Inge und Lotte

Ingemar männl., schwed. Nebenform zu Ingmar

Ingemaren weibl., Doppelname aus Inge und Maren

Ingemarie weibl., Doppelname aus Inge und Marie

Ingerid weibl., schwed. Nebenform zu Ingrid

Ingetraud weibl., Doppelname aus Inge und Traude; *weitere Formen:* Ingetrud, Ingtraud, Ingtrud

Ingmar männl., schwed. Nebenform zu Ingomar; *bekannte Namensträger:* Ingmar Bergmann, schwed. Filmregisseur (1918–1989)

Ingo *Herkunft:* männl., Kurzform von Zusammensetzungen mit »Ingo«
Verbreitung: im 19. Jh. durch G. Freytags Romanzyklus »Die Ahnen« allgemein bekannt geworden
Andere Formen: Ingobert, Ingomar

Ingobert

männl., aus dem ahd. »ingwio« (german. Stammesgottheit) und »beraht« (glänzend); *weitere Formen:* Ingbert, Ingo

Ingold

männl., aus dem ahd. »ingwio« (german. Stammesgottheit) und »walt« (walten, herrschen)

Ingolf

männl., aus dem ahd. »ingwio« (german. Stammesgottheit) und »wolf« (Wolf)

Ingomar

Herkunft: männl., aus dem ahd. »ingwio« (german. Stammesgottheit) und »mâr« (groß, berühmt)
Verbreitung: im deutschen Sprachraum selten, bekannter sind die schwed. Formen
Andere Formen: Ingo; Ingemar, Ingmar (schwed.)

Ingram

männl., aus dem ahd. »ingwio« (german. Stammesgottheit) und »hraban« (Rabe)

Ingrid

Herkunft: weibl., aus dem Nord. übernommener Vorn. zu altisländ. »Ingo« (Gott) und »fridhr« (schön)
Verbreitung: kam um 1890 mit der skand. Literatur nach Deutschland, seit den 60er Jahren stark rückläufig
Andere Formen: Ingerid (schwed.)
Bekannte Namensträger: Ingrid Bergmann, schwed. Schauspielerin (1915–1982)
Namenstag: 9. September

Ingvar

männl., skand. Nebenform zu Ingwar; *weitere Formen:* Ivar, Iver, Iwar

Ingwar

männl., aus dem german. »Ingo« (Gott) und »wâr« (Hüter); *weitere Formen:* Igor (russ.), Ingvar (skand.)

Ingwin

männl., aus dem ahd. »ingwio« (german. Stammesgottheit) und »wini« (Freund)

Inka

weibl., ungar. Nebenform zu Ilona

Inken

weibl., nordfries. Kurz- und Koseform von Zusammensetzungen mit »Inge«, besonders Ingeborg; *weitere Formen:* Inke

Inko

männl., fries. Kurzform eines mit »Ing« gebildeten Vorn.

Inno

männl., Kurzform zu Innozenz

Innozentia

weibl. Form zu Innozenz; *weitere Formen:* Zenta, Zenzi

Innozenz

Herkunft: männl., aus dem Lat. übernommener Vorn. von »innocens« (unschuldig)
Verbreitung: mehrere Päpste trugen diesen Vorn., heute sehr selten
Andere Formen: Inno

Bekannte Namensträger: Heiliger Innozenz I. (gest. 417); Innozenz III., Papst (1160–1216)
Namenstag: 28. Juli

Inse weibl., fries. Kurzform von Zusammensetzungen mit »Ing«; *weitere Formen:* Insa, Inska, Inske

Ira weibl., Kurzform zu Irene

Ireen weibl., Nebenform zu Irene

Irena weibl., slaw. Form zu Irene

Irene *Herkunft:* weibl. Vorn. griech. Ursprungs von »eiréne« (Name der Friedensgöttin)
Verbreitung: der Vorn. wurde in Deutschland durch die byzantinische Prinzessin Irene bekannt, die König Philipp von Schwaben 1197 heiratet.
Andere Formen: Ira, Ireen; Irena, Irina (slaw.); Irène (französ.); Irka (poln.)
Bekannte Namensträger: Heilige Irene, byzantinische Märtyrerin (3./4. Jh.)
Namenstag: 1. und 3. April

Irène weibl., französ. Form zu Irene

Irina weibl., slaw. Form zu Irene

Iris weibl., in der griech. Mythologie ist Iris die Botin der Götter; die starke Verbreitung läßt sich auch auf eine gleichnamige Blume zurückführen

Irka weibl., poln. Form zu Irene

Irma weibl., Kurzform von Zusammensetzungen mit »Irm«; *weitere Formen:* Imela, Irmela, Irmchen, Irmelin, Irmnia, Irmnie

Irmalotte weibl., Doppelname aus Irma und Lotte

Irmbert männl., aus dem ahd. »irmin« (groß) und »beraht« (glänzend); *weitere Formen:* Immo

Irmengard weibl., alte Form zu Irmgard

Irmentraud weibl., Nebenform zu Irmtraud

Irmgard *Herkunft:* weibl., alter deutscher Vorn., Zusammensetzung aus german. »irmin« (groß) und »gard« (Schutz)
Verbreitung: zu der Verbreitung des Vorn. im Mittelalter trug maßgeblich die Verehrung der Heiligen Irmgard von Süchteln (Köln) bei; Neubelebung durch die romantische Literatur im 19. Jh.

Andere Formen: Irmengard, Irmingard; Imke, Imma, Imme (fries.)
Bekannte Namensträger: Irmgard Keun, deutsche Schriftstellerin (1910–1982); Irmgard Seefried, österr. Sängerin (1919–1988)
Namenstag: 4. September, 14. September, 20. März

Irmingard weibl., alte Form zu Irmgard

Irmintraud weibl., Nebenform zu Irmtraud

Irmtraud
Herkunft: weibl., alter deutscher Vorn. aus german. »irmin« (groß) und »trûd« (wehrhaft)
Verbreitung: als Namenspatronin gilt auch hier die Heilige Irmgard von Süchteln (Köln), da beide Namen fast gleichbedeutend sind
Andere Formen: Imma, Imme, Irma, Irmentraud, Irmintraud, Irmtrud

Irmtrud weibl., Nebenform zu Irmtraud

Isa weibl., Kurzform zu Isabel oder Isolde; *weitere Formen:* Ise

Isaak männl., aus der Bibel übernommener Vorn. hebr. Ursprungs (er wird lachen)

Isabel
Herkunft: weibl., span. und engl. Form zu Elisabeth oder hebr. »Isebel« (die Fremde, die Keusche)
Verbreitung: dieser Vorn. wurde im Mittelalter in Deutschland durch span. und franz. Fürstinnen bekannt und gilt gegenwärtig als modern
Andere Formen: Ilsebill; Bella (span.), Isabella (span. und italien.); Isabelle (französ.)
Bekannte Namensträger: Isabel Allende, chilen. Schriftstellerin (geb. 1942)
Namenstag: 22. Februar

Isabella weibl., span. und italien. Nebenform zu Isabel

Isabelle weibl., französ. Form zu Isabel

Isadora weibl., Nebenform zu Isidora; zeitweilig durch die amerikanische Tänzerin Isadora Duncan (1878–1927) verbreitet, heute selten gewählt

Isbert männl., aus dem ahd. »isan« (Eisen) und eventuell »beraht« (glänzend); *weitere Formen:* Isenbert

Isfried männl., aus dem ahd. »isan« (Eisen) und »fridu« (Schutz vor Waffengewalt, Friede); *weitere Formen:* Isenfried

Isger männl., aus dem ahd. »isan« (Eisen) und »ger« (Speer); *weitere Formen:* Isenger

Isidor	*Herkunft:* männl. Vorn. griech. Ursprungs von »Isidoros« (Geschenk der Göttin Isis) *Verbreitung:* im Mittelalter als Heiligenname verbreitet, heute selten gewählt *Bekannte Namensträger:* Kirchenvater Isidor von Sevilla (um 560–636)
Isidora	weibl. Form zu Isidor
Ismael	männl., aus der Bibel übernommener Vorn. hebr. Ursprungs (Gott hört)
Ismar	männl., aus dem ahd. »isan« (Eisen) und »mâr« (berühmt)
Ismund	männl., Herkunft und Bedeutung unklar
Ismunde	weibl. Form zu Ismund
Iso	männl., Kurzform von Vorn., die mit »Isen« gebildet werden
Isolde	*Herkunft:* Herkunft und Bedeutung unklar *Verbreitung:* der Vorn. wurde im Mittelalter vor allem durch die Sage von »Tristan und Isolde« bekannt *Andere Formen:* Isa, Isotta *Bekannte Namensträger:* Isolde Kurz, deutsche Dichterin (1853–1944)
Isotta	weibl., Nebenform zu Isolde
Israel	männl., aus der Bibel übernommener Vorn. hebr. Ursprungs (Fechter Gottes)
Istva'n	männl., ungar. Form zu Stephan
Ita, Itha	weibl., Nebenformen zu Ida oder Kurzformen zu Jutta; *weitere Formen:* Itta, Itte
Ivan	*Herkunft:* männl., russ. Form zu Johannes *Verbreitung:* im deutschen Sprachraum selten gewählt *Andere Formen:* Iwan, Ivanka *Bekannte Namensträger:* Ivan Nagel, deutscher Theaterintendant und -kritiker (geb. 1930); Ivan Lendl, tschech.-amerikan. Tennisspieler (geb. 1960)
Ivanka	weibl. Form zu Ivan
Ivo	*Herkunft:* männl., engl. und ostfries. Vorn. deutschen Ursprungs, ahd. »iwa« (Bogen aus Eibenholz) *Verbreitung:* maßgeblich durch die Verehrung des Heiligen Ivo (13./14. Jh.), bretonischer Advokat und Priester, Schutzheiliger der Juristen *Andere Formen:* Ibo, Iwo; Yves (französ.)

Bekannte Namensträger: Heiliger Ivo, Bischof von Chartres (11./12. Jh.); Ivo Andric, serbokroat. Schriftsteller und Nobelpreisträger (1892–1975)
Namenstag: 19. Mai

Iwan — männl., Nebenform zu Ivan

Iwana — weibl. Form zu Iwan; *weitere Formen:* Ivana, Iwanka

Iwo — männl., Nebenform zu Ivo

Fürchte dich nicht, denn ich habe dich erlöst; ich habe dich bei deinem Namen gerufen; du bist mein!

Jesaja 43,1

J

Jabbo männl., fries. Nebenform zu Jakob; *weitere Formen:* Jabbe

Jack *Herkunft:* männl., engl. Form zu Johannes; eventuell durch flämische Wollweber im 15. Jh. in den Formen Jankin und Janekin nach England gebracht
Verbreitung: im engl. und amerikan. Sprachraum sehr oft gewählt
Andere Formen: Jackie, Jacky
Bekannte Namensträger: Jack London, amerikan. Schriftsteller (1876–1915); Jack Lemmon, amerikan. Filmschauspieler (geb. 1925)

Jackie männl., Koseform zu Jack; weibl., Koseform zu Jacqueline; eindeutiger Zweitname erforderlich

Jacky männl., Koseform zu Jack; weibl., Koseform zu Jacqueline; eindeutiger Zweitname erforderlich

Jacob männl., Nebenform zu Jakob

Jacqueline weibl. Form zu Jacques

Jacques *Herkunft:* männl., französ. Form zu Jakob
Verbreitung: galt um 1900 als Adelsname durch den Komponisten Jacques Offenbach verbreitet; heute im deutschsprachigen Raum nur selten gewählt
Bekannte Namensträger: Jean Jacques Rousseau, französ. Philosoph (1712–1778); Jacques Offenbach, deutsch-französ. Komponist (1819–1880)

Jacub, Jacubowski männl., tschech. Formen zu Jakob

Jadwiga weibl., poln. Form zu Hedwig

Jago männl., span. Form zu Jakob; *weitere Formen:* Jaime

Jahn männl., Nebenform zu Jan

Jakob *Herkunft:* männl., Bedeutung unklar, eventuell zu hebr. »ja'aqob« (Fersenhalter); Jakob war im Alten Testament der jüngere Sohn Isaaks, und im Neuen Testament gab es zwei Apostel dieses Namens
Verbreitung: seit dem Spätmittelalter in der christlichen Welt als Apostelname verbreitet, heute selten gewählt
Andere Formen: Jacob; Jacques (französ.); Jascha (russ.); James, Jim, Jimmi (engl.); Giacomo, Giacobbe (italien.); Jago, Diego (span.); Jacub, Jacubowski (tschech.); Jabbo (fries.); Jobbi, Jokkel, Jocki, Joggi (schweizer.)
Bekannte Namensträger: Jakob Fugger, Gründer des Augsburger Handelshauses (1459–1525); Jakob Grimm, Begründer der Germanistik (1785–1863); Jakob Wassermann, deutscher Schriftsteller (1873–1934)
Namenstag: 3. Mai, 25. Juli

Jakoba — weibl. Form zu Jakob; *weitere Formen:* Jakobea, Jakobina, Jakobine

James — männl., engl. Form zu Jakob

Jan — *Herkunft:* männl., niederdeutsche, niederländ. und fries. Form zu Johannes
Verbreitung: sehr oft gewählt, vor allem in Norddeutschland
Andere Formen: Jahn, Jann, Janpeter; Janek (poln.), Janik (dän.); Jannis (fries.); Jano, Janko (ungar.)
Bekannte Namensträger: Jan van Eyck, niederländ. Maler (um 1390–1441); Jan Kiepura, poln. Tenor (1902–1966)

Jana — *Herkunft:* weibl., tschech. Kurzform zu Johanna
Verbreitung: im Grenzgebiet zur Tschechoslowakei und in der DDR häufiger gewählt
Andere Formen: Janna; Janne; Janika (bulg.); Janina (poln.); Janita (slaw.); Janka (russ., bulg., ungar.)

Jane — weibl., engl. Form zu Johanna

Janek — männl., poln. Form zu Jan

Janet — weibl., engl. Form zu Johanna

Janik — männl., dän. Koseform zu Jan

Janika — weibl., bulg. Form zu Jana

Janina — weibl., poln. Form zu Jana und eingedeutschte Schreibweise zu (italien.) Gianina; *weitere Formen:* Janine, Jannina

Janita — weibl., Nebenform zu Jana; weitere Formen: Jantina, Jantine

Janka — weibl., russ., bulg. und ungar. Form zu Jana

Jankó — männl., ungar. Form zu Jan

Jann — männl., Nebenform zu Jan

Janna, Janne — weibl., Nebenformen zu Jana

Jannis — männl., fries. Form zu Jan

János — männl., ungar. Form zu Johannes; *weitere Formen:* Janosch

Janpeter — männl., Doppelname aus Jan und Peter

Jascha — männl., russ. Form zu Jakob

Jean	männl., französ. Form von Johannes oder engl. Form zu Johanna; eindeutiger Zweitname erforderlich
Jeanette	weibl., französ. Form zu Johanna; *weitere Formen:* Jeannette
Jeanne	weibl., französ. Form zu Johanna; *weitere Formen:* Jeannine
Jenny	weibl., engl. Form zu Johanna; *weitere Formen:* Jenni
Jens	männl., dän. Form zu Johannes
Jensine	weibl., dän. Form zu Johanna
Jessica	weibl., aus der Bibel übernommener Vorn. hebr. Ursprungs, eigentlich »Gott sieht dich an«; bekannt ist der Vorn. aus Shakespeares Drama »Der Kaufmann von Venedig«; in den letzten Jahren immer beliebter; weitere Formen: Jessika (schwed.)
Jessy	weibl., engl. Form zu Johanna; *weitere Formen:* Jessi
Jill	männl., engl. Kurzform zu Julius
Jim	männl., engl. Form zu Jakob
Jimmy	männl., engl. Form zu Jakob; *bekannte Namensträger:* Jimmy Connors, amerikan. Tennisspieler (geb. 1952)
Jo	männl., Kurzform zu Johannes, Joachim und Joseph oder weibl., Kurzform zu Johanna; eindeutiger Zweitname erforderlich
Joachim	*Herkunft:* männl., aus dem Hebr. übernommener Vorn., eigentlich »den Gott aufrichtet«; *Verbreitung:* im Mittelalter durch die Verehrung des Heiligen Joachim, Vater der Maria, verbreitet und in der Reformation neu belebt; um 1900 in Adelskreisen beliebt und durch Romane volkstümlich geworden *Andere* Formen: Achim, Jochen; Joakim, Akim (oberd., slaw.); Kim (engl.); Jokum (dän.) *Bekannte Namensträger:* Joachim Ringelnatz, deutscher Schriftsteller und Kabarettist (1883–1934); Joachim Fuchsberger, deutscher Showmaster (geb. 1927) *Namenstag:* 16. August
Joan	weibl., engl. Form zu Johanna
Joanna	weibl., poln. Form zu Johanna; *weitere Formen:* Joana (baskisch)
Jobbi	männl., schweiz. Form zu Jakob
Jochen	männl., Kurzform zu Joachim
Jockel, Jocki, Joggi	männl., schweizer. Formen zu Jakob

Johann

männl, seit dem Mittelalter geläufige Kurzform zu Johannes, meist mit zweitem Namen verbunden; *bekannte Namensträger:* Johann Sebastian Bach, deutscher Musiker und Komponist (1685–1750); Johann Wolfgang Goethe, deutscher Dichter (1749–1832)

Johanna

Herkunft: weibl. Form zu Johannes
Verbreitung: im Gegensatz zu Johann wurde Johanna erst im 17./18. Jh. volkstümlich; größte Verbreitung um 1900, heute wieder häufig gewählt
Andere Formen: Hanna, Jo, Jopie, Nanne; Jane, Janet, Jenny, Jessie, Joan (engl.); Jana (slaw.); Jeanne, Jeanette (französ.); Jensine, Jonna (dän.); Joanna (poln.); Ivana, Ivanka (russ.); Jovanka (serbokroat.); Giovanna, Gianna (italien.); Juana, Juanita (span.)
Bekannte Namensträger: Johanna von Orleans (Jungfrau von Orleans), französ. Nationalheldin (15. Jh.); Johanna Schopenhauer, deutsche Schriftstellerin (1766–1838)

Johannes

Herkunft: männl., biblischer Vorn. von hebr. »jochanan« (der Herr ist gnädig)
Verbreitung: starke Verbreitung in der christlichen Welt durch Johannes den Täufer; sehr häufig gewählt im 15./16. Jh. im oberdeutschen Raum mit der Kurzform Hans; im 19. Jh. rückläufig, da der Vorn. als typischer Dienstbotenname galt; heute immer noch stark verbreitet
Andere Formen: Hans, Jo, Johann; Jan (slaw.); Jean (französ.); Jens, Evan, Iven (dän.); Jack, John, Jonny (engl.); Ian (schott.); Evan (walis.); Sean (irisch); Johan (schwed.); Iwan (russ.); Giovanni, Gian, Gianni (italien.); Juan (span.); Janos (ungar.); Juhani (finn.)
Bekannte Namensträger: Johannes Gutenberg, Erfinder der Buchdruckerkunst (vor 1400–1468); Johannes Kepler, deutscher Astronom (1571–1630); Johannes Bobrowski, Schriftsteller (1917–1965); Johannes Rau, deutscher Politiker (geb. 1931)
Namenstag: 24. Juni, 27. Dezember

Jonas

männl., aus der Bibel übernommener Vorn. hebr. Urprungs, eigentlich »die Taube«; in der Bibel wird der Prophet Jonas von einem Wal vor dem Ertrinken gerettet (der Wal hat Jonas verschlungen und an Land wieder ausgespien); *weitere Formen:* Jona, Jon; Jonah (engl.); Giona (italien.)

Jonathan

männl., aus der Bibel übernommener Vorn. hebr. Ursprungs, eigentlich »Gott hat gegeben«; in der Bibel ist Jonathan der älteste Sohn von König Saul, der im Kampf gegen die Philister fiel; *weitere Formen:* Nat (engl.); Jonathas (französ.); *bekannte Namensträger:* Jonathan Swift, engl. Schriftsteller (1667–1745)

Jonna

weibl., dän. Form zu Johanna

Jopie

weibl., Nebenform zu Johanna

Jopp männl., Kurzform zu Joseph

Jörg männl., Nebenform zu Georg; der Vorn. war im 15./16. Jh. sehr beliebt, und auch M. Luther benutzte »Junker Jörg« als Tarnname, als er sich auf der Wartburg versteckt hielt; heute wird der Vorn. wieder öfter gewählt; *weitere Formen:* Jürg, Jorg; *bekannte Namensträger:* Jörg Wickram, deutscher Schriftsteller (um 1505–1560); Jörg Immendorf, deutscher Maler (geb. 1945)

Jose männl., engl. Form zu Joseph

José männl., französ. und span. Form zu Joseph; *bekannte Namensträger:* José Feliciano, span. Komponist und Sänger (geb. 1945)

Josef männl., Nebenform zu Joseph

Josefine weibl., Nebenform zu Josepha; *weitere Formen:* Josephine, Fina, Fine, Josi; Finette, Josette, Josianne (französ.); Josina (fries., niederländ.); *bekannte Namensträger:* Josephine Beauharnais, erste Gattin von Napoleon (1763–1814); Josephine Baker, französ. Sängerin und Tänzerin (1906–1975)

Josel männl., Nebenform zu Joseph

Joseph *Herkunft:* männl., aus der Bibel übernommener Vorn. hebr. Ursprungs, eigentlich »Gott möge vermehren«; in der Bibel ist Joseph der elfte Sohn von Jakob
Verbreitung: seit dem Mittelalter als Name des Mannes der Maria und nicht als Name des Propheten (Jakobs Sohn) bekannt; erst im 18. Jh. war der Vorn. weit verbreitet und galt als typischer katholischer Vorn.; auch heute noch wird Joseph öfter gewählt
Andere Formen: Josef, Beppo, Josel, Jupp, Seppel, Jopp; Joseph, Jose, Joe (engl.); José, Joseph, Josèphe (französ.); Giuseppe (italien.); José (span.); Josip (slaw.); Ossip (russ.); Józef (poln.); Jussuf (pers.)
Bekannte Namensträger: Joseph Haydn, österr. Komponist (1732–1809); Joseph von Eichendorff, deutscher Schriftsteller (1788–1857); Joseph Strauß, österr. Komponist (1827–1870); Joseph Roth, österr. Schriftsteller (1894–1939); Joseph Beuys, bildender Künstler (1911–1986)
Namenstag: 19. März

Josepha weibl. Form zu Joseph; *weitere Formen:* Beppa, Fita, Netta, Josefa, Josefine; Josette (französ.); Pepita (span.)

Josèphe männl., französ. Form zu Joseph

Josip männl., slaw. Form zu Joseph

Josua männl., aus der Bibel übernommener Vorn. hebr. Ursprungs, eigentlich »der Herr ist Hilfe«

Jovanka weibl., serbokroat. Form zu Johanna

Joy weibl., engl. Vorn., eigentlich »Freude«; als deutscher Vorn. seit 1968 gerichtlich zugelassen

Joyce weibl., engl. Vorn., der auch als Familienname verbreitet ist

Józef männl., poln. Form zu Joseph

Juana, Juanita weibl., span. Formen zu Johanna

Judenta, Judintha weibl., Nebenformen zu Judith

Judith *Herkunft:* weibl., aus der Bibel übernommener Vorn. zu hebr. »jehudith« (Gepriesene, Frau aus Jehud, Jüdin); nach den apokryphen Schriften im Alten Testament tötete Judith den assyrischen Feldherrn Holofernes und rettete damit ihre Vaterstadt Jerusalem
Verbreitung: seit dem Mittelalter vor allem in Adelskreisen geläufig, im 19. Jh. zurückgehende Bedeutung, Neubelebung Ende des 19. Jh. durch Zeitungs- und Zeitschriftenromane, gegenwärtig oft gewählt
Andere Formen: Judenta, Judintha, Juditha; Judy (engl.)
Bekannte Namensträger: Kaiserin Judith, Ehegattin Ludwigs des Frommen (819–843)
Namenstag: 22. Dezember

Juditha weibl., Nebenform zu Judith; seit dem 9./10. Jh. vermischte sich der hebr. Vorname Judith mit dem altnord. Vorn. Jutta zu Juditha; *weitere Formen:* Judita

Judy weibl., engl. Form zu Judith

Juhani männl., finn. Form zu Johannes; *weitere Formen:* Jukka, Jussi

Jul männl., Kurzform zu Julius

Jula weibl., Kurzform zu Julia; *weitere Formen:* Jule

Jules männl., französ. Form zu Julius; *weitere Formen:* Yule (engl.); *Bekannte Namensträger:* Jules Verne, französ. Schriftsteller (1828–1905)

Julia weibl. Form zu Julius; bekannt wurde der Vorn. durch Shakespeares Drama »Romeo und Julia« und wird bis heute öfter gewählt; *weitere Formen:* Juliane, Jula, Iliane; Julienne, Juliette (französ.); Julischka, Julka (ungar.); Juliet (engl.); Uljana (russ.); *Namenstag:* 22. Mai, 16. September

Julian männl., Nebenform zu Julius

Juliane weibl., Nebenform zu Julia; seit dem Mittelalter durch die Verehrung der Heiligen Juliane von Lüttich (12./13. Jh.) verbreitet; im 20. Jh. durch die ehemalige Königin der Niederlande (geb. 1909) neu belebt und öfter gewählt; *Namenstag:* 16. Februar, 7. August

Julianus männl., Nebenform zu Julius

Julien männl., französ. und engl. Form zu Julius

Julienne weibl., französ. Form zu Julia

Juliet weibl., engl. Form zu Julia

Juliette weibl., französ. Koseform zu Julia

Julio männl., span. Form zu Julius

Julischka weibl., ungar. Koseform zu Julia

Julius *Herkunft:* männl., aus dem Lat. übernommener Vorn., eigentlich ein römischer Herkunftsname (»der aus dem Geschlecht der Julier«)
Verbreitung: bekannt wurde der Vorn. durch den römischen Kaiser Flavius Claudius Julius Caesar (332–363), dem zu Ehren der siebte Monat des Jahres Juli genannt wurde; viele Heilige und Päpste trugen diesen Vorn.; in Deutschland ist der Name im 16. Jh. zuerst in Adelskreisen aufgekommen, dann wurde er volkstümlich; heute werden die Neben- und Kurzformen bevorzugt
Andere Formen: Julian, Julianus, Jul; Julien, Jules (französ.); Gilian, Giles, Jill, Julien (engl.); Giuliano, Giuglio, Luglio (italien.); Julio (span.); Gyula (ungar.)
Bekannte Namensträger: Papst Julius II., Förderer von Michelangelo und Raffael, Erbauer der Peterskirche in Rom (1443–1513); Julius Döpfner, Münchener Kardinal und Erzbischof (1913–1976); Julius Hackethal, deutscher Arzt und Chirurg (geb. 1921)
Namenstag: 12. April

Julka weibl., ungar. Form zu Julia; *weitere Formen:* Julika

Jupp männl., Kurzform zu Joseph

Jürgen männl., niederd. Form zu Georg; *weitere Formen:* Jürn; Jürjen (fries.); *bekannte Namensträger:* Jürgen Flimm, deutscher Regisseur und Theaterintendant (geb. 1941); Jürgen von der Lippe, deutscher Schauspieler und Fernsehunterhalter (geb. 1948); Jürgen Hingsen, deutscher Zehnkämpfer (geb. 1958)

Juri männl., russ. Form zu Georg; *bekannte Namensträger:* Juri Gagarin, russ. Kosmonaut und erster Mensch im Weltraum (1934–1968)

Jussuf männl., pers. Form zu Joseph

Justina weibl. Form zu Justus; *weitere Formen:* Justine; *Namenstag:* 26. September, 7. Oktober

Justus männl., aus dem Lat. übernommener Vorn., eigentlich »der Gerechte«; ab dem 16. Jh. war der Vorn. in Deutschland weit verbreitet, heute aber selten gewählt; *weitere Formen:* Justinus, Justianus, Just, Justin; *bekannte Namensträger:* Justus Möser, deutscher Publizist (1720–1794); Justus von Liebig, deutscher Chemiker (1803–1873)

Juta, Juthe weibl., Nebenformen zu Jutta

Jutta *Herkunft:* weibl., altnord. Vorn. zu den ahd. Namen Jiute, Jut, Jot (die Jütin, aus dem Volk der Jüten)
Verbreitung: geläufiger Vorn. im Mittelalter, im 19. Jh. vor allem in Adelskreisen gewählt, um 1900 durch Zeitungs- und Zeitschriftenromane verbreitet, seit 1950 häufig vergeben
Andere Formen: Idita, Ita, Itha, Juta, Juthe, Jutte; Jytte (dän.)
Bekannte Namensträger: die selige Jutta, Erzieherin der Heiligen Hildegard von Bingen (11./12. Jh.)
Namenstag: 22. Dezember

Jutte weibl., Nebenform zu Jutta; *weitere Formen:* Jütte

Jytte weibl., dän. Form zu Jutta

Nomen atque omen.
(Der Name ist zugleich Vorbedeutung.)

Plautus

Bei euch, ihr Herrn, kann man das Wesen
Gewöhnlich aus dem Namen lesen.

Johann Wolfgang Goethe,
Faust

Ihr sucht die Menschen zu benennen
und glaubt am Namen sie zu kennen.
Wer tiefer sieht, gesteht sich frei,
es ist was Anonymes dabei.

Johann Wolfgang Goethe,
Sprichwörtlich

K

Kaarina	weibl., finn. Form zu Katharina
Kai	*Herkunft:* männl. und weibl. Vorn., Herkunft und Bedeutung unklar; eventuell aus dem Nord. übernommene Kurzform zu Katharina oder aus dem ahd. »kamph« (Kampf, Streit) *Verbreitung:* im deutschen Sprachraum durch Andersens Märchen »Die Schneekönigin« bekannt geworden; gilt heute als modisch; eindeutiger Zweitname erforderlich *Andere Formen:* Kaie, Kay, Key; Kaj (dän.)
Kaie	männl. und weibl. Vorn., Nebenform zu Kai; eindeutiger Zweitname erforderlich
Kaj	männl. und weibl. Vorn., dän. Form zu Kai; eindeutiger Zweitname erforderlich
Kaja	weibl., fries. Kurzform zu Katharina
Kajetan	männl., Vorn. lat. Ursprungs, der auf den Namen des Heiligen Kajetan (der aus der Stadt Gaeta) zurückgeht; *bekannte Namensträger:* Heiliger Kajetan von Thiene, Gründer des Theatinerordens (15./16. Jh.); *Namenstag:* 7. August
Kajetane	weibl. Form zu Kajetan
Kajus	männl., Nebenform zu Gaius; *Namenstag:* 22. April
Kalle	männl., schwed. Form zu Karl
Kalman	männl., ungar. Form zu Koloman
Kamill	männl., aus dem lat. »camillus« (ehrbar, edel, aus unbescholtener Ehe, frei geboren); *weitere Formen:* Kamillo
Kamilla	weibl. Form zu Kamill
Kandida	weibl., Nebenform zu Candida
Kara	weibl., engl. Form zu Cara
Karda	weibl., Kurzform zu Rikarda
Kareen	weibl., irische Form zu Karin
Karel	männl., niederländ. und tschech. Form zu Karl
Karen	weibl., schwed. und dän. Form zu Karin
Kari	weibl., norweg. Form zu Karin
Karia	weibl., bask. Form zu Santakara; *weitere Formen:* Cara

Karianne weibl., niederländ. Doppelname aus Katharina und Johanna; *weitere Formen:* Carianne

Karin *Herkunft:* weibl., aus dem Nord. übernommener Vorn.; Kurzform zu Katharina
Verbreitung: durch die schwed. Literatur seit der Jahrhundertwende im deutschsprachigen Raum bekannt, seit etwa 1940 sehr oft gewählt
Andere Formen: Carina, Karina; Kari (norweg.); Karen (dän.); Kareen (irisch)

Karina weibl., Nebenform zu Karin

Karl *Herkunft:* männl., aus dem ahd. »karal« (Mann, Ehemann) und aus dem mittelniederd. »kerle« (freier Mann nichtritterlichen Standes)
Verbreitung: Kaiser- und Königsname im Mittelalter, danach als Heiligenname verbreitet; seit dem 19. Jh. volkstümlich und oft gewählt
Andere Formen: Charles (französ.); Carlo (italien.); Carlos (span.); Karel (niederländ., tschech.); Karol (poln.); Carol (rumän.); Károly (ungar.)
Bekannte Namensträger: Karl der Große, deutscher Kaiser (742–814); Karl Marx, Klassiker des Sozialismus (1818–1883); Karl May, deutscher Schriftsteller (1842–1912); Karl Valentin, deutscher Komiker (1882–1948); Karl Lagerfeld, deutscher Modeschöpfer (geb. 1938)
Namenstag: 4. November

Karla weibl. Form zu Karl; *weitere Formen:* Carla

Karlfred männl., neuer Doppelname aus Karl und Namen mit »fred«; *weitere Formen:* Karlfried

Karlheinz männl., alter Doppelname aus Karl und Heinz; *bekannte Namensträger:* Karlheinz Böhm, deutscher Schauspieler (geb. 1928); Karl-Heinz Rummenigge, deutscher Fußballspieler (geb. 1955)

Karline weibl., Nebenform zu Karoline; *weitere Formen:* Carline

Karlludwig männl., Doppelname aus Karl und Ludwig

Karlmann männl., alter deutscher Vorn., Koseform zu Karl oder Folgename für den Sohn eines Karl

Karol männl., poln. Form zu Karl

Karola weibl., deutsche Form zu Carola

Karolin weibl., deutsche Weiterbildung von Carola oder Karola; *weitere Formen:* Karolina, Karoline

Károly männl., ungar. Form zu Karl

Karsta weibl., niederd. Form zu Krista; *weitere Formen:* Carsta

Karsten männl., niederd. Form zu Christian

Karstine weibl. Form zu Karsten und niederd. Form zu Christine

Kasimir männl., aus dem slaw. »kaza« (verkünden, zeigen) und »mir« (Friede); *bekannte Namensträger:* Heiliger Kasimir, Schutzpatron Polens (15. Jh.); Kasimir Edschmid, deutscher Schriftsteller (1890–1966)

Kaspar *Herkunft:* männl., aus dem persischen »kansbar« (Schatzmeister); Kaspar war der Name des Mohren unter den Heiligen Drei Königen des Neuen Testaments
Verbreitung: seit dem Mittelalter im deutschsprachigen Raum bekannt; durch die Dreikönigsspiele wurde der Mohr allmählich zur lustigen Figur (Kasper, Kasperletheater), was zu einer Abwertung des Namens führte
Andere Formen: Jasper; Caspar (engl.); Gaspar, Gaspard (französ.); Gaspare, Gasparo (italien.); Jesper (dän.)
Bekannte Namensträger: Kaspar Hauser, Name eines Findelkindes (1812–1833) mit ungeklärter – möglicherweise adliger – Abstammung, dessen Lebensschicksal und Ermordung immer wieder untersucht worden ist

Kassandra weibl. Vorn. griech. Ursprungs; Kassandra war die Tochter des Priamos und warnte die Trojaner vergeblich vor dem Untergang Trojas

Kastor männl. Vorn. griech. Ursprungs, Kastor und Polydeikes sind in der griech. Mythologie Söhne des Zeus und der Leda; *weitere Formen:* Castor

Kata, Katalin weibl., südslaw. und ungar. Formen zu Katharina

Katalina, Katalyn weibl., ungar. Formen zu Katharina

Katarzyna weibl., poln. Form zu Katharina

Kate weibl., Nebenform zu Katharina

Kateline weibl., engl. Form zu Kathleen

Katharina *Herkunft:* weibl., Umdeutung des griech. Vorn. Aikaterine nach »katharós« (rein)
Verbreitung: im Mittelalter durch mehrere Heilige verbreitet, besonders als Name der Heiligen Katharina von Alexandria; im 19. Jh. rückläufig; heute wieder sehr oft gewählt (Spitzenposition)
Andere Formen: Ina, Kai, Kaja, Käthe, Kate, Kathrein, Kati, Katrin, Kathrin, Katrina, Katharine, Netti, Tinka; Jekaterina, Ka-

tinka, Katina, Katja, Nina (russ.); Karin, Karen (schwed. und dän.); Kathleen, Kate, Katty (engl.); Kata, Katka, Katalin, Katalina, Katalyn (ungar.); Kaarina (finn.); Katrischa (bulgar.); Catherine (französ.); Caterina, Rina (italien.); Catalina (span.); Katrijn (niederländ.); Katarzyna (poln.)
Bekannte Namensträger: Katharina von Bora, Frau von Martin Luther (1499–1552); Katharina von Medici, Königin von Frankreich (1519–1589); Katharina die Große, russ. Zarin (1729–1796); Katarina Witt, deutsche Eiskunstläuferin (geb. 1965)
Namenstag: 29. April, 25. November

Käthe weibl., Kurzform von Katharina; *bekannte Namensträger:* Käthe Kollwitz, deutsche Graphikerin und Malerin (1867–1945); Käthe Kruse, deutsche Kunsthandwerkerin (1887–1968)

Kathleen weibl., engl. Form zu Katharina

Kathrein weibl., oberdeutsche Form zu Katharina

Kathrin weibl., Nebenform zu Katharina

Kati weibl., Kurzform zu Katharina; *weitere Formen:* Katy, Katya

Katina weibl., russ. Nebenform zu Katharina

Katinka weibl., russ. Koseform zu Katharina

Katja weibl., russ. Kurzform zu Katharina

Katka weibl., ungar. Koseform zu Katharina

Katrijn weibl., niederländ. Form zu Katharina

Katrina weibl., Nebenform zu Katharina

Katrischa weibl., bulg. Form zu Katharina

Katty weibl., engl. Form zu Katharina

Kay männl. und weibl. Vorn., Nebenform zu Kai; eindeutiger Zweitname erforderlich

Kea weibl., ostfries. Kurzform von Vorn., die auf »ke« oder »kea« enden

Kees männl., niederländ. Kurzform zu Cornelis oder Cornelius

Keith männl., engl. Vorn., ursprünglich ein schottischer Familienname (Wind, zugige Stelle); *bekannte Namensträger:* Keith Richard, englischer Rockmusiker (geb. 1944)

Kene männl., west.- und ostfries. Kurzform germ. Vorn. wie Kuno und Kunibert; *weitere Formen:* Kenne, Keno

Kenneth männl., engl. Vorn. keltischer Herkunft (tüchtig, flink); *weitere Formen:* Ken

Keno männl., Kurzform zu Konrad

Kermit männl., angloamerikan. Vorn. keltischen Ursprungs (freier Mann); bekannt durch die gleichnamige Froschfigur aus der Fernsehserie »Sesamstraße«

Kerry männl., engl.-irischer Vorn. keltischen Ursprungs (der Finstere)

Kersta weibl., schwed. Form zu Kerstin; *weitere Formen:* Kersti

Kersten männl., niederd. Form zu Christian oder weibl. Form zu Christiane; *weitere Formen:* Kersti; eindeutiger Zweitname erforderlich

Kerstin weibl., aus dem Schwed. übernommener Vorn., Nebenform zu Kristina; *weitere Formen:* Kerstina, Kerstine

Kevin männl., engl.-irischer Vorn. zu altirisch »coemgen« (anmutig, hübsch von Geburt); *bekannte Namensträger:* Kevin Keegan, englischer Fußballspieler (geb. 1951)

Key männl. und weibl. Vorn., Nebenform zu Kai; eindeutiger Zweitname erforderlich

Kilian *Herkunft:* männl., Herkunft und Bedeutung unklar, wahrscheinlich irisch-schott. Vorn. »ceallach« (Kampf, Krieg)
Verbreitung: seit dem 7. Jh. bekannt, selten gewählt
Bekannte Namensträger: Heiliger Kilian, irischer Missionar und Bischof von Würzburg (7. Jh.)
Namenstag: 8. Juli

Kim männl., engl.-irischer Vorn. keltischen Ursprungs (Kriegsanführer) sowie bulgar., mazedon. und nord. Kurzform zu Joakim und weibl., engl. und amerikan. Phantasiename, bekannt durch die amerikan. Schauspielerin Kim Nowak und die engl. Rocksängerin Kim Wilde; eindeutiger Zweitname erforderlich

Kira weibl., russ. Vorn. zu Kyra

Kirsten weibl., dän.-schwed. Vorn. zu Christine (seit 1973 nur noch als weibl. Vorn. zugelassen); *weitere Formen:* Kirstin

Kirsti weibl., schwed. Form zu Kirstin; *weitere Formen:* Kirsty (schott.)

Klaas männl., Kurzform zu Nikolaus

Klara — *Herkunft:* weibl., Vorn. latein. Ursprungs »clarus« (laut, hell, leuchtend)
Verbreitung: seit dem Mittelalter bekannt, um 1900 sehr verbreitet, gegenwärtig seltener gewählt
Andere Formen: Clara, Kläre, Cläre, Klarissa; Claire (französ.); Clare (engl.); Chiara (italien.); Clartje (niederländ.);
Namenstag: 11. August

Kläre — weibl. Nebenform zu Klara

Klarissa — weibl., Weiterbildung zu Klara; im 18. Jh. wurde der Name durch die gleichnamige Heldin in Samuel Richardsons Roman »Clarissa« bekannt; *weitere Formen:* Clarissa, Clarisse

Klaudia — weibl., Nebenform zu Claudia

Klaudius — männl., Nebenform zu Claudius

Klaus — *Herkunft:* männl., Kurzform zu Nikolaus
Verbreitung: seit dem Mittelalter geläufig, aber erst im 20. Jh. volkstümlich geworden und sehr verbreitet
Andere Formen: Claus
Bekannte Namensträger: Klaus Störtebecker, Seeräuber (hingerichtet 1402); Klaus von Dohnanyi, deutscher Politiker (geb. 1928); Klaus Kinski, deutscher Schauspieler (geb. 1926)

Klausdieter — männl., Doppelname aus Klaus und Dieter

Klausjürgen — männl., Doppelname aus Klaus und Jürgen; *bekannte Namensträger:* Klausjürgen Wussow (geb. 1929)

Klematis — weibl. Form zu Clematis

Klemens — männl., Nebenform zu Clemens; *weitere Formen:* Klement, Kliment (tschech.); *bekannte Namensträger:* Heiliger Klemens von Rom, erster Papst (1. Jh.); Klemens Fürst von Metternich, österr. Staatsmann (1773–1859)

Klementina — weibl. Form zu Klemens und Nebenform zu Clementia

Klementine — weibl. Form zu Klemens und Nebenform zu Clementia

Kleopatra — weibl. Form zu Kleopatros (vom Vater her berühmt); *weitere Formen:* Klenja, Klepa, Klera, Kleotra (russ.)

Kleopha — weibl. Form zu Kleophas (durch Ruhm glänzend); *weitere Formen:* Kleophea

Klivia — weibl., Nebenform zu Clivia

Klodwig — männl., altfränk. Vorn.; bekannter ist die neuere Form Ludwig

Klothilde
Herkunft: weibl., aus dem ahd. »hlut« (laut, berühmt) und »hiltja« (Kampf)
Verbreitung: alter deutscher Vorn., erst im 18. Jh. wieder als Adelsname gebräuchlich; heute wenig gewählt
Andere Formen: Chlothilde
Bekannte Namensträger: Heilige Klothilde, bekehrte ihren Gatten Chlodwig I. zum Christentum (5. Jh.)
Namenstag: 3. Juni

Klytus
männl., Vorn. griech. Ursprungs von »klytós« (berühmt); *weitere Formen:* Clytus

Knud
männl., dän. Form zu Knut; *bekannte Namensträger:* Knud Rasmussen, dän. Polarforscher (1879–1933)

Knut
Herkunft: männl., aus dem Nord. übernommener Vorn., der seinerseits aus dem ahd. »chnuz« (waghalsig, vermessen) stammt
Verbreitung: seit dem Mittelalter im gesamten deutschen und nord. Sprachgebiet verbreitet, heute selten gewählt
Andere Formen: Knud (dän.)
Bekannte Namensträger: Knut Hamsun, norweg. Dichter (1859–1952)
Namenstag: 10. Juli

Kolja
männl., russ. Form zu Nikolaj; *weitere Formen:* Kolinka

Kolman
männl., aus dem Keltischen (der Einsiedler); von irischen Mönchen nach Deutschland gebracht; *weitere Formen:* Koloman; Kálmán (ungar.)

Konni
männl., finn. Nebenform zu Konrad

Konny
männl., Nebenform zu Konrad, Konstantin, Constantin und weibl., Nebenform zu Konstanze; eindeutiger Zweitname erforderlich

Konrad
Herkunft: männl., aus dem ahd. »kuoni« (kühn) und »rat« (Ratgeber)
Verbreitung: im Mittelalter Fürstenname; aufständische Bauern im 16. Jh. nannten sich »Armer Konrad«; heute selten gewählt
Andere Formen: Konny, Kuno, Kunz, Konz, Conz, Kord, Keno, Conrad, Kurt; Konni (finn.); Corrado (italien.)
Bekannte Namensträger: Konrad Duden, Vereinheitlicher der deutschen Rechtschreibung (1829–1911); Konrad Lorenz, Verhaltensforscher und Nobelpreisträger (1903–1989); Konrad Adenauer, erster deutscher Bundeskanzler (1876–1967)
Namenstag: 21. April, 26. November

Konradin
männl., Erweiterung zu Konrad; mittelalterlicher Fürstenname; *weitere Formen:* Conradin

Konradine
weibl. Form zu Konradin

Konstantin — *Herkunft:* männl., aus dem lat. »constans« (standhaft)
Verbreitung: seit dem Mittelalter als Name Kaiser Konstantins des Großen bekannt; gilt heute wieder als modern
Andere Formen: Kostja (russ.); Constantin; Constantine (engl.); Constantin (französ.); Constantino (italien.); Szilárd (ungar.)
Bekannte Namensträger: Konstantin Wecker, deutscher Liedermacher (geb. 1947)
Namenstag: 21. Mai

Konstantine — weibl. Form zu Konstantin; *weitere Formen:* Constantina (lat.)

Konstanze — *Herkunft:* weibl. Vorname lat. Ursprungs von »constantia« (Beständigkeit, Standhaftigkeit)
Verbreitung: seit dem Mittelalter im deutschen Sprachraum bekannt, im 18. Jh. durch französ. und italien. Einfluß wieder in Mode gekommen, vor allem in Österreich und in Bayern
Andere Formen: Constance (französ., engl.)
Namenstag: 18. Februar

Konz — männl., Kurzform zu Konrad

Kora — weibl., aus dem griech. »koré« (Mädchen, Tochter) oder Kurzform zu Cornelia, Cordula, Cordelia; *weitere Formen:* Korinna, Corinna

Korbinian — männl., Herkunft und Bedeutung unklar, eventuell zu lat. »corvinius« (Rabe); *bekannte Namensträger:* Heiliger Korbinian, einer der ersten Missionare in Deutschland (um 675–725); *Namenstag:* 20. November

Kord — männl., Kurzform zu Konrad; *weitere Formen:* Cord, Cort, Cordt, Kort; Kurt (niederd.)

Kordelia — weibl., Nebenform zu Cordelia

Kordula — weibl., Nebenform zu Cordula

Kornelia — weibl., Nebenform zu Cornelia

Kornelius — männl., Nebenform zu Cornelius

Korona — weibl., Nebenform zu Corona

Kosima — weibl., Nebenform zu Cosima

Kosimo — männl., Nebenform zu Cosimo

Kostja — männl., russ. Koseform zu Konstantin

Kraft — männl., aus dem ahd. »kraft« (Kraft, Macht); früher Beiname, ist nie volkstümlich geworden

Kreszentia	weibl., aus dem lat. »crescentia« (Wachstum, Aufblühen); *weitere Formen:* Kreszenz
Kriemhilde	weibl., aus dem ahd. »grim« (Maske) und »hiltja« (Kampf); durch das Nibelungenlied bekannt, selten gewählt; weitere Formen: Krimhilde
Krishna	männl., aus dem Indischen (der Schwarze); *weitere Formen:* Krischna
Krista	weibl., neue Form zu Christa
Kristian	männl., nord. Form zu Christian
Kristina	weibl., nord. Form zu Christina
Kristine	weibl., nord. Form zu Christine
Kristof	männl., nord. Form zu Christoph
Kühnemund	männl., Neubildung in Anlehnung an ahd. »kunni« (Sippe) und »munt« (Schutz der Unmündigen)
Kunibald	männl., alter deutscher Vorn. zu ahd. »kunni« (Sippe) und »bald« (kühn)
Kunibert	männl., alter deutscher Vorn. zu ahd. »kunni« (Sippe) und »beraht« (glänzend); Heiligenname des Mittelalters, heute abwertender Ausdruck für Rittergestalt
Kunigunde	weibl., aus dem ahd. »kunni« (Sippe) und »gund« (Kampf); beliebter Fürstinnen- und Heiligenname des Mittelalters; *weitere Formen:* Gundel, Kuni, Kunza, Konne; *Namenstag:* 3. März
Kuno, Kunz	männl., Kurzformen zu Konrad
Kurtmartin	männl., Doppelname aus Kurt und Martin
Kyra	weibl., aus dem griech. »Kyrene« (Frau aus Kyrenaika)
Kyrill	männl., Nebenform zu Cyrill
Kyrilla	weibl. Form zu Kyrill

L

Lada weibl., süd.- und westslaw. Form zu Ladislava

Ladewig männl., niederd. Form zu Ludwig

Ladina, Ladinka weibl., südslaw. Koseformen zu Ladislava

Ladislaus männl., slaw. Form zu der latinisierten Form Wladislaus, slaw. »vladi« (Herrschaft, Macht) und »slava« (Ruhm); *weitere Formen:* Lado; László (ungar.); *bekannte Namensträger:* Ladislaus, König von Ungarn und Kroatien, 1192 heiliggesprochen (1043–1095)

Ladislava weibl. Form zu Ladislaus

Lado männl., Kurzform zu Ladislaus

Laila weibl., aus dem Finn., wahrscheinlich eine Nebenform zu Leila

Lajos männl., ungar. Form zu Ludwig

Lala weibl., slaw. Form zu Ladislava

Lale weibl., skand. Kurzform zu Laura, Eulalie; *bekannte Namensträger:* Lale Andersen, Sängerin (eigentlich: Elisabeth-Charlotte-Helene-Eulalia Bunterberg, 1911–1972)

Lambert
Herkunft: männl., aus dem ahd. »land« (Land) und »beraht« (glänzend)
Verbreitung: seit dem Mittelalter durch die Verehrung des Heiligen Lambertus, Bischof von Maastricht, bekannt geworden; heute nur vereinzelt, besonders in Westfalen, gewählt
Andere Formen: Lampert, Lambrecht, Lamprecht
Bekannte Namensträger: Lambert von Hersfeld, deutscher Geschichtsschreiber (11. Jh.)
Namenstag: 17. September

Lamberta weibl. Form zu Lambert; *weitere Formen:* Lambertine

Lambrecht, Lampert männl., Nebenformen zu Lambert

Lamprecht männl., Nebenform zu Lambert

Lana weibl., slaw. Kurzform von Vorn., die auf »-lana« enden, vor allem Svetlana

Lancelot männl., aus dem Altengl.; Sagengestalt aus der Tafelrunde des Königs Artus; in England typischer Bauernname; *weitere Formen:* Lanzelot

Landelin männl., alter deutscher Vorn., Weiterbildung zu ahd. Namen, die mit »land« zusammengesetzt sind

Landeline weibl. Form zu Landelin

Landerich männl., aus dem ahd. »lant« (Land) und »rihhi« (reich, mächtig); *weitere Formen:* Landrich

Landewin männl., aus dem ahd. »lant« (Land) und »wini« (Freund); *weitere Formen:* Landwin, Lantwin, Landuin

Landfried männl., aus dem ahd. »lant« (Land) und »fridu« (Friede)

Lando männl., Kurzform zu Landold

Landolf männl., aus dem ahd. »lant« (Land) und »wolf« (Wolf); *weitere Formen:* Landulf

Landolt männl., aus dem ahd. »lant« (Land) und »waltan« (walten, herrschen)

Lanzelot männl., Nebenform zu Lancelot

Lara weibl., russ. Form zu Laura; im deutschen Sprachraum durch die Lara im Roman »Doktor Schiwago« von Boris Pasternak bekannt geworden

Larissa weibl., aus dem Griech. (Frau aus Larissa); selten, jedoch gegenwärtig zunehmend gewählt

Larry männl., engl. Form zu Laurentius

Lars männl., schwed. Kurzform zu Laurentius; sehr oft gewählt, vor allem in Norddeutschland und in Skandinavien

Lasse männl., schwed. Koseform zu Lars

László männl., ungar. Form zu Ladislaus

Laura
Herkunft: weibl., italien. Kurzform zu Laurentia
Verbreitung: seit dem 14. Jh. im deutschsprachigen Raum bekannt; in Dichtung und Literatur immer wieder als verklärender Tarnname für die unerreichbare oder ungenannte Geliebte (Petrarca, Schiller, Freytag); der Vorn. gilt heute wieder als modern
Andere Formen: Lore; Lauretta (italien.); Laurette, Laure (französ.); Lara (russ.); Lale (skand.)
Bekannte Namensträger: Heilige Laura von Cordova, Märtyrerin (1304–1374)

Laure männl., Nebenform zu Laurentius; weibl., französ. Nebenform zu Laura

Laurence männl., engl. Form zu Laurentius; *weitere Formen:* Larry (engl.)

Laurens männl., schwed. Form zu Laurentius

Laurent männl., französ. Form zu Laurentius

Laurentia weibl. Form zu Laurentius; *weitere Formen:* Laura; Laureen, Lauren, Laurena (engl.); Laurence (französ.); Lorenza (italien.), Laureina (niederlän.); Larsina, Laurense, Laurine (norweg.); Laurencia (ungar.)

Laurentius *Herkunft:* männl., aus dem lat. »laurus« (Lorbeer, der Lorbeergeschmückte)
Verbreitung: der Vorn. wurde durch den Heiligen Laurentius, römischer Diakon und Märtyrer, bekannt und seit dem Mittelalter volkstümlich; heute selten gewählt
Andere Formen: Lenz, Renz, Laure, Laurenz, Lorenz; Lars, Laurens (schwed.); Loris, Enz, Enzeli (schweiz.); Laurence, Lawrence (engl.); Laurent (französ.), Lorenzo, Renzo, Rienzo (italien.); Laurids (dän.); Lavrans, Lauri (norweg.), Lavrentj (russ.); Lörinc (ungar.)
Bekannte Namensträger: Heiliger Laurentius Justiniani, Bischof von Venedig (14./15. Jh.); Laurentius von Schnüffis, deutscher Dichter (1633–1702)
Namenstag: 10. August

Laurenz männl., Nebenform zu Laurentius; *weitere Formen:* Lenz, Renz

Lauretta weibl., italien. Nebenform zu Laura

Laurette weibl., französ. Nebenform zu Laura

Lauri männl., norweg. Form zu Laurentius; *weitere Formen:* Laurin; bekannt ist der Zwergenkönig Laurin in der Heldendichtung der Dietrichsage

Laurids männl., dän. Form zu Laurentius; *weitere Formen:* Laurits, Lauritz

Laux männl., Nebenform zu Lukas

Lavina weibl., aus der griech. Mythologie, in der Lavina die Tochter des Königs von Latium und Gattin des Äneas ist; *weitere Formen:* Lavinia

Lavrans männl., norweg. Form zu Laurentius

Lavrentj männl., russ. Form zu Laurentius

Lawrence männl., engl. Form zu Laurentius; *weitere Formen:* Larry (engl.)

Lazar männl., aus der Bibel übernommener Vorn. hebr. Ursprungs von »eleasar« (Gott ist Helfer oder Gott hilf); *weitere Formen:* Lazarus; Lazare (französ.)

Lea weibl., aus der Bibel übernommener Vorn. hebr. Ursprungs »lé'áh« (die sich vergeblich bemüht); im Alten Testament war Lea die erste Frau Jacobs; seit dem 16. Jh. im deutschen Sprachraum bekannt, gilt heute als modern; *weitere Formen:* Lia

Leander männl. Vorn. griech. Ursprungs »laos« (Volk) und »andrós« (Mann); der Name ist bekannt durch die griech. Sage von Hero und Leander

Leandra weibl. Form zu Leander

Leberecht *Herkunft:* männl., Vorn. bedeutet eigentlich die Aufforderung, richtig zu leben; unter dem Einfluß des Pietismus (17./18. Jh.) neu gebildeter Name

Verbreitung: durch den preußischen General Gebhard Leberecht Blücher volkstümlich geworden; um 1900 Adelsname, heute sehr selten gewählt

Andere Formen: Lebrecht

Bekannte Namensträger: Karl Leberecht Immermann, deutscher Schriftsteller (1796–1840)

Lebold männl., Nebenform zu Leopold

Lebrecht männl., Nebenform zu Leberecht

Leda weibl., aus der griech. Mythologie übernommener Vorn.; nach der griech. Sage war Leda die Mutter des Kastor, Polydeukes und der Klytemnestra; Zeus näherte sich ihr in Gestalt eines Schwans und überwältigte sie

Leik männl., norweg. Kurzform von Vorn., die auf »leik« enden, vor allem Godleik

Leila weibl. Vorn. pers. Ursprungs (Dunkelheit, Nacht), nach dem Zweiten Weltkrieg in Deutschland durch die Schlagersängerin Leila Negra bekannt geworden; *weitere Formen:* Leilah (engl.)

Lelia weibl., aus dem niederländ. »lelie« (Lilie), italien. weibl. Form zu Lelio oder aus dem griech. »lálos« (gesprächig)

Lelio männl. Form zu Lelia

Len männl., engl. Form zu Leonhard

Lena weibl., Kurzform zu Helene und Magdalene; *bekannte Namensträger:* Lena Christ, deutsche Schriftstellerin (1881–1920)

Lenard männl., Nebenform zu Leonhard; *weitere Formen:* Lenhard; Lennart (schwed.)

Lene weibl., Kurzform zu Helene und Magdalene

Lenhard	männl., Nebenform zu Leonhard
Leni	weibl., Kurzform zu Helene und Magdalene
Lenka	weibl., slowak. Form zu Magdalene
Lenke	weibl., Kurzform zu Helene und Magdalene
Lennart	männl., schwed. Form zu Leonhard
Lenny	männl., engl. Form zu Leonhard; *weitere Formen:* Lenni
Lenz	männl., Nebenform zu Laurentius
Lenza	weibl. Form zu Lenz
Leo	männl., Kurzform zu Leonhard; Leo war auch der Name von einigen Päpsten; *Namenstag:* 10. November
Leon	männl., Kurzform zu Leonhard
Leona	weibl. Form zu Leo oder Leon
Léonard	männl., französ. Form zu Leonhard
Leonard	männl., Nebenform zu Leonhard
Leonardo	männl., italien. Form zu Leonhard; *bekannte Namensträger:* Leonardo da Vinci, italien. Maler, Architekt, Bildhauer, Techniker und Naturforscher (1452–1519)
Leone	männl., italien. Form zu Leo
Leonhard	*Herkunft:* männl., aus dem lat. »leo« (Löwe) und dem ahd. »harti« (hart) *Verbreitung:* seit dem Mittelalter als Name des Heiligen Leonhard (6. Jh.) bekannt *Andere Formen:* Leo, Leon, Lienhard, Lenhard, Leonard, Leonz; Len, Lenny (engl.); Léonard (französ.); Leonardo, Lionardo (italien.); Lennart (schwed.) *Bekannte Namensträger:* Leonhard Euler, schweiz. Mathematiker (1707–1783); Leonhard Frank, deutscher Schriftsteller (1882–1961) *Namenstag:* 6. November
Leonharda	weibl. Form zu Leonhard
Leoni	weibl. Form zu Leo oder Leon; *weitere Formen:* Leonia, Leonie; *bekannte Namensträger:* Leonie Ossowski, deutsche Schriftstellerin (geb. 1925)

Leonid männl., aus dem Russ. übernommener Vorn. griech. Ursprungs (Löwensohn); *bekannte Namensträger:* Leonid I. Breschnew, russ. Politiker (1906–1983)

Leonida weibl. Form zu Leonid

Leonilda weibl., aus dem lat. »leo« (Löwe) und dem ahd. »hiltja« (Kampf)

Leonore weibl., Kurzform zu Eleonore; im 18. Jh. durch eine gleichnamige Operngestalt in Beethovens »Fidelio« bekannt geworden; *weitere Formen:* Lenore

Leontine weibl., aus dem lat. »leontinus« (löwenhaft); um 1900 durch jüdische Familien in den deutschen Sprachraum eingeführt; *bekannte Namensträger:* Leontyne Price, amerikan. Opernsängerin (geb. 1927)

Leonz männl., Nebenform zu Leonhard

Leopold *Herkunft:* männl., aus dem ahd. »liuti« (Volk) und »bald« (kühn)
Verbreitung: alter deutscher Adelsname; durch die Verehrung des Heiligen Leopold, Markgraf von Österreich im 15. Jh., stärker verbreitet
Andere Formen: Lebold, Leupold, Lippold, Pold, Poldi, Polt; Léopold (französ.); Leopoldo, Poldo (italien.)
Bekannte Namensträger: Leopold von Anhalt-Dessau, »Alter Dessauer« (1693–1747); Leopold von Ranke, deutscher Historiker (1795–1886)
Namenstag: 15. November

Léopold männl., französ. Form zu Leopold

Leopolda weibl. Form zu Leopold; *weitere Formen:* Leopolde, Leopoldine

Leopoldo männl., italien. Form zu Leopold

Lesley männl. und weibl., Nebenform zu Leslie; eindeutiger Zweitname erforderlich

Leslie männl. und weibl., engl. Vorn. schott. Ursprungs (aus einem Ortsnamen Aberdeenshire entstanden); seit Ende des 19. Jh. bekannt, eindeutiger Zweitname erforderlich

Lester männl., engl. Vorname, der aus dem Ortsnamen Leicester hervorgegangen ist

Let weibl., Kurzform zu Adelheid

Letje weibl., dän. Form zu Adelheid

Letta weibl., Kurzform zu Adelheid oder Violetta

Letteke	weibl., fries. Form zu Adelheid
Lettie	weibl., Nebenform zu Adelheid; *weitere Formen:* Letty
Leupold	männl., Nebenform zu Leopold
Leutfried	männl., Nebenform zu Vorn., die mit »luit« beginnen; *weitere Formen:* Leutgard, Leuthold, Leutwein, Leutwin
Levi	männl., aus der Bibel übernommener Vorn. hebr. Ursprungs von »levi« (anhänglich, dem Bunde zugetan)
Levin	männl., niederd. Form zu Liebwein; *weitere Formen:* Lewin, Leveke; *bekannte Namensträger:* Levin Schücking, deutscher Schriftsteller (1814–1883)
Lew	männl., russ. Form zu Leo; *weitere Formen:* Lev; *bekannte Namensträger:* Lew N. Tolstoj, russ. Schriftsteller (1828–1910); Lew Jaschin, sowjet. Fußballnationaltorwart (1929–1990)
Lewis	männl., engl. Form zu Ludwig
Lex	männl., Kurzform zu Alexander
Lexa	weibl., Kurzform zu Alexandra
Li	weibl., Kurzform von Vorn. mit »li«, vor allem Elisabeth
Lia	weibl., Kurzform zu Julia, anderen weibl. Vorn., die auf »lia« enden, oder Nebenform zu Lea
Liane	weibl., Kurzform zu Juliane; Liane ist eine bekannte literarische Gestalt aus Jean Pauls »Titan«
Libeth	weibl., Kurzform zu Elisabeth
Liborius	männl., Herkunft und Bedeutung unklar; Verbreitung des Namens durch den Heiligen Liborius, Bischof von Le Mans (4. Jh.); *weitere Formen:* Bories, Borris, Börries; *Namenstag:* 23. Juli
Libussa	weibl., aus dem Slaw. (Liebling); der Name wurde im deutschen Sprachraum durch Libussa, die sagenhafte böhmische Königin und Gründerin Prags bekannt; *weitere Formen:* Libusa
Lida	weibl., Kurzform zu Adelheid oder Ludmilla
Liddi	weibl., Kurzform zu Lydia
Liddy	weibl., engl. Kurzform zu Lydia
Lidia	weibl., italien. Form zu Lydia

Lidwina	weibl., aus dem ahd. »liut« (Volk) und »wini« (Freund); *weitere Formen:* Litvina; Lidewei (niederländ.)
Liebert	männl., aus dem ahd. »liob« (lieb) und »beraht« (glänzend); *weitere Formen:* Liebrecht
Liebfried	männl., aus dem ahd. »liob« (lieb) und »fridu« (Friede)
Liebgard	weibl., aus dem ahd. »liob« (lieb) und »gard« (Hort, Schutz)
Liebhard	männl., aus dem ahd. »liob« (lieb) und »harti« (hart); *weitere Formen:* Liebhart
Liebhild	weibl., aus dem ahd. »liob« (lieb) und »hiltja« (Kampf)
Liebtraut	weibl., aus dem ahd. »liob« (lieb) und »trud« (Kraft, Stärke); *weitere Formen:* Liebetraud, Liebtrud
Liebwald	männl., aus dem ahd. »liob« (lieb) und »waltan« (walten, herrschen)
Liebward	männl., aus dem ahd. »liob« (lieb) und »wart« (Hüter, Schützer)
Liebwin	männl., aus dem ahd. »liob« (lieb) und »wini« (Freund)
Lienhard	männl., Nebenform zu Leonhard; *weitere Formen:* Lienhart
Lies, Liesa	weibl., Kurzformen zu Elisabeth
Liesbeth, Liese	weibl., Kurzformen zu Elisabeth
Lilian	weibl., engl. Vorn., vermutlich Weiterbildung zu Lilly; *bekannte Namensträger:* Lilian Harvey, deutsche Filmschauspielerin engl. Herkunft (1907–1968)
Liliane	weibl., engl. Vorn., vermutlich Weiterbildung zu Lilly; *weitere Formen:* Liliana
Lilly	weibl., engl. Kurzform zu Elisabeth; *weitere Formen:* Lill, Lilli
Lilo	weibl., Kurzform zu Liselotte
Lina	weibl., Kurzform zu Vorn., die auf »lina« enden, vor allem Karolina, Paulina
Linda	weibl., Kurzform zu Vorn., die mit »lind, linda« gebildet werden
Linde	weibl., Kurzform zu Vorn., die mit »linde« gebildet werden, eventuell auch angelehnt an den Baumnamen »Linde«
Lindgard	weibl., aus dem ahd. »lind« (weich, lind, zart) und »gard« (Hort, Schutz)

Line	weibl., Kurzform zu Vorn., die auf »line« enden, vor allem Karoline und Pauline
Linette	weibl., französ. Form zu Lina
Linnart	männl., schwed. Form zu Lennart
Linus	*Herkunft:* männl., Herkunft und Bedeutung unklar, geht wahrscheinlich auf den griech. Vorn. Linos zurück *Verbreitung:* bekannt wurde der Vorn. durch den Heiligen Linos, der laut kirchlichen Überlieferungen erster Nachfolger von Petrus als Bischof von Rom war (1. Jh.) *Bekannte Namensträger:* Linus Carl Pauling, amerikan. Chemiker und Friedensnobelpreisträger (geb.1901) *Namenstag:* 23. September
Lion	männl., Nebenform zu Leo; *bekannte Namensträger:* Lion Feuchtwanger, deutsch-amerikan. Schriftsteller (1884–1958)
Lionardo	männl., italien. Form zu Leonhard
Lionel	männl., engl. Koseform zu Lion; *bekannte Namensträger:* Lionel Hampton, amerikan. Jazzmusiker (geb. 1913)
Lionne	weibl., französ. Form zu Léon
Lippold	männl., Nebenform zu Leopold
Lis	weibl., Kurzform zu Elisabeth
Lisanne	weibl., neuer Doppelname aus Lise und Anne; *weitere Formen:* Lizanne (engl.)
Lisbeth, Lise	weibl., Kurzformen zu Elisabeth
Lisel	weibl., Kurzform zu Elisabeth; *weitere Formen:* Lisl (oberdeutsch)
Liselotte	weibl., alter Doppelname aus Lise und Lotte; *weitere Formen:* Lieselotte; *bekannte Namensträger:* Liselotte Pulver, schweizer. Schauspielerin (geb. 1929)
Lisenka	weibl., slaw. Koseform zu Elisabeth
Lisette	weibl., aus dem Französ. übernommener Vorn., Koseform zu Elisabeth
Lissy	weibl., engl. Kurz- und Koseform zu Elisabeth
Litthard	männl., aus dem ahd. »liut« (Volk) und »harti« (hart); *weitere Formen:* Luithard (oberdeutsch)

Liv	weibl., aus dem altisländ. »hlif« (Wehr, Schutz); *bekannte Namensträger:* Liv Ullmann, schwed. Schauspielerin (geb. 1938)
Livia	weibl. Form zu Livius; *bekannte Namensträger:* Livia Drusilla, Gattin des Kaisers Augustus (1. Jh. v.Chr.)
Livio	männl., italien. Form zu Livius
Livius	männl., aus dem Lat. (der aus dem römischen Geschlecht der Livier); *bekannte Namensträger:* Livius, römischer Geschichtsschreiber (59 v. Chr.–17 n. Chr.)
Liz, Lizzy	weibl., engl. Kurzformen zu Elisabeth
Lobgott	männl., unter dem Einfluß des Pietismus (18. Jh.) neu gebildeter Vorn. (Lobe Gott)
Lodewig, Lodewik	männl., niederländ. Formen zu Ludwig
Lois	männl., oberdeutsche Kurzform zu Alois
Lola	*Herkunft:* weibl., aus dem Span. übernommener Vorn., Koseform zu Dolores, Carlota und Karola *Verbreitung:* im deutschsprachigen Raum durch Lola Montez, die Geliebte des Bayernkönigs Ludwig I., bekannt geworden; seit etwa 1900 verbreitet, gegenwärtig selten gewählt *Andere Formen:* Lolo, Lolika, Lolita; Lolitte (französ.)
Lolika	weibl., Nebenform zu Lola
Lolita	weibl., Weiterbildung zu Lola; der Vorn. wurde durch Vladimir Nabokovs vielgelesenen Roman »Lolita« bekannt
Lolitte	weibl., französ. Form zu Lola
Lolo	weibl., Nebenform zu Lola
Loni	weibl., Kurz- und Koseform zu Apollonia und Leonie; *weitere Formen:* Lonni, Lony, Lonny
Lora	weibl., südslaw. Nebenform zu Laura und russ. Kurzform zu Larissa
Lore	weibl., Nebenform zu Laura und Kurzform zu Eleonore; *weitere Formen:* Loretta, Lorella, Lorena; Loredana (italien.); Lora (russ.)
Lorella	weibl., Nebenform zu Laura
Loremarie	weibl., Doppelname aus Lore und Marie
Lorena	weibl., engl. Form zu Laurentia

Lorenz — männl., eingedeutschte Form zu Laurenz

Lorenzo — männl., italien. Form zu Laurentius

Loretta — weibl., italien. Nebenform zu Lauretta

Loretto — männl., neuer Vorn., an den Wallfahrtsort Loreto (Italien) angelehnt

Lorina — weibl., Nebenform zu Laurentia

Lörinc — männl., ungar. Form zu Laurentius

Loris — männl., schweiz. Form zu Laurentius

Lothar

Herkunft: aus dem ahd. »hlut« (laut, berühmt) und »heri« (Heer)
Verbreitung: fränk. Adelsname, Name von Kaisern und Königen; seit 1900 wieder modern und auch heute noch oft gewählt
Andere Formen: Lutter, Lüdeke, Lühr
Bekannte Namensträger: Lothar I., Sohn Ludwigs des Frommen und fränk. Kaiser (8./9. Jh.); Lothar Franz Graf von Schönborn, Erzbischof und Kurfürst von Mainz (17./18. Jh.); Lothar Matthäus, deutscher Fußballspieler (geb. 1961)
Namenstag: 15. Juni

Lottchen — weibl., Koseform zu Lotte; bekannt geworden durch Erich Kästners »Das doppelte Lottchen«

Lotte

Herkunft: weibl., Kurzform zu Charlotte
Verbreitung: durch Goethes »Die Leiden des jungen Werthers« sehr beliebter Vorn., im 19. Jh. volkstümlich geworden und auch heute noch verbreitet
Andere Formen: viele Doppelnamen; Lottelies, Lieselotte; Lottchen, Lotti, Lotty
Bekannte Namensträger: Lotte Lehmann, deutsche Sängerin (1888–1976); Lotte Lenya, österr. Sängerin, Schauspielerin und Frau von Kurt Weill (1900–1981)

Lottelies — weibl., Nebenform zu Lotte und Doppelname aus Lotte und Liese

Lotti, Lotty — weibl., Koseformen zu Lotte

Lou — weibl., Kurzform zu Louise

Louis

Herkunft: männl., französ. Form zu Ludwig
Verbreitung: im 19. Jh. sehr verbreiteter Vorn., auch im deutschsprachigen Raum, heute allerdings wegen des umgangssprachlichen »Louis« (Zuhälter) gemieden
Andere Formen: Lou
Bekannte Namensträger: Louis Pasteur, französ. Wissenschaftler und Begründer der Bakteriologie (1822–1875); Louis Armstrong, Jazzmusiker (1900–1971)

Lovis	männl., niederdeutsche Form zu Ludwig
Lowig	männl., niederländ. Form zu Ludwig
Lowis	männl., niederdeutsche Form zu Ludwig
Lowisa	weibl., niederdeutsche Form zu Louise; *weitere Formen:* Lowise
Lu	männl. und weibl. Kurzform zu Vorn., die mit »lud« gebildet werden; eindeutiger Zweitname erforderlich
Lubbe	männl., westfries. und ostfries. Kurzform von Namen, die mit »luit« gebildet werden; *weitere Formen:* Lübe, Lübbo, Lübbe
Luc	männl., roman. Kurzform zu Lukas; *weitere Formen:* Luca, Luce
Luc	weibl., Kurzform zum engl. Vorn. Lucy
Luca	weibl., Kurzform zu Lucia
Lucette	weibl., französ. Koseform zu Lucia
Lucia	weibl. Form zu Lucius; *weitere Formen:* Lucie, Luca, Luc, Luce, Lucy
Lucianus	männl., Nebenform zu Lucius; *weitere Formen:* Lucien (französ.)
Lucienne	weibl. Form zu Lucien
Lucilla	weibl., Koseform zu Lucia; *weitere Formen:* Lucille
Lucio	männl., italien. Form zu Lucius
Lucy	weibl., engl. Form zu Lucia
Ludbert	männl., Nebenform zu Luitbert
Lude	männl., fries. Kurzform von Vorn., die mit »luit« gebildet werden, aber auch von Ludwig; *weitere Formen:* Lüde, Ludeke, Lüdeke, Luideke
Lüdeke	männl., Nebenform zu Lothar
Ludger	männl., Nebenform zu Luitger; *bekannte Namensträger:* Heiliger Ludger, fries. Missionar und erster Bischof von Münster (9. Jh.); *Namenstag:* 26. März
Ludgera	weibl. Form zu Luitger
Ludmilla	weibl., aus dem Slaw. »ljud« (Volk) und »milyi« (lieb, angenehm); *Verbreitung:* durch die Heilige Ludmilla, Landespatronin Böhmens (9./10. Jh.); *Namenstag:* 16. September

Ludolf männl., Nebenform zu Luitolf; sehr beliebter Name beim sächsischen Adel im Mittelalter (die Ludolfinger); *Namenstag:* 29. März

Ludolfa weibl. Form zu Ludolf

Ludvig männl., rätoroman. und schwed. Form zu Ludwig

Ludwig *Herkunft:* männl., aus dem ahd. »hlut« (berühmt) und »wig« (Kampf)
Verbreitung: seit dem 5. Jh. im deutschen Sprachraum bekannt, seit dem Mittelalter sehr verbreitet und auch heute noch oft gewählt
Andere Formen: Lu, Lude, Lutz, Lüder; Louis (französ.); Lajos (ungar.); Luigi (italien.); Lodewig (niederdeutsch.); Lewis (engl.); Lodewik (niederländ.); Luis (span.)
Bekannte Namensträger: Ludwig XIV., französ. »Sonnenkönig« (1638–1715); Ludwig Tieck, romantischer Dichter (1773–1853); Ludwig van Beethoven, deutscher Komponist (1770–1827); Ludwig Thoma, deutscher Schriftsteller (1867–1921); Ludwig Erhard, deutscher Politiker und Bundeskanzler (1897–1977)
Namenstag: 25. August

Ludwiga weibl. Form zu Ludwig; *weitere Formen:* Ludviga, Ludwika, Ludowika (slaw.)

Lühr männl., Nebenform zu Lothar; *weitere Formen:* Lür

Luick männl., ostfries. Kurzform von Vorn., die mit »luit« gebildet werden

Luidolf männl., Nebenform zu Luitolf

Luigi männl., italien. Form zu Ludwig

Luis männl., span. Form zu Ludwig; *bekannte Namensträger:* Luis Buñuel, span. Filmregisseur (1900–1983)

Luisa weibl., italien., span. und rätoroman. Form zu Louisa; *weitere Formen:* Luisella, Luiselle

Luise weibl., deutsche Form zu Louise; *weitere Formen:* Luisa, Isa; *bekannte Namensträger:* Königin Luise von Preußen (1776–1810); Luise Rinser, deutsche Schriftstellerin (geb. 1911)

Luitbald männl., aus dem ahd. »liut« (Volk) und »bald« (kühn)

Luitberga weibl., aus dem ahd. »liut« (Volk) und »berga« (Schutz, Zuflucht); *weitere Formen:* Luitburga

Luitbert männl., aus dem ahd. »liut« (Volk) und »beraht« (glänzend); *weitere Formen:* Luitbrecht

Luitbrand	männl., aus dem ahd. »liut« (Volk) und »brant« (Brand, brennen); *weitere Formen:* Luitprand, Luitbrant
Luitfried	männl., aus dem ahd. »liut« (Volk) und »fridu« (Friede)
Luitfriede	weibl. Form zu Luitfried
Luitgard	männl., aus dem ahd. »liut« (Volk) und »gard« (Hort, Schutz)
Luitger	männl., aus dem ahd. »liut« (Volk) und »ger« (Speer); *weitere Formen:* Lutger
Luitgunde	weibl., aus dem ahd. »liut« (Volk) und »gund« (Kampf)
Luithard	männl., aus dem ahd. »liut« (Volk) und »harti« (hart)
Luither	männl., aus dem ahd. »liut« (Volk) und »heri« (Heer)
Luithilde	weibl., aus dem ahd. »liut« (Volk) und »hiltja« (Kampf)
Luithold	männl., aus dem ahd. »liut« (Volk) und »waltan« (walten, herrschen); *weitere Formen:* Luitwalt
Luitolf	männl., aus dem ahd. »liut« (Volk) und »wolf« (Wolf); *weitere Formen:* Luidolf
Luitpold	männl., Nebenform zu Luitbald; *bekannte Namensträger:* Prinzregent Luitpold von Bayern (1821–1912)
Luitwin	männl., aus dem ahd. »liut« (Volk) und »wini« (Freund)
Luitwine	weibl. Form zu Luitwin
Luk	männl., westfries. Kurzform zu Lüdeke; *weitere Formen:* Luke
Lukas	männl., aus dem Lat. (der aus Lucania Stammende); der Name des Evangelisten Lukas war ausschlaggebend für die Verbreitung; *bekannte Namensträger:* Lucas Cranach der Ältere, deutscher Maler (1472–1553); Lucas Cranach der Jüngere, deutscher Maler (1515–1586); *Namenstag:* 18. Oktober
Lutmar	männl., aus dem ahd. »liut« (Volk) und »mari« (berühmt); *weitere Formen:* Lutmer, Lütmer, Lüttmer
Lutter	männl., Nebenform zu Lothar
Lutwin	männl., Nebenform zu Luitwin
Lutwine	weibl., Nebenform zu Luitwine
Lutz	männl., Nebenform zu Ludwig

Lux	männl., Kurzform zu Lukas
Lydia	weibl., aus dem Griech. (die aus Lydien Stammende); die Heilige Lydia war eine Purpurhändlerin und wurde von Paulus in Philippi getauft (sie galt als erste Christin Europas); *weitere Formen:* Lidi, Liddy, Lidda, Lida, Lyda
Lysander	männl., aus dem griech. »lysis« (Freilassung) und »andros« (Mann)
Lyse	weibl., alter griech. Frauenname zu Lysander

Die Fürsten ändern sich nicht, sie wechseln nur die Namen.

M

Maaike	weibl., niederländ. Form zu Maria
Mabel	weibl., engl. Kurzform zu Amabel; *weitere Formen:* Mabella
Mada	weibl., irische Form zu Maud
Maddalena	weibl., italien. Form zu Magdalena
Maddy	weibl., engl. Form zu Magdalena
Madeleine	weibl., französ. Form zu Magdalena
Madelena	weibl., italien. und span. Form zu Magdalena
Madelina	weibl., russ. Form zu Magdalena
Madeline	weibl., engl. Form zu Magdalena
Madge	weibl., engl. Form zu Margaret
Madina	weibl., Kurzform zu Magdalena
Madlen	weibl., Kurzform zu Magdalena und eingedeutschte Form zu Madeleine (französ.); *weitere Formen:* Madlene
Madlenka	weibl., slaw. Form zu Magdalena
Madlon	weibl., französ. Form zu Magdalena
Mady	weibl., engl. Form zu Magdalena
Mae	weibl., engl. Form zu Mary
Mafalda	weibl., italien. Form zu Mathilde; der Vorn. entstammt dem Fürstenhaus von Savoyen, wurde dann in Italien volkstümlich und kommt auch vereinzelt im deutschsprachigen Raum vor
Mag	weibl., engl. Kurzform zu Margarete; *weitere Formen:* Magga
Magalonne	weibl., französ. Form zu Magdalena; *weitere Formen:* Magali, Magelone; Makalonka (slowak.)
Magda	weibl., Kurzform zu Magdalena
Magdalen	weibl., engl. Form zu Magdalena
Magdalena	*Herkunft:* weibl., aus der Bibel übernommener Vorn. hebr. Ursprungs (die aus Magdala Stammende); Maria Magdalena war nach der Bibel eine der treuesten Jüngerinnen Jesu; sie stand an seinem Kreuz und entdeckte als erste am Ostermorgen sein leeres Grab

Verbreitung: früher im gesamten deutschsprachigen Raum sehr stark verbreitet, vor allem als Doppelname Maria Magdalena, seit etwa 1960 zurückgehend und nur noch selten gewählt
Andere Formen: Lena, Lene, Leni, Lenchen, Magda, Madina, Madlen, Magdali, Magdalene, Magel; Malen (baskisch, nord.); Magdalen, Madeline, Mady, Maddy, Maud, Maudlin, Maudin (engl.); Madeleine, Madlon, Magalonne (französ.); Maddalena, Madelena (italien.); Magdelone, Madel, Magli, Malene (norweg.); Madelena (span.); Malin (schwed.); Madlenka, Lenka (slaw.); Magdelina, Madelina (russ.); Magdolna, Alena (ungar.)
Namenstag: 22. Juli

Magdalene weibl., Nebenform zu Magdalena

Magdali weibl., Kurzform zu Magdalena

Magdelina weibl., russ. Form zu Magdalena

Magdelone weibl., norweg. Form zu Magdalena

Magdolna weibl., ungar. Form zu Magdalena

Magel weibl., Kurzform zu Magdalena

Maggie weibl., engl. Kurzform zu Margarete; *weitere Formen:* Maggy; der Vorn. galt um 1900 als modern, gegenwärtig selten gewählt (trotz der langjährigen engl. Ministerpräsidentin »Maggie« Thatcher); *weitere Formen:* Maggy

Magna weibl. Form zu Magnus oder Nebenform zu Magnhild

Magnar männl., Nebenform zu Magnus oder norweg. Neubildung nach dem Muster von Ragnar

Magnhild weibl., nord. Form zu Mathilde

Magnolia weibl., dieser Vorn. ist mit einer gleichnamigen Blume identisch; nur vereinzelt gewählt

Magnus *Herkunft:* männl., aus dem lat. »magnus« (groß); König Olaf von Norwegen gab seinem Sohn in Gedenken an Karl den Großen (lat. Carolus Magnus) den Namen Magnus (11. Jh.)
Verbreitung: seit dem 11. Jh. in Skandinavien verbreitet und von dort aus nach Deutschland vorgedrungen; der Name wurde aber nie volkstümlich und wird heute auch nur vereinzelt gewählt
Andere Formen: Magnar
Bekannte Namensträger: Hans Magnus Enzenberger, deutscher Schriftsteller (geb. 1929)

Mai weibl.; Kurzform zu Maria oder Taufzeitname (die im Mai Geborene); *weitere Formen:* Maia, Maie, Maje

Maible	weibl., irische Form zu Mabel
Maidie	weibl., engl. Form zu Margarethe; dieser Vorn. ist vor allem in Nordamerika sehr verbreitet
Maik	männl. und weibl., eingedeutschte Schreibweise zu Mike; eindeutiger Zweitname erforderlich; *weitere Formen:* Maike, Meik
Maika	weibl., russ. oder fries. Form zu Maria
Maike	weibl., fries. Form zu Maria; *weitere Formen:* Maiken, Meika, Meike
Mainart	männl., ostfries. Form zu Meinhard; *weitere Formen:* Maint
Maio	männl., Kurzform zu Vorn. mit »magnan, megin« (Kraft, Macht); *weitere Formen:* Meio
Maire	weibl., irische Form zu Maria
Maite	weibl., baskische Form zu Amanda; *weitere Formen:* Maitane
Maja	weibl., aus dem lat. »maja, majesta« (Name einer römischen Göttin des Wachstums, daher auch unser Monatsname Mai) oder aus dem indischen »maya« (Täuschung); allgemein bekannt wurde der Name durch W. Bonsels Erzählung »Die Biene Maja und ihre Abenteuer« (1912); heute wird der Name nur selten gewählt; *weitere Formen:* Majella
Malaika	weibl., aus dem arab. »malai'ka« (Engel); der Vorn. ist gerichtlich zugelassen, wird aber selten gewählt; *weitere Formen:* Maleika
Malberta	weibl., Kurzform zu Amalberta
Male	weibl., Kurzform zu Amalberga, Amalie und Malwine; *weitere Formen:* Mala, Mali
Malen	weibl., baskische und nord. Kurzform zu Magdalena; *weitere Formen:* Malena, Malene
Malenka	weibl., slaw. Kurzform zu Melanie; *weitere Formen:* Malanka
Malfriede	weibl., aus dem ahd. »mahal« (Gerichtsstätte) und »fridu« (Friede)
Mali	weibl., Kurzform zu Amalie
Malika	weibl., ungar. Koseform zu Malwine
Malin	weibl., schwed. Form zu Magdalena

Malinda weibl., alter engl. Vorn. (die Vornehme, Edle); *weitere Formen:* Lindy

Malte männl., aus dem Dän. übernommener Vorn., dessen Herkunft und Bedeutung unklar ist; bekannt wurde er 1910 durch R. M. Rilkes Roman »Die Aufzeichnungen des Malte Laurids Brigge«; gegenwärtig wird der Vorn. in Norddeutschland öfter gewählt

Malve weibl., entweder Kurzform zu Malwine oder an eine Pflanzenart (Malvengewächs) angelehnt; selten gewählt; *weitere Formen:* Malwe

Malwida weibl., Nebenform zu Malwine; *weitere Formen:* Malvida; *bekannte Namensträger:* Malvida von Meysenburg, deutsche Schriftstellerin (1816–1903)

Malwine
Herkunft: aus den Ossian-Gesängen des Schotten J. Macpherson übernommener Vorn., dessen Bedeutung unklar ist
Verbreitung: durch die Ossian-Verehrung Goethes, Klopstocks und Herders in Deutschland eingebürgert, heute selten gewählt
Andere Formen: Malvine, Malwida, Malve, Mal

Mami weibl., amerikan. Form zu Maria

Manda weibl., Kurzform zu Amanda; *weitere Formen:* Mandi

Mandus männl., Kurzform zu Amandus

Mandy weibl., engl. Kurzform zu Amanda

Manfred
Herkunft: aus dem ahd. »man« (Mann) und »fridu« (Friede)
Verbreitung: bekannt wurde der Vorn. durch den Stauferkönig Manfred von Sizilien im 13. Jh.; um 1900 galt Manfred als ausgesprochener Adelsname, heute seltener gewählt
Andere Formen: Manfried; Manfredo (italien.)
Bekannte Namensträger: Manfred Freiherr von Richthofen, Kampfflieger im Ersten Weltkrieg und als »Roter Baron« bekannt (1892–1918); Manfred Rommel, Oberbürgermeister von Stuttgart (geb. 1928); Manfred Hausmann, deutscher Schriftsteller (1898–1986)
Namenstag: 28. Januar

Manfreda weibl. Form zu Manfred

Manfredo männl., italien. Form zu Manfred

Manfried männl., Nebenform zu Manfred

Manhard männl., aus dem ahd. »man« (Mann) und »harti« (hart); *weitere Formen:* Manhart

Manja weibl., slaw. Form zu Maria; *weitere Formen:* Manjana

Mano	männl., slaw. und ungar. Kurzform zu Emanuel; *weitere Formen:* Manolo (span.)
Manon	weibl., französ. Koseform zu Maria; bekannt wurde der Vorn. durch die Opern »Manon« von Massenet und »Manon Lescaut« von Auber/Puccini
Manuel	männl., span. Form zu Emanuel; *Namenstag:* 1. Oktober
Manuela	weibl. Form zu Emanuel; *weitere Formen:* Manuella
Mara	weibl., Herkunft und Bedeutung unklar, wahrscheinlich aus dem Hebr. (bitter) oder Kurzform zu Maralda
Marald	männl., aus dem ahd. »marah« (Kampfpferd) und »walt« (Schutz); *weitere Formen:* Marhold, Marwald
Maralda	weibl. Form zu Marald
Marbert	männl., aus dem ahd. »marah« (Kampfpferd) und »beraht« (glänzend)
Marbod	männl., aus dem ahd. »marah« (Kampfpferd) und »boto« (Bote); Marbod war der Gründer des ersten, kurzlebigen Germanenreiches (bis 19 n. Chr.)
Marc	männl., Nebenform zu Mark; *bekannte Namensträger:* Marc Chagall, russ. Maler (1887–1985)
Marcel	männl., französ. Form zu Marzellus; *weitere Formen:* Marceau, Marcelle, Marcellinus, Marzellus, Marzell, Marzellinus; Marcello (italien.); *bekannte Namensträger:* Heiliger Marcellinius, Papst (4. Jh.); Marcel Reich-Ranicky, deutscher Literaturkritiker (geb. 1920); Marcel Marceau, französ. Pantomime (geb. 1923); Marcello Mastroianni, italien. Schauspieler (geb. 1925)
Marcelin	männl., französ. Weiterbildung zu Marcel
Marcella	weibl. Form zu Marcel; *weitere Formen:* Marcelle, Marcellina, Marceline, Matzella, Marzellina, Cella, Zella; *bekannte Namensträger:* Heilige Marcella, 410 von den Goten bei der Eroberung Roms erschlagen; *Namenstag:* 31. Januar
Marcia	weibl. Form zu Marcius
Marcin	männl., poln. Form zu Martin
Marco	männl., italien. und span. Form zu Markus
Marcus	männl., lat. Form zu Markus
Mare	weibl., nord. Form zu Maria

Mareen weibl., Nebenform zu Marina

Marei weibl., Koseform zu Maria und Kurzform zu Marie; *weitere Formen:* Mareile, Mareili, Mareike

Marek männl., slaw. Form zu Markus

Maren männl., baskische Form zu Marian und weibl., dän. Form zu Marina; eindeutiger Zweitname erforderlich

Maret weibl., estn. und lett. Kurzform zu Margarete; *weitere Formen:* Mareta, Marete

Marfa weibl., russ. Form zu Martha

Marga weibl., Kurzform zu Margarete

Margalita weibl., russ. Form zu Margarete

Margaret weibl., engl. und niederländ. Form zu Margarete; *weitere Formen:* Margery, Magdy, Matge, Maggie, Maidie, Mae, May, Meg, Marget, Mer, Meta, Peg, Peggy; *bekannte Namensträger:* Margaret Rose, Schwester der engl. Königin (geb. 1930)

Margareta weibl., Nebenform zu Margarete

Margarete

Herkunft: weibl., aus dem lat. »margarita« (Perle)
Verbreitung: seit dem Mittelalter durch den Namen der Heiligen Margareta von Antiochia verbreitet, die zu den 14 Nothelfern (Geburt und Wetternot) gehört; um 1900 Modename, heute selten gewählt
Andere Formen: Grete, Gesche, Gitta, Gritt, Griet, Gritta, Margret, Marga, Margit, Margot, Margaret, Margarethe, Meta, Metta, Gretel, Gredel, Greten, Gretchen, Gretli, Reda, Reta, Rita; Margaret, Marjorie, Maggie, Meg (engl.); Marguerite (französ.); Margherita (italien.); Margaret, Margriet (niederländ.); Margarita (span. und russ.); Margita (ungar.)
Bekannte Namensträger: Margarete, Königin von Dänemark, Norwegen und Schweden (14./15. Jh.); Königin Margarete von Navarra (1492–1549); Margarete Buber-Neumann, deutsche Schriftstellerin (geb. 1926); Margarethe von Trotta, deutsche Filmregisseurin (geb. 1942)
Namenstag: 20. Juli

Margarita weibl., span. und russ. Form zu Margarete; *weitere Formen:* Margaritha, Margaritta

Margherita weibl., italien. Form zu Margarete

Margit weibl., Kurzform zu Margarete; *weitere Formen:* Margita

Margita weibl., ungar. Form zu Margarete

Margot weibl., aus dem Französ. übernommener Vorn., Kurzform zu Margarete und der französ. Form Marguerite; seit dem Beginn des 20. Jh. ist der Vorn. allgemein bekannt und oft gewählt; *weitere Formen:* Margone; Margo (russ.); *bekannte Namensträger:* Margot Hielscher, deutsche Filmschauspielerin (geb. 1919)

Margret weibl., Kurzform zu Margarete; *weitere Formen:* Margreth, Margrit

Margriet weibl., niederländ. Form zu Margarete

Marguerite weibl., französ. Form zu Margarete

Marhold männl., aus dem ahd. »marah« (Kampfpferd) und »waltan« (walten, herrschen)

Mari weibl., ungar. Form zu Maria

Maria *Herkunft:* aus der Bibel übernommener weibl. Vorn. hebr. Ursprungs von »mirjam« (widerspenstig)
Verbreitung: aus Ehrfurcht vor dem Namen der Mutter Christi wurde der Name erst verhältnismäßig spät in den deutschen Namensschatz aufgenommen; seit dem 15. Jh. gab es dann neben der Vollform eine fast unüberschaubare Menge von Kurz- und Nebenformen; der Vorn. fand auch als Doppelname Maria-Magdalena und in anderen Kombinationen sehr große Verbreitung; als männl. Zweitname zugelassen
Andere Formen: Marei, Marie, Marieli, Marike, Mariechen, Maja, Meieli, Mia, Mieke, Mieze, Mimi, Mirl, Mitzi, Ria; Mary (engl.); Marion, Manon (französ.); Mariella, Marietta, Marita (italien.); Marica, Marihuela (span.); Maire, Maureen (irisch); Maaike, Marieke, Maryse (niederländ.); Mami, Marilyn (amerikan.); Maren, Mie (dän.); Marieka, Mari, Maris, Mariska, Marka (ungar.); Marija, Marja, Maika, Mascha, Maschinka, Meri (russ.); Marya (poln.)
Bekannte Namensträger: Maria Stewart, Königin von Schottland (1542–1587); Maria Callas, Sängerin (1923–1977); Maria Schell, deutsche Schauspielerin (geb. 1926); Maria Walliser, schweizer. Skiläuferin (geb. 1963)
Namenstag: alle Marienfeste

Mariam weibl., Kurzform zu Mariamne

Mariamne weibl., aus dem hebr. »mirjam« (widerspenstig); Mariamne, die Gattin Herodes I., wurde 29 v. Chr. wegen angeblichen Ehebruchs hingerichtet

Marian männl., aus dem lat. »marianus« (den Marius betreffend); *weitere Formen:* Maren (baskisch)

Mariana — weibl., Weiterbildung von Maria oder weibl. Form zu Marianus; *weitere Formen:* Mariane

Marianna — weibl., Nebenform zu Marianne

Marianne — *Herkunft:* weibl., selbständig gewordener Doppelname aus Maria und Anna
Verbreitung: nach der Französ. Revolution volkstümlich gewordener Vorn., auch heute noch oft gewählt
Andere Formen: Nanne, Nanna, Marianna
Bekannte Namensträger: Marianne Hoppe, deutsche Schauspielerin (geb. 1911)
Namenstag: 26. Mai

Marica — weibl., span. Form zu Maria

Marie — weibl., Nebenform zu Maria; die ursprünglich protestantische Form wurde im 16. Jh. volkstümlich und ist seither stark verbreitet; *bekannte Namensträger:* Marie Antoinette, französ. Königin (1755–1793)

Mariechen — weibl., alte volkstümliche Koseform zu Maria

Marieke — weibl., niederländ. Koseform zu Maria

Marielene — weibl., Doppelname aus Marie und Lene

Marieli — weibl., Nebenform zu Maria; *weitere Formen:* Marile

Marielies — weibl., Doppelname aus Marie und Liese; *weitere Formen:* Marieliese

Mariella — weibl., italien. Koseform zu Maria

Marieluise — weibl., Doppelname aus Marie und Luise

Marierose — weibl., Doppelname aus Marie und Rose

Marieta — weibl., span. Form zu Maria

Marietheres — weibl., Doppelname aus Marie und Therese; *weitere Formen:* Marietherese

Marietta — weibl., italien. Koseform zu Maria

Marihuela — weibl., span. Form zu Maria

Marija — weibl., russ. Form zu Maria

Marika — weibl., ungar. Koseform zu Maria; *bekannte Namensträger:* Marika Rökk, österr.-ungar. Tänzerin und Filmschauspielerin (geb. 1913); Marika Kilius, deutsche Eiskunstläuferin (geb. 1943)

Marike	weibl., Koseform zu Maria; *weitere Formen:* Mariken
Marilis	weibl., Doppelname aus Maria und Lisa; *weitere Formen:* Marilisa
Marilyn	weibl., amerikan. Form zu Maria; *bekannte Namensträger:* Marilyn Monroe, amerikan. Filmschauspielerin (1926–1962)
Marin	männl., französ. Kurzform zu Marinus
Marina	weibl. Form zu Marin; *weitere Formen:* Marine, Marinella, Marinette
Marino	männl., italien. Form zu Marinus
Marinus	männl., aus dem lat. »marinus« (zum Meer gehörend); *weitere Formen:* Rino, Marin, Marinellus
Mario	männl., italien. Form zu Marius; *weitere Formen:* Maris, Maro (span.); *bekannte Namensträger:* Mario del Monaco, italien. Tenor (1915–1982); Mario Adorf, schweiz. Filmschauspieler (geb. 1930)
Mariola	weibl. Form zu Mario; *weitere Formen:* Mariolina
Marion	weibl., aus dem Französ. übernommener Vorn., alte Koseform zu Maria; *weitere Formen:* Mariona, Marionna, Marionne
Maris, Mariska	weibl., ungar. Formen zu Maria
Marit	weibl., skand. Form zu Margit
Marius	männl., Nebenform zu Marinus
Marja	weibl., russ. Form zu Maria
Marjorie	weibl., engl. Form zu Margaret; *weitere Formen:* Marjory
Mark	männl., Kurzform zu Markus; *bekannte Namensträger:* Mark Twain, amerikan. Schriftsteller (1835–1910); Mark Spitz, amerikan. Weltrekordschwimmer und Olympiasieger (geb. 1950)
Marka	weibl., ungar. Form zu Maria
Marke	männl., Kurzform alter deutscher Vorn. mit Zusammensetzungen von »Mark«, vor allem Markhart und Markwart
Markhart	männl., aus dem ahd. »marcha« (Grenze) und »harti« (hart); *weitere Formen:* Markwart, Markward, Markhard
Marko	männl., eingedeutschte Form zu Marco

Markolf männl., aus dem ahd. »marcha« (Grenze) und »wolf« (Wolf)

Markus *Herkunft:* männl., aus dem lat. »marinus« (zum Meer gehörend) oder »mars« (Name des Kriegsgottes)
Verbreitung: im 16. Jh. war der Vorn. im gesamten deutschen Sprachraum sehr beliebt, wurde dann aber fast ausschließlich in jüdischen Familien gewählt und kam erst in neuester Zeit wieder in Mode
Andere Formen: Mark, Marx; Marc (französ.); Marco (italien.); Marek (poln.)
Bekannte Namensträger: Markus Lüpertz, deutscher Maler und Bildhauer (geb. 1941); Markus Wasmeier, deutscher Skirennläufer (geb. 1963)
Namenstag: 25. April

Markward männl., aus dem ahd. »marcha« (Grenze) und »wart« (Schützer, Hüter)

Marleen weibl., Doppelname aus Maria und Lene; *weitere Formen:* Marlen, Marlene; bekannt wurde dieser Vorn. durch das Lied »Lili Marlen« während des Zweiten Weltkrieges, gesungen von Lale Andersen

Marlis weibl., Doppelname aus Maria und Lise; *weitere Formen:* Marlies, Marlise, Marliese

Marlit weibl., Doppelname aus Marlene und Melitta; *weitere Formen:* Marlitt

Marlo männl., engl. und italien. Form zu Merlin; *weitere Formen:* Marlon; *bekannte Namensträger:* Marlon Brando, amerikan. Schauspieler (geb. 1924)

Marquard männl., Nebenform zu Markward

Mart männl., Kurzform zu Martin; *weitere Formen:* Marte

Marta weibl., Nebenform zu Martha

Marten männl., niederländ. und schwed. Form zu Martin

Märten männl., Nebenform zu Martin; *weitere Formen:* Märtgen, Märtin

Martha *Herkunft:* weibl., aus der Bibel übernommener Vorn. hebr. Ursprungs von »marah« (bitter, betrübt); in der Bibel war Martha die Schwester des Lazarus und wurde die Patronin der Hausfrauen
Verbreitung: seit dem Mittelalter bekannt, aber erst nach der Reformation im 16. Jh. fand der Vorn. allgemeine Verbreitung; im 19. Jh. wurde er volkstümlich, heute selten gewählt
Andere Formen: Marta, Marthe; Marfa (russ.); Martje (fries.); Mat (engl.)
Namenstag: 29 Juli

Marthe	weibl., Nebenform zu Martha
Marti	männl., Nebenform zu Martin
Martili	männl., Koseform zu Martin
Martin	*Herkunft:* männl., aus dem Lat. (Sohn des Kriegsgottes Mars); bekannt wurde der Vorn. im Mittelalter durch den Heiligen Martin von Tours (4. Jh.) *Verbreitung:* seit der Reformation wurde der Vorn. auch in protestantischen Familien oft gewählt *Andere Formen:* Martl, Märten, Mertel, Mirtel, Merten, Mertin, Marti, Martili; Mart (fries.); Martino (italien., span.); Martinus, Marten (niederländ.); Marten (schwed.); Morten (dän.); Marcin (poln.); Mártoni (ungar.) *Bekannte Namensträger:* Martin Luther, Begründer der Reformation (1483–1546); Martin Opitz, deutscher Dichter (1597–1639); Martin Walser, deutscher Schriftsteller (geb. 1927) *Namenstag:* 11. November
Martina	weibl. Form zu Martin; *weitere Formen:* Martine (französ.); *bekannte Namensträger:* Martina Navratilova, tschech.-amerikan. Tennisspielerin (geb. 1956)
Martino	männl., italien. und span. Form zu Martin
Martinus	männl., niederländ. und lat. Form zu Martin; *weitere Formen:* Maarten, Maartinus, Maart
Martje	weibl., fries. Form zu Martha
Martl	männl., Nebenform zu Martin
Márton	männl., ungar. Form zu Martin
Marwin	männl., aus dem ahd. »mari« (berühmt) und »wini« (Freund); *weitere Formen:* Marvin, Mervin (engl.)
Marwine	weibl. Form zu Marwin
Mary	weibl., engl. Form zu Maria
Marya	weibl., poln. Form zu Maria
Marylou	weibl., engl. Doppelname aus Mary und Louise
Maryse	weibl., niederländ. Form zu Maria
Maryvonne	weibl., schweizer. Doppelname aus Mary und Yvonne
Mascha, Maschinka	weibl., russ. Koseformen zu Maria

Masetto männl., italien. Koseform zu Thomas; *weitere Formen:* Masino, Maso

Massimo männl., italien. Kurzform zu Maximilian

Mat weibl., engl. Form zu Martha; *weitere Formen:* Matty

Mathew männl., engl. Form zu Matthias; *weitere Formen:* Matthew

Mathias männl., Nebenform zu Matthias

Mathieu männl., französ. Form zu Matthias

Mathilde *Herkunft:* weibl., aus dem ahd, »maht« (Macht, Kraft) und »hiltja« (Kampf)
Verbreitung: im Mittelalter als Name der Heiligen Mathilde, Gattin Heinrichs I. und Mutter Ottos des Großen, verbreitet, wurde dann aber durch die volkstümliche Form Mechthild zurückgedrängt; um 1800 durch die Ritterdichtung neu belebt
Andere Formen: Matilda, Matilde; Mafalda (italien.); Meta, Matty, Patty, Patsy (engl.)
Bekannte Namensträger: Mathilde Wesendonck, deutsche Schriftstellerin und Freundin von R. Wagner (1828–1902)
Namenstag: 14. März

Mathis männl., Nebenform zu Matthias

Matilda, Matilde weibl., Nebenformen zu Mathilde

Mats männl., schwed. Kurzform zu Matthias

Mattes männl., Kurzform zu Matthias

Matthäa weibl. Form zu Matthäus; *weitere Formen:* Mattea

Matthäus männl., aus der Bibel übernommener Vorn. hebr. Herkunft (Geschenk Jahwes); allgemein bekannt wurde der Name durch den Evangelisten Matthäus; *weitere Formen:* Mattäus; Matteo (italien.); *bekannte Namensträger:* Matthäus Merian der Ältere, schweizer. Kupferstecher und Buchhändler (1593–1650)

Matthias *Herkunft:* männl., aus dem Hebr. übernommener Vorn. (Geschenk Gottes)
Verbreitung: seit dem Mittelalter als Name des Heiligen Matthias verbreitet, der nach der Bibel zum Apostel anstelle des Judas bestimmt wurde; die Gebeine des Heiligen Matthias sollen in Trier begraben sein, deshalb auch die starke Verbreitung des Vorn. in dieser Gegend
Andere Formen: Mathias, Mathis, Matti, Mattes; Matteo (italien.); Mats (schwed.); Mathew (engl.); Mathieu (französ.)

Bekannte Namensträger: Matthias Grünewald, deutscher Maler (um 1465–1528); Matthias Claudius, deutscher Lyriker (1740–1815)
Namenstag: 24. Februar

Matty weibl., engl. Kurzform zu Mathilda

Maud weibl., engl. Form zu Magdalena oder Mathilde; *weitere Formen:* Maude

Maudin, Maudlin weibl., engl. Form zu Magdalena

Maura weibl. Form zu Mauro

Maureen weibl., irische Koseform zu Maria

Maurice männl., französ. Form zu Moritz

Mauricette weibl. Koseform zu Maurice; *weitere Formen:* Maurilia, Maurina (italien.)

Mauricio männl., italien. Form zu Moritz; *bekannte Namensträger:* Mauricio Raul, deutsch-argent. Komponist (geb. 1931)

Mauritius männl., lat. Form zu Moritz; der Name ist vor allem durch eine kostbare Briefmarke, die »Blaue Mauritius«, bekannt; der Heilige Mauritius starb in der Schweiz den Märtyrertod; *weitere Formen:* Mauritz

Mauriz männl., Nebenform zu Moritz

Maurizia weibl. Form zu Mauriz

Mauro männl., italien. Vorn. lat. Ursprungs (der Mann aus Mauretanien, der Mohr); *weitere Formen:* Maurus, Moritz; Murillo (span.)

Max männl., Nebenform zu Maximilian; seit der Renaissance sehr beliebter Vorn.; *bekannte Namensträger:* Max Reger, deutscher Komponist (1873–1916); Max Klinger, deutscher Maler und Bildhauer (1857–1920); Max Planck, deutscher Physiker (1858–1947); Max Beckmann, deutscher Maler (1884–1950); Max Frisch, schweizer. Schriftsteller (geb. 1911)

Maxi weibl. Form zu Max; *weitere Formen:* Maxe, Maxeli

Maxim männl., Kurzform zu Maximus

Maxime männl., französ. Form zu Maximus

Maximilian

Herkunft: aus dem lat. »maximus« (sehr groß, am größten) entstandener Vorn.
Verbreitung: bekannt wurde der Vorn. vor allem in Österreich und Bayern durch den Heiligen Maximilian und eine Reihe von Kaisern und Kurfürsten, die diesen Namen trugen; deutscher und österr. Adelsname, im 19. und 20. Jh. durch die Kurzform Max verdrängt, heute sehr selten gewählt
Andere Formen: Max
Bekannte Namensträger: Maximilian I., deutscher Kaiser, »der letzte Ritter« (1459–1519); Maximilian Schell, schweizer. Schauspieler und Regisseur (geb. 1930)
Namenstag: 12. Oktober

Maximiliane

weibl. Form zu Maximilian; *weitere Formen:* Maximilienne

Mechthild

weibl., Nebenform zu Mathilde; im Mittelalter sehr weit verbreiteter Vorn., der dann fast vollständig von Mathilde verdrängt wurde und heute sehr selten ist; *weitere Formen:* Mechtild, Mechthilde

Meg

weibl., engl. Kurzform zu Margarete

Meieli

weibl., Nebenform zu Maria

Meika

weibl., Nebenform zu Maika; *weitere Formen:* Meike

Meina

weibl., Kurzform zu Vorn. mit »Mein-«, vor allem Meinharde

Meinald

männl., aus dem ahd. »magan, megin« (Kraft, Macht) und »bergan« (bergen, schützen); *weitere Formen:* Meinold, Meinhold

Meinberga

weibl., aus dem ahd. »magan, megin« (Kraft, Macht) und »bergan« (bergen, schützen)

Meinbod

männl., aus dem ahd. »magan, megin« (Kraft, Macht) und »boto« (Bote)

Meinburga

weibl., aus dem ahd. »magan, megin« (Kraft, Macht) und »burg« (Schutz, Zuflucht)

Meinert

männl., fries. Nebenform zu Meinhard; *weitere Formen:* Meiner, Meine, Meindert

Meinfried

männl., aus dem ahd. »magan, megin« (Kraft, Macht) und »fridu« (Friede)

Meinhard

männl., aus dem ahd. »magan, megin« (Kraft, Macht) und »harti« (hart); *weitere Formen:* Meinard

Meinharde

weibl. Form zu Meinhard; *weitere Formen:* Meinharda, Meinarda

Meinhid weibl., aus dem ahd. »magan, megin« (Kraft, Macht) und »hiltja« (Kampf); *weitere Formen:* Meinhilde

Meino männl., fries. Kurzform von Vorn. mit »Mein-«, vor allem Meinhold und Meinolf

Meinolf männl., aus dem ahd. »magan, megin« (Kraft, Macht) und »wolf« (Wolf); *weitere Formen:* Meinulf, Meinolph

Meinrad männl., aus dem ahd. »magan, megin« (Kraft, Macht) und »rat« (Ratgeber); der heiliggesprochene Einsiedler Meinrad wurde 835 bei Einsiedeln in der Schweiz von Räubern erschlagen

Meinrade weibl. Form zu Meinrad

Meinwald männl., aus dem ahd. »magan, megin« (Kraft, Macht) und »waltan« (walten, herrschen)

Meinward männl., aus dem ahd. »magan, megin« (Kraft, Macht) und »wart« (Hüter, Schützer)

Mela weibl., slaw. Koseform zu Melanie; *weitere Formen:* Melana, Melanka, Menka

Melanie *Herkunft:* weibl., aus dem Französ. übernommener Vorn., der auf die Heilige Melanie zurückgeht
Verbreitung: im 19. Jh. Adelsname und heute oft gewählt, vielleicht auch durch die Figur der Melanie in M. Mitchells Roman »Vom Winde verweht« beeinflußt
Andere Formen: Mela, Malenka (slaw.)
Namenstag: 31. Dezember

Melcher männl., Nebenform zu Melchior

Melchior *Herkunft:* männl., aus dem Hebr. (Gott ist König des Lichts)
Verbreitung: im Mittelalter wurde der Name durch einen der Heiligen Drei Könige bekannt, spielt heute aber kaum noch eine Rolle in der Namensgebung
Andere Formen: Melcher
Namenstag: 6. Januar

Melia weibl., span. Kurzform zu Amelia

Melina weibl., aus dem griech. »melina« (Frau der Insel Melos); in letzter Zeit durch die griech. Filmschauspielerin Melina Mercouri bekannt geworden

Melinda weibl., Herkunft und Bedeutung unklar, eventuell aus dem lat. »mellinia« (Honigtrank)

Meline weibl., Herkunft und Bedeutung unklar

Melissa	weibl., Nebenform zu Melitta
Melitta	weibl., aus dem griech. »melitta« (Biene)
Melse	weibl., fries. Kurzform zu Melusine; *weitere Formen:* Melsene
Melusine	weibl., in einer altfranz. Sage der Name einer Meerjungfrau, in Deutschland vor allem durch Goethes Märchen »Die neue Melusine« bekannt geworden; selten gewählt
Menard	männl., ostfries. Form zu Meinhard; *weitere Formen:* Menardus
Mendel	männl., Kurzform zu Immanuel
Menno	männl., fries. Kurzform zu Meinold; *weitere Formen:* Meno, Menold, Menolt; *bekannte Namensträger:* Menno Simons, Gründer der in den USA verbreiteten Religionsgemeinschaft der Mennoniten (1496–1561)
Mense	männl., fries. Kurzform von Vorn. mit »Mein-«; *weitere Formen:* Menso, Mensje, Menske, Menste
Meo	männl., italien. Form zu Bartolomeo
Mercedes	weibl., span. Vorn., der anstelle von Maria gebraucht wird, entstanden aus der Abkürzung des Marienfestes »Maria von der Gnade der Gefangenenerlösung« (Maria de Mercede redemptionis captivorum); Mercedes ist ein Stellvertretername, da aus religiöser Ehrfurcht Maria als Taufname gemieden wurde; *Namenstag:* 24. September
Meret	weibl., schweizer. Kurzform zu Emerantia; *weitere Formen:* Merita
Meri	weibl., russ. Form zu Maria
Merle	weibl., aus dem Engl. übernommener Vorn., der eigentlich »Amsel« bedeutet und einen Menschen bezeichnet, der gerne singt und pfeift; der Vorn. wurde durch die engl. Schauspielerin Merle Oberon in Deutschland bekannt
Merlin	männl., aus dem engl. »merlion« (der Falke); *weitere Formen:* Marlin
Merlind	weibl., aus dem ahd. »mari« (groß, berühmt) und »linta« (Schutzschild aus Lindenholz); *weitere Formen:* Merlinde
Mertel, Merten, Mertin	männl., Nebenformen zu Martin
Meta	weibl., Kurzform zu Margarete und engl. Kurzform zu Mathilde; *weitere Formen:* Mete, Metje

Metta — weibl., Kurzform zu Margarete und Mechthild; *weitere Formen:* Mette, Metteke

Mia — weibl., Kurzform zu Maria; *weitere Formen:* Mi, My

Micaela — weibl., italien. Form zu Michaela

Micha — männl., aus der Bibel übernommener Vorn. hebr. Ursprungs von »mikhah« (Wer ist wie Gott?); *weitere Formen:* Michaja

Michael — *Herkunft:* männl., aus der Bibel übernommener Vorn. hebr. Ursprungs (Wer ist wie Gott?)
Verbreitung: in der christlichen Welt als Name des Erzengels Michael seit dem Mittelalter weit verbreitet; in der Bibel besiegte Michael den Teufel und wurde deshalb als Schutzheiliger Israels und der Kirche gewählt; der Vorn. wird auch heute noch häufig gewählt
Andere Formen: Mike (engl.); Michel (französ.); Michele (italien.); Michel, Michiel (niederländ.); Mikael, Mickel (dän., schwed.); Michal, Michail (slaw.); Miguel (span., portug.); Mihály (ungar.)
Bekannte Namensträger: Michael Ende, deutscher Schriftsteller (geb. 1929); Michael Groß, deutscher Schwimmer (geb. 1964)
Namenstag: 29. September

Michaela — *Herkunft:* weibl. Form zu Michael
Verbreitung: wie Michael seit dem Mittelalter sehr verbreitet
Andere Formen: Michaele; Michèle, Michelle, Micheline (französ.); Michelle (engl.); Micaela (italien.); Mikala (dän.); Mihala, Mihaela, Michalina (slaw.); Miguela (span., portug.); Mihaéla (ungar.)
Bekannte Namensträger: Michaela Figini, schweizer. Skiläuferin (geb. 1966)
Namenstag: 24. August

Michaele — weibl., Nebenform zu Michaela

Michail — männl., slaw. Form zu Michael; *bekannte Namensträger:* Michail Gorbatschow, sowj. Staatsmann (geb. 1931)

Michal — männl., slaw. Form zu Michael

Michalina — weibl., slaw. Form zu Michaela

Michel — männl., französ. und niederländ. Form zu Michael

Michele — männl., italien. Form zu Michael

Michèle — weibl., französ. Form zu Michaela; *bekannte Namensträger:* Michèle Morgan, französ. Filmschauspielerin (geb. 1920)

Micheline — weibl., französ. Form zu Michaela

Michelle	weibl., engl. und französ. Form zu Michaela
Michiel	männl., niederländ. Form zu Michael
Mickel	männl., dän. und schwed. Form zu Michael
Mie	weibl., dän. Kurzform zu Maria, Annemie und Bettemie
Mieke, Mieze	weibl., Koseformen zu Maria
Miguel	männl., span. und portug. Form zu Michael
Miguela	weibl., span. und portug. Form zu Michaela
Mihaela	weibl., slaw. Form zu Michaela
Mihaéla	weibl., ungar. Form zu Michaela
Mihala	weibl., slaw. Form zu Michaela
Mihály	männl., ungar. Form zu Michael
Mikael	männl., dän. und schwed. Form zu Michael
Mikala	weibl., dän. Form zu Michaela
Miklas	männl., slaw. Formen zu Nikolaus; *weitere Formen:* Mikola, Mikolas, Mikulas
Miklós	männl., ungar. Form zu Nikolaus
Mila	weibl., Kurzform zu Ludmilla; *weitere Formen:* Milena
Milda	weibl., Kurzform zu Vorn. mit »mil« oder »mild«
Mildred	weibl., engl. Form zu Miltraud
Milka	weibl., slaw. Kurzform zu Ludmilla
Milli	weibl., Kurzform zu Emilie; *weitere Formen:* Milly, Mile
Miloslaw	männl., aus dem russ. »milyj« (lieb, angenehm) und »slava« (Ruhm); *weitere Formen:* Milo, Milko
Miltraud	weibl., aus dem ahd. »mildi« (freundlich, freigiebig) und »trut« (Kraft, Stärke); *weitere Formen:* Miltrud
Milva	weibl., italien. Vorn. lat. Ursprungs (Taubenfalke); *weitere Formen:* Milvia
Mimi	weibl., kindersprachliche Koseform zu Maria und Wilhelmine

Minerva	weibl., aus dem Griech. (die Kluge); Minerva war in der Mythologie die Tochter Jupiters und wurde als Göttin der Weisheit verehrt
Minette	weibl., Kurzform zu Guillemette (französ. Koseform zu Wilhemine)
Mingo	männl., Kurzform zu Domingo
Minika	weibl., Kurzform zu Domenika
Minna	weibl., selbständige Kurzform zu Wilhelmina, die im 18. und 19. Jh. durch Lessings »Minna von Barnhelm« volkstümlich wurde; Ende des 19. Jh. wurde der Vorn. als Bedienstetenname abgewertet; heute selten gewählt; *weitere Formen:* Minne, Minka, Minja, Mina, Mine
Minnegard	weibl., aus dem ahd. »minnja« (Liebe, Zuneigung) und »gard« (Hort, Schutz); *weitere Formen:* Mingard
Mino	männl., italien. Kurzform zu Giacomino (Jakob) oder Guglielmino (Wilhelm)
Mira	weibl., Kurzform zu Mirabella
Mirabella	weibl., aus dem italien. »mirabile« (bewundernswert) und »bella« (schön); *weitere Formen:* Mirabell, Mireta, Miretta; Mirabel (engl.)
Miranda	weibl., engl. Vorn. lat. Ursprungs »mirandus« (wunderbar); *weitere Formen:* Mirande, Mirandolina
Mireille	weibl., französ. Form zu Mirella, die in Frankreich und der Schweiz seit dem 19. Jh. verbreitet ist
Mirella	weibl., italien. Kurzform zu Mirabella
Mirjam	weibl., aus der Bibel übernommener Vorn.; *weitere Formen:* Miriam, Myriam, Myrjam
Mirka	weibl. Form zu Mirko
Mirko	männl., slaw. Kurzform zu Miroslaw, neuerdings öfter gewählt; *weitere Formen:* Mirco
Mirl	weibl., Kurzform zu Maria, besonders in Bayern verbreitet
Miroslaw	männl., aus dem slaw. »mir« (Friede) und »slava« (Ruhm)
Mirtel	männl., Nebenform zu Martin

Mirzel weibl., Koseform zu Maria

Mischa männl., russ. Koseform zu Michail

Mitja männl., slaw. Koseform zu Demetrius; *weitere Formen:* Mitko, Mito

Mitzi weibl., Kurz- und Koseform zu Maria

Moana weibl., aus Hawaii stammender Vorn. (Unendlichkeit der Meere), der standesamtlich zugelassen ist

Modest männl., aus dem lat. »modestus« (bescheiden, sanftmütig); *weitere Formen:* Modesto (italien.)

Modesta weibl. Form zu Modest; *weitere Formen:* Modeste

Molly weibl., engl. Koseform zu Mary

Mombert männl., aus dem ahd. »muni« (Geist, Gedanke) und »beraht« (glänzend); *weitere Formen:* Mommo, Momme

Mona weibl., entweder Kurzform zu Monika oder aus dem irischen »muadh« (edel); die berühmte Mona Lisa von Leonardo da Vinci hat nichts mit dem Namen zu tun, sondern Mona ist hier als Abkürzung zu Madonna (Frau) zu verstehen

Moni weibl., Kurzform zu Monika

Monica weibl., engl., niederländ., italien. Form zu Monika

Monika *Herkunft:* weibl., Herkunft und Bedeutung sind unklar, eventuell aus dem griech. »monachós« (Mönch, Einsiedler)
Verbreitung: seit dem Mittelalter als Name der Heiligen Monika (4. Jh.) in der christlichen Welt verbreitet; erst seit dem 20. Jh. in Deutschland volkstümlich
Andere Formen: Mona, Moni; Monica (engl., niederländ., italien.); Monique (französ.)
Bekannte Namensträger: Monika Wulf-Mathies, Gewerkschafterin (geb. 1942)
Namenstag: 27. August

Monique weibl., französ. Form zu Monika

Monty männl., engl. Kurzform eines französ. Familiennamens, wahrscheinlich Montague

Morena weibl. Form zu Moreno

Moreno männl., aus dem italien. »morinus« (dunkel, schwarz)

Morgan männl., aus dem Keltischen (Seemann)

Moritz

Herkunft: männl., eingedeutschte Form zu Maurus
Verbreitung: als Heiligenname seit dem Mittelalter bekannt, vor allem in der Schweiz, dem Verehrungsgebiet des Heiligen Mauritius; lange Zeit galt Moritz als Adelsname und wurde erst durch W. Buschs »Max und Moritz« volkstümlich
Andere Formen: Maurus, Mauriz; Mauritius (lat.); Maurice (französ.); Mauricio (italien.); Morris (engl.)
Bekannte Namensträger: Kurfürst Moritz von Sachsen (16. Jh.); Moritz von Schwind, deutscher Maler (1804–1871)
Namenstag: 22. September

Morris

männl., engl. Form zu Moritz

Morten

männl., dän. Form zu Martin; *weitere Formen:* Morton, Mort; diese Form wurde 1901 durch Th. Manns »Die Buddenbrooks« und seine Figur Morten Schwarzkopf allgemein bekannt

Mortimer

männl., alter engl. Vorn., der ursprünglich den Ort Mortemer in der französ. Normandie bezeichnete und durch Schillers Mortimer in »Maria Stuart« bekannt wurde

Munibert

männl., aus dem ahd. »muni« (Geist, Gedanke) und »beraht« (glänzend)

Munja

männl., russ. Kurzform zu Immanuel; weibl., russ. Kurzform zu Maria, Emilia

Muriel

weibl., aus dem Engl. übernommener Vorn. mit unklarer Bedeutung (eventuell »glänzende See«); *weitere Formen:* Meriel

Myrta

weibl., aus dem griech. »myrtós« (die Myrte); im übertragenen Sinne bedeutet der Vorn. »mit Myrten geschmückt«; seit dem 16. Jh. dient die Myrte als immergrüne Pflanze in Deutschland als Brautschmuck; *weitere Formen:* Myrthe

N

Nabor	männl., aus dem Hebr. übernommener Vorn. (Prophet des Lichts)
Nada, Nadia	weibl., Nebenformen zu Nadja
Nadina	weibl., engl. und niederländ. Form zu Nadja
Nadine	weibl., engl., niederländ. und französ. Form zu Nadja
Nadinka	weibl., Koseform zu Nadja
Nadja	*Herkunft:* weibl., aus dem russ. »nadéschda« (Hoffnung) *Verbreitung:* gegenwärtig öfter gewählt, vor allem im süddeutschen Raum *Andere Formen:* Nada, Nadia, Nadjeschda, Nadinka; Nadine, Nadina (engl., niederländ.); Nadine (französ.) *Bekannte Namensträger:* Nadja Tiller, österr. Filmschauspielerin (geb. 1929); Nadja Comaneci, rumän. Turnerin (geb. 1961)
Nadjeschda	weibl., Grundform zu Nadja
Naemi	weibl., aus der Bibel übernommener Vorn. hebr. Ursprungs (die Liebliche), im Alten Testament war Naemi die Schwiegermutter der Ruth; *weitere Formen:* Naema, Naomi, Noeme, Noemi; Noomi (engl.); Naima, Naimi (schwed.)
Nahum	männl., aus dem hebr. »nachum« (Tröster), Nahum war im Alten Testament einer der zwölf kleinen Propheten; *weitere Formen:* Naum
Nallo	männl., Kurzform zu Immanuel
Nana	weibl., Kurzform zu Anna; *weitere Formen:* Nane
Nancy	weibl., engl. Form zu Anna
Nanda	weibl., Kurzform zu Ferdinanda; *weitere Formen:* Nande
Nandolf	männl., aus dem ahd. »nantha« (wagemutig, kühn) und »wolf« (Wolf)
Nandor	männl., ungar. Form zu Ferdinand
Nanna	weibl., aus dem Nord. übernommener Vorn., der eigentlich auf die altnordische Göttin Nanna zurückgeht, die Gattin des Gottes Baldr; Nanna ist aber auch die der Kindersprache entnommene Koseform zu Anna oder Marianne; *weitere Formen:* Nanne
Nannette	weibl., französ. Koseform zu Anna; *weitere Formen:* Nannetta, Nanette, Nanetta
Nanni	weibl., Koseform zu Nanne

Nanno	männl., fries. Form zu Ferdinand und Kurzform zu Vorn., die mit »Nant-« gebildet werden
Nanon	weibl., französ. Form zu Anna
Nante	männl., fries. Form zu Ferdinand
Nantje	weibl. Form zu Nante
Nantwig	männl., aus dem ahd. »nantha« (wagemutig, kühn) und »wig« (Kampf)
Nantwin	männl., aus dem ahd. »nantha« (wagemutig) und »wini« (Freund)
Nastasja	weibl., russ. Kurzform zu Anastasia; *weitere Formen:* Nastjenka, Naschda, Nanja
Nat	männl., engl. Kurzform zu Nathanael
Nata	weibl., Kurzform zu Renata, Renate und Natalija; *weitere Formen:* Nate
Natalia	weibl., Nebenform zu Natalie; *weitere Formen:* Natalina
Natalie	*Herkunft:* weibl., aus dem Lat. übernommener Vorn. (die an Weihnachten Geborene) *Verbreitung:* trotz mehrerer literarischer Gestalten ist der Vorn. in Deutschland nie volkstümlich geworden, gegenwärtig wird er aber häufiger gewählt *Andere Formen:* Natalia; Nathalie, Noelle (französ.); Natalija, Natascha (russ.) *Bekannte Namensträger:* Natalie Wood, amerikan. Filmschauspielerin (geb. 1938)
Natalija	weibl., russ. Form zu Natalie
Natascha	weibl., russ. Form zu Natalie, durch die Natascha in Tolstois »Krieg und Frieden« bekannt geworden und öfter gewählt
Nathalie	weibl., französ. Form zu Natalie
Nathan	männl., aus der Bibel übernommener Vorn. hebr. Ursprungs (Gott hat gegeben), der aber nur noch in jüdischen Familien verbreitet ist; Nathan war in der Bibel ein Prophet, der David nach dessen Ehebruch mit Bathseba und dem Mord an Uria das Urteil Gottes verkündete; allgemein bekannt durch Lessings Drama »Nathan der Weise«; auch Kurzform zu Nathanael oder Jonathan
Nathanael	männl., aus dem Hebr. (Gott hat gegeben)
Ned	männl., engl. Kurzform zu Edward

Neel — männl., fries. Kurzform zu Cornelius

Neele — weibl., fries. Kurzform zu Cornelia; *weitere Formen:* Neela, Neelke, Neeltje, Nele

Neeltje — männl., fries. Kurzform zu Cornelius oder weibl., fries. Form zu Cornelia

Nehemia — männl., aus der Bibel übernommener Vorn. hebr. Ursprungs (Gott hat getröstet)

Neidhard — männl., aus dem ahd. »nid« (Kampfeszorn, blinder Eifer) und »harti« (hart); *weitere Formen:* Neithard, Nithard; *bekannte Namensträger:* Neidhard von Reuenthal, deutscher Dichter (12./13. Jh.)

Nelda — weibl., Kurzform zu Thusnelda

Nelli — weibl., der Kindersprache entlehnte Form zu Elli, Helene, Eleonore

Nelly — weibl., engl. Form zu Nelli; *bekannte Namensträger:* Nelly Sachs, deutsche Dichterin (1891–1970)

Nelson — männl., aus dem Engl. übernommener Vorn. (Sohn des Neil), der dort auch ein Familien- und Ortsname ist; *bekannte Namensträger:* Nelson Piquet, brasilian. Motorsportler (geb. 1952)

Nepomuk — *Herkunft:* männl., aus dem Tschech. (Mann aus Pomuk, Ort in Böhmen); der Vorn. geht auf den Heiligen Nepomuk zurück, der nach der Legende von König Wenzel gefoltert und in der Moldau ertränkt wurde, weil er über die Beichte der Königin schwieg; der Heilige Nepomuk ist häufig Brückenheiliger und Landespatron von Böhmen
Verbreitung: im deutschsprachigen Raum selten gewählt
Bekannte Namensträger: Johann Nepomuk Nestroy, österr. Schriftsteller (1801–1862)
Namenstag: 16. Mai

Nestor — männl., griech. Sagengestalt aus Homers Odyssee, wo er der weise Berater der Griechen vor Troja war

Neta — weibl., schwed. und dän. Kurzform zu Agneta; *weitere Formen:* Nete

Nette — weibl., Kurzform zu Jeannette, Annette und Antoinette; *weitere Formen:* Netta, Netti, Netty

Nic — männl., rätoroman. Form zu Nikolaus; *weitere Formen:* Niclo, Nico

Niccolò — männl., italien. Form zu Nikolaus; *weitere Formen:* Nicoletto

Nicholas	männl., engl. Form zu Nikolaus
Nick	männl., engl. Kurzform zu Nikolaus
Nicki	männl., Kurzform zu Nikolaus
Nicol	männl., französ. Form zu Nikolaus
Nicola	männl., italien. Form zu Nikolaus und weibl. Form zu Nikolaus, die aber nicht zu empfehlen ist, da die italien. Form eindeutig männl. ist; bei der Wahl als weibl. Vorn. ist ein eindeutiger Zweitname erforderlich
Nicolaas	männl., niederländ. Form zu Nikolaus
Nicolas	männl., engl. und französ. Form zu Nikolaus; *bekannte Namensträger:* Nicolas Born, deutscher Schriftsteller (1937–1979)
Nicole	weibl. Form zu Nikolaus, vom Landgericht Dortmund als weibl. Vorn. zugelassen und seitdem oft gewählt; *weitere Formen:* Nicla, Nicol, Nikol, Nicoletta, Nicolette, Nikoletta, Nikoline
Niculaus	männl., rätoroman. Form zu Nikolaus; *weitere Formen:* Niculin
Niels	männl., skand. Form zu Nikolaus, bekannt geworden durch das Kinderbuch von S. Lagerlöf »Die wunderbare Reise des Niels Holgersson mit den Wildgänsen«; *weitere Formen:* Nils, Nisse, Nels; *bekannte Namensträger:* Niels Wilhelm Gade, dän. Komponist (1817–1890); Niels Bohr, dän. Physiker (1885–1962)
Nigg	männl., fries. Form zu Nikolaus
Nik	männl., Kurzform zu Nikolaus
Nikita	männl., russ. Form zu Nikolaus; *bekannte Namensträger:* Nikita Chruschtschow, russ. Staatsmann (1894–1971)
Nikkel	männl., Kurzform zu Nikolaus
Niklas	männl., fries. Form zu Nikolaus; *weitere Formen:* Niklaus; *bekannte Namensträger:* Niklas von Wyle, schweiz. Humanist (15. Jh.)
Niko	männl., Kurzform zu Nikolaus
Nikol	männl., fries. Form zu Nikolaus und aus dem Französ. übernommene weibl. Form zu Nikolaus in eingedeutschter Schreibweise (vom Landgericht Dortmund als weibl. Vorn. zugelassen)
Nikolai	männl., russ. Form zu Nikolaus

Nikolaus *Herkunft:* männl., aus dem griech. »niké« (Sieg) und »laós« (Volksmenge); der Heilige Nikolaus zählt zu den 14 Nothelfern und ist der Schutzheilige der Schiffer, Kaufleute, Seeleute, Bäcker und Schüler
Verbreitung: seit dem 12. Jh. volkstümlicher Vorn., der dann im 18. Jh. an Bedeutung verlor und im 20. Jh. von seiner Kurzform Klaus fast vollständig verdrängt wurde
Andere Formen: Klas, Klaas, Klaus, Nik, Nicki, Nikkel, Niko; Nic, Niclo, Nico, Niculaus (rätorom.); Nick, Nicholas, Nicolas (engl.); Nicol, Nicolas (französ.); Niccolò, Nicola (italien.); Niklas, Nikol, Nigg (fries.); Nicolaas (niederlän.); Niels (skand.); Nikolai, Nikita (russ.); Mikola (slaw.); Miklós (ungar.)
Bekannte Namensträger: Papst Nikolaus V., Humanist und Begründer der Vatikanischen Bibliothek (14./15. Jh.); Nikolaus von Kues, deutscher Philosoph und Theologe (15. Jh.); Nikolaus Kopernikus, deutscher Astronom (1473–1543); Nikolaus Lenau, österr. Schriftsteller (1802–1850)
Namenstag: 6. Dezember

Nina weibl., Kurzform zu Vorn., die auf »ina« auslauten, vor allem Antonina, Annina und Giovannina; *weitere Formen:* Nine; Ninja (portug.); *Namenstag:* 15. Dezember

Ninetta weibl., französ. Form zu Nina; *weitere Formen:* Ninon, Ninette

Nino männl., ialien. Kurzform zu Giovanni

Nita weibl., skand. Kurzform zu Vorn. mit »ita«, vor allem Anita und Benita

Noah männl., aus der Bibel übernommener Vorn. hebr. Ursprungs von »noach« (Ruhebringer); im Alten Testament überstand Noah die Sintflut in seiner Arche und wurde zum Gründer neuer Volksstämme

Noel männl. Form zu Natalie

Noelle weibl., alte französ. Form zu Natalie

Nolda weibl., Kurzform zu Arnolde

Nolde männl., fries. Kurzform zu Arnold; *weitere Formen:* Nolte

Nolik männl., russ. Kurzform zu Anatolij

Nona weibl., engl., schwed. und span. Vorn. lat. Ursprungs; Nona war eine der drei Parzen (Schicksalsgöttinen) und römische Geburtsgöttin

Nonna weibl., schwed. Kurzform zu Eleonora und Yvonne; *weitere Formen:* Nonny

Nonne männl., fries. Kurzform zu Vorn. mit »nant«; *weitere Formen:* Nonno

Nonneke weibl. Form zu Nonne; *weitere Formen:* Nonna

Nora weibl., Kurzform zu Eleonora, bekannt durch Ibsens Schauspiel »Nora oder ein Puppenheim«; *weitere Formen:* Nore; Norina (italien.); Noreen (irisch)

Norbert *Herkunft:* männl., aus dem ahd. »nord« (Norden) und »beraht« (glänzend)
Verbreitung: Norbert von Xanten hieß der heiliggesprochene Stifter des Prämonstratenserordens und Erzbischof von Magdeburg (11./12. Jh.), der als Namensvorbild diente; heute wird der Vorn. gern gewählt
Andere Formen: Nordbert
Bekannte Namensträger: Norbert Schultze, deutscher Komponist (geb. 1911); Norbert Blüm, deutscher Politiker (geb. 1935); Norbert Schramm, deutscher Eiskunstläufer (geb. 1960)
Namenstag: 6. Juni

Norberta weibl. Form zu Norbert

Nordbert männl., Nebenform zu Norbert

Nordrun weibl., Neubildung aus ahd. »nord« (Norden) und Vorn. in Zusammensetzung mit »run«

Nordwin männl., aus dem ahd. »nord« (Norden) und »wini« (Freund)

Norfried männl., aus dem ahd. »nord« (Norden) und »fridu« (Friede)

Norgard weibl., aus dem ahd. »nord« (Norden) und »gard« (Hort, Schutz)

Norhild weibl., aus dem ahd. »nord« (Nord) und »hiltja« (Kampf); *weitere Formen:* Norhilde

Norina weibl., Nebenform zu Nora

Norma weibl., engl. Vorn. aus dem lat. »norma« (Gebot), bekannt geworden durch Bellinis Oper »Norma« (1831); auch der bürgerliche Name der Schauspielerin Marilyn Monroe (Norma Jean Baker)

Norman männl., aus dem ahd. »nord« und »man« (Mann aus dem Norden), besonders in England und Amerika verbreitet; *weitere Formen:* Normann; *bekannte Namensträger:* Norman Mailer, amerikan. Schriftsteller (geb. 1923)

Norwin männl., aus dem ahd. »nord« (Norden) und »wini« (Freund)

Notburg weibl., aus dem ahd. »not« (Bedrängnis) und »burg« (Schutz), im Mittelalter in Süddeutschland und Österreich verbreitet, heute selten gewählt; *weitere Formen:* Notburga, Burga; *Namenstag:* 15. September

Notburga weibl., Nebenform zu Notburg

Notker männl., aus dem ahd. »not« (Not) und »ger« (Speer) ; Notker ist die Umkehrung zu Gernot; *bekannte Namensträger:* Notker Balbulus, deutscher Dichter und Sprachlehrer (9./10. Jh.)

Nunzia weibl., Kurzform zu Annunziata

Nuria weibl., aus dem Span. übernommener Vorn., abgeleitet von »Nuestra Señora de Nuria« (»Unsere Frau von Nuria«), Muttergottesstätte in der Provinz Gerona

O

Obba	weibl. Form zu Obbo
Obbo	männl., Nebenform zu Otto, fries. Kurzform zu Otbert; *weitere Formen:* Obbe
Oberon	männl., aus dem Französ. übernommener Vorn., Nebenform zu Auberon
Oceana	weibl., neugebildeter Vorn. anläßlich einer Geburt auf einem Überseedampfer (1875); *weitere Formen:* Ozeana
Octavia	weibl. Form zu Octavius; *bekannte Namensträger:* Octavia, römische Kaiserin und Gattin des Nero (1. Jh. v. Chr.)
Octavius	männl., aus dem Lat. (aus dem Geschlecht der Octavier); *weitere Formen:* Octavio, Oktavio, Oktavian; bekannt ist die Gestalt des Octavio Piccolomini aus Schillers »Wallenstein«
Oda	weibl., Kurzform von Zusammensetzungen mit »ot« ; der Vorn. war vor allem im Mittelalter im altsächsischen Raum verbreitet, jedoch ist die hochdeutsche Form Ute bekannter und auch heute noch gebräuchlich
Odalinde	weibl., aus dem ahd. »ot« (Besitz) und »linta« (Schutzschild aus Lindenholz)
Oddo	männl., italien. Form zu Otto
Ode	männl., ostfriesische Kurzform von Zusammensetzung mit »ot« ; *weitere Formen:* Odo
Odette	weibl., französ. Koseform zu Odilde
Odila	weibl., Koseform zu Oda; *weitere Formen:* Otila
Odilberga	weibl., aus dem ahd. »ot« (Besitz) und »bergan« (bergen, schützen); *weitere Formen:* Otberga, Otburga, Ottberge, Ottburga, Odilberta
Odilgard	weibl., aus dem ahd. »ot« (Besitz) und »gard« (Hort, Schutz)
Odilia	weibl., Nebenform zu Ottilie; der Vorname wurde durch die Verehrung der Heiligen Odilia verbreitet: der Legende nach soll sie blind geboren worden sein und bei der Taufe das Augenlicht erlangt haben, später wurde sie Äbtissin des Klosters Odilienberg und Schutzheilige im Elsaß (7./8. Jh.); *weitere Formen:* Odilie; Odile (französ.)
Odilo	männl., Nebenform zu Odo; *bekannte Namensträger:* Odilo, Abt von Cluny (10./11. Jh.)
Odin	männl., identisch mit dem nordgerman. Gott Odin (Wotan)

Odine weibl., Nebenform zu Oda; *weitere Formen:* Odina

Odo männl., Nebenform zu Otto

Odomar männl., Nebenform zu Otmar; *weitere Formen:* Odemar

Okko männl., Nebenform zu Otto

Ola männl., norweg. Form zu Olaf; *weitere Formen:* Olav

Olaf *Herkunft:* männl., aus dem Nord. übernommener Vorn. (Ahnensproß)
Verbreitung: als alter norweg. Königsname war er erst in Skandinavien und dann auch im gesamten deutschsprachigen Raum gebräuchlich; gegenwärtig seltener gewählt
Andere Formen: Olav; Ole, Oluf (dän.); Ola (norweg.); Olof (schwed.); Olaus (lat.)
Bekannte Namensträger: Olaf Gulbransson, norweg. Zeichner (1873–1958); Olaf Thon, deutscher Fußballspieler (geb. 1966)
Namenstag: 29. Juli

Olaus männl., lat. Form von Olaf

Olav männl., Nebenform zu Olaf

Olberich männl., Nebenform zu Alberich

Oldwig männl., Nebenform zu Adalwig

Ole männl., dän. Form zu Olav oder fries. Kurzform zu Vorn. mit »od« und »ul«

Oleg männl., russ. Kurzform zu Helge, der im 9. Jh. mit den Warägern nach Rußland gelangte; *bekannte Namensträger:* Oleg Protopopow, russ. Eiskunstläufer (geb. 1932)

Olf männl., Kurzform von Vorn. mit »wolf«

Olfert männl., ostfries. Kurzform zu Wolfhart

Olga *Herkunft:* weibl., russ. Form zu Helga
Verbreitung: der nord. Vorn. Helga wurde durch die Waräger im 9. Jh. nach Rußland getragen und dort zu Olga umgebildet; in Deutschland wurde der Vorname erst im 19. Jh. durch die Heirat Karls von Württemberg mit Olga von Russland bekannt und vorübergehend volkstümlich; heute selten gewählt
Andere Formen: Olla
Bekannte Namensträger: Heilige Olga, Großfürstin von Kiew (9./10. Jh.); Olga Tschechowa, deutsche Filmschauspielerin (1897–1980)
Namenstag: 11. Juli

Olinde weibl., Nebenform zu Odalinde

Oliva weibl., italien. Form zu Olivia

Olive weibl., französ. und engl. Form zu Olivia

Oliver *Herkunft:* männl., der Vorn. geht auf Oliver, einen Waffengefährten Rolands, zurück, der im französ. Rolandslied Besonnenheit und Mäßigung im Gegensatz zu der ungestümen Tapferkeit seines Freundes Roland verkörpert
Verbreitung: erst in neuester Zeit wurde der Vorname in Deutschland verstärkt gewählt und gilt heute als modisch
Andere Formen: Olivier (französ.); Olli (amerikan.); Oliviero (italien.)
Bekannte Namensträger: Oliver Cromwell, engl. Staatsmann (1599–1658); Oliver Goldsmith, engl. Schriftsteller (1728–1774); Oliver Hardy, amerikan. Filmkomiker (1892–1957)
Namenstag: 11. Juli

Olivet weibl., engl. Form zu Olivia

Olivia *Herkunft:* weibl., aus dem lat. »oliva« (Ölbaum, Olive)
Verbreitung: im Mittelalter kam der Vorname vereinzelt in Deutschland vor und wird gegenwärtig sehr selten gewählt
Andere Formen: Olla; Oliva (italien.); Olive (französ.); Olive, Olivet, Livy (engl.)
Bekannte Namensträger: Olivia Newton-John, amerikan. Sängerin (geb. 1948)

Olivier männl., französ. Form zu Oliver

Oliviero männl., italien. Form zu Oliver

Olla weibl., Koseform zu Olga und Olivia; *weitere Formen:* Olli, Ollie

Olli männl., amerikan. Form zu Oliver und Koseform zu Olga und Olivia; eindeutiger Zweitname erforderlich

Olof männl., schwed. Form zu Olaf; *bekannte Namensträger:* Olof Palme, ehemaliger schwed. Ministerpräsident (1927–1986)

Olofa weibl. Form zu Olof; *weitere Formen:* Olova, Oluva

Oltman männl., fries. Vorn. ahd. Ursprungs von »ald« (bewährt) und »man« (Mann)

Oluf männl., dän. Form zu Olaf

Olympia weibl., aus dem Griech. (die vom Berge Olymp Stammende); bekannt wurde der Vorname durch die Olympia in Offenbachs Oper »Hoffmanns Erzählungen« ; *weitere Formen:* Olympias; Olimpias (italien., span.)

Olympus	männl., aus dem Griech. (der vom Berge Olymp Stammende); *weitere Formen:* Olimpio (italien., span.)
Omke	männl., fries. Kurzform zu Vorn. mit »od« oder »odm« , vor allem Otmar; *weitere Formen:* Omko, Omme, Ommeke, Ommo, Onno
Ona	weibl., aus dem bask. »on« (gut, wohl, glücklich); *weitere Formen:* Oneka, Onna, Onne
Onno, Ontje	männl., Nebenformen zu Otto
Oona	weibl., Herkunft und Bedeutung ungeklärt
Ophelia	weibl., aus dem griech. »ophéleia« (Hilfe, Nutzen, Vorteil); der Vorn. ist zwar durch die Gestalt der Ophelia in Shakespeares »Hamlet« bekannt, wird im deutschsprachigen Raum aber sehr selten gewählt
Orania	weibl., aus dem griech. »ourania« (die Himmlische); in der Mythologie ist Orania eine der neun Musen; *weitere Formen:* Urania; Oriane (engl.); Orane (französ.)
Orell	männl., schweiz. Form zu Aurelius
Orella	weibl., bask. Form zu Aurelia
Orla	weibl., Kurzform zu Orsola
Orschel	weibl., schweiz. Kurzform zu Ursula
Orsola	weibl., italien. Form zu Ursula
Ortensia	weibl., rätoroman. Form zu Hortensia
Ortfried	männl., aus dem ahd. »ort« (Spitze) und »fridu« (Friede)
Ortger	männl., aus dem ahd. »ort« (Spitze) und »ger« (Speer)
Orthia	weibl., Kurzform zu Dorothea
Orthild	weibl., aus dem ahd. »ort« (Spitze) und »hiltja« (Kampf); *weitere Formen:* Orthilde
Ortlieb	männl., aus dem ahd. »ort« (Spitze) und »leiba« (Erbe); *weitere Formen:* Ortliep
Ortlind	weibl., aus dem ahd. »ort« (Spitze) und »linta« (Schutzschild aus Lindenholz); *weitere Formen:* Ortlinde
Ortnit	männl., aus dem ahd. »ort« (Spitze) und »nid« (Kampfeszorn, wilder Eifer); Ortnit ist eine Gestalt der Kudrunssage; *weitere Formen:* Ortnid

Ortolf männl., aus dem ahd. »ort« (Spitze) und »wolf« (Wolf); *weitere Formen:* Ortulf

Ortolt männl., Nebenform zu Ortwald

Ortrud weibl., aus dem ahd. »ort« (Spitze) und »trud« (Kraft); durch Wagners »Lohengrin« 1847 volkstümlich geworden, heute aber selten gewählt; *weitere Formen:* Ortraud

Ortrun weibl., aus dem ahd. »ort« (Spitze) und »runa« (Zauber, Geheimnis); Ortrun ist in der Kudrunssage die Schwester Hartmuts

Ortwald männl., aus dem ahd. »ort« (Spitze) und »waltan« (walten, herrschen)

Ortwin männl., aus dem ahd. »ort« (Spitze) und »wini« (Freund); Vorname mehrerer Gestalten der deutschen Heldensagen, heute selten gewählt; *weitere Formen:* Ortwein

Osane weibl., aus dem bask. »osa« (gesund, heil; die Hilfebringende)

Osbert männl., Nebenform zu Ansbert

Osberta weibl. Form zu Osbert

Oscar männl., Nebenform zu Oskar; *bekannte Namensträger:* Oscar Wilde, engl. Schriftsteller (1854–1900); Oscar Straus, österr. Komponist (1870–1954)

Oskar *Herkunft:* aus der Ossian-Dichtung des Schotten J. Macpherson übernommener Vorn.; Nebenform zu Ansgar
Verbreitung: Ende des 18. Jh. durch die Ossian-Dichtung in Deutschland bekannt geworden, unter schwed. Einfluß Ende des 19. Jh. im deutschen Sprachraum volkstümlich geworden (bekannte Redewendung: »frech wie Oskar«), heute seltener gewählt
Andere Formen: Oscar, Ossi
Bekannte Namensträger: Oskar I., König von Schweden (1799–1859); Oskar Kokoschka, österr. Maler (1886–1980); Oskar Lafontaine, deutscher Politiker (geb. 1943)

Osmar männl., aus dem ahd. »ans« (Gott) und »mari« (berühmt)

Osmund männl., aus dem ahd. »ans« (Gott) und »munt« (Schutz der Unmündigen)

Osmunde weibl. Form zu Osmund

Ossi männl., Kurzform zu Vorn. mit »os« , vor allem Oskar und Oswald; *weitere Formen:* Ossy (engl.)

Ossip männl., russ. Form zu Josef

Ostara weibl., dieser Taufzeitname wurde Mädchen gegeben, die in der Osterzeit geboren wurden; *weitere Formen:* Easter (engl.)

Osterhild weibl., aus dem ahd. »ostar« (nach Osten, Frühlingslicht) und »hiltja« (Kampf)

Osterlind weibl., aus dem ahd. »ostar« (nach Osten, Frühlingslicht) und »linta« (Schutzschild aus Lindenholz)

Oswald *Herkunft:* männl., angelsächsische Nebenform zu Answald
Verbreitung: vor allem als Vorn. des heiligen Oswald von Northumbrien, der in seinem Land das Christentum einführte und im Kampf gegen den heidnischen König Penda von Mercien fiel (7. Jh.); durch die Missionstätigkeit angelsächsischer und schottischer Mönche fand der Name in Deutschland, vor allem im Alpenraum Verbreitung; heute selten gewählt
Bekannte Namensträger: Oswald von Wolkenstein, Tiroler Minnesänger (1377–1445); Oswald Boelke, deutscher Jagdflieger (1891–1916)

Oswalda weibl. Form zu Oswald; *weitere Formen:* Oswalde

Oswin männl., altsächsische Nebenform zu Answin

Oswine weibl. Form zu Oswin

Ota weibl., Nebenform zu Oda oder männl., tschech. Form zu Otto

Otberga weibl., Nebenform zu Odilberga

Otbert männl., aus dem ahd. »ot« (Besitz) und »beraht« (glänzend)

Otberta weibl. Form zu Otbert

Otburga weibl., aus dem ahd. »ot« (Besitz) und »beraht« (glänzend); *weitere Formen:* Otburg

Otfried männl., aus dem ahd. »ot« (Besitz) und »fridu« (Friede); der Vorn. war schon im Mittelalter selten und wurde in der Neuzeit kaum noch gewählt; zu Beginn des 19. Jh. wurde der Vorn. durch die Beschäftigung mit der altdeutschen Literatur neu belebt, heute selten gewählt; *bekannte Namensträger:* Otfried von Weißenburg, Verfasser der Evangelienharmonie (9. Jh.)

Otfriede weibl. Form zu Otfried

Otger männl., aus dem ahd. »ot« (Besitz) und »ger« (Speer); *weitere Formen:* Otker; Edgar (engl.)

Otgund weibl., aus dem ahd. »ot« (Besitz) und »gund« (Kampf); *weitere Formen:* Otgunde

Othild weibl., aus dem ahd. »ot« (Besitz) und »hiltja« (Kampf); *weitere Formen:* Othilde

Othmar männl., Nebenform zu Otmar

Othon männl., französ. Nebenform zu Otto

Otil männl., Nebenform zu Otto

Otlinde weibl., aus dem ahd. »ot« (Besitz) und »linta« (Schutzschild aus Lindenholz); *weitere Formen:* Ottlinde

Otmar *Herkunft:* männl., aus dem ahd. »ot« (Besitz) und »mari« (berühmt)
Verbreitung: Die Verehrung des Heiligen Otmar von St. Gallen (8. Jh.) führte besonders im süddeutschen Raum zur Verbreitung des Vorn., heute selten gewählt
Andere Formen: Ottmar, Othmar, Odomar; Omke (fries.)
Namenstag: 16. November

Otmund männl., aus dem ahd. »ot« (Besitz) und »munt« (Schutz der Unmündigen)

Ott männl., Kurzform zu Vornamen mit »ot« oder »ott«

Otte männl., Nebenform zu Otto

Ottegebe weibl., aus dem ahd. »ot« (Besitz) und »geba« (Gabe, Geschenk); Ottegebe wurde als Name einer Hauptgestalt in G. Hauptmanns Schauspiel »Der arme Heinrich« (1902) bekannt, trotzdem selten gewählt; *weitere Formen:* Geba, Ottogebe, Otgiva

Ottfried männl., Nebenform zu Otfried

Ottheinrich männl., Doppelname aus Otto und Heinrich; *bekannte Namensträger:* Ottheinrich, Kurfürst von der Pfalz (16. Jh.)

Ottheinz männl., Doppelname aus Otto und Heinz

Otthermann männl., Doppelname aus Otto und Hermann

Otti weibl., Kurzform zu Ottilie

Ottilie weibl., Nebenform zu Odilia; bekannt ist die Gestalt der Ottilie in Goethes Roman »Die Wahlverwandtschaften«

Ottmar männl., Nebenform zu Otmar; *bekannte Namensträger:* Ottmar Walter, Fußballweltmeister von 1954 (geb. 1924)

Otto

Herkunft: männl., alter deutscher Vorn., selbständig gewordene Kurzform zu Namen mit »ot«
Verbreitung: bereits im Jahre 788 urkundlich belegt; deutscher Kaisername und Vorname von Adligen, dann volkstümlich geworden (Ende des 19. Jh. war Otto einer der zwölf beliebtesten Namen in Berlin); der Vorn. wird heute sehr selten gewählt
Andere Formen: Obbo, Odo, Okko, Onno, Otil, Ontje, Otte, Udo; Othon (französ.); Ottone, Oddo (italien.)
Bekannte Namensträger: Otto von Bismarck, deutscher Reichskanzler (1815–1898); Otto Hahn, deutscher Physiker und Nobelpreisträger (1879–1968); Otto von Lilienthal, Flugpionier (1849–1896); Otto Dix, deutscher Maler (1891–1969); Otto Waalkes, deutscher Komiker (geb. 1948)
Namenstag: 30. Juni

Ottokar

männl., aus dem ahd. »ot« (Besitz) und »wakar« (munter, wachsam, wacker), Nebenform zu Ordowakar; *bekannte Namensträger:* König Ottokar II. von Böhmen (13. Jh.)

Ottone

männl., italien. Form zu Otto

Otwald

männl., aus dem ahd. »ot« (Besitz) und »waltan« (walten, herrschen)

Otward

männl., aus dem ahd. »ot« (Besitz) und »wart« (Hüter)

Otwin

männl., aus dem ahd. »ot« (Besitz) und »wini« (Freund); *weitere Formen:* Edwin (engl.)

Otwine

weibl. Form zu Otwin

Ove

männl., schwed. Form zu Uwe

Owe

männl., nordfries. Form zu Uwe; *weitere Formen:* Ouwe

Ozeana

weibl., Nebenform zu Oceana

Es ist ein bekanntes Talent niedriger und kleiner Geister, stets den Namen eines großen Mannes im Munde zu führen.

Jonathan Swift,
Tuchhändlerbriefe 5

Man wird bekannt, sobald sich die Öffentlichkeit unseren Vornamen merkt, aber nur äußerst selten so bekannt, daß sie ihn wieder vergißt.

Sigmund Graff,
Man sollte mal darüber nachdenken

Einen Namen hat man, wenn man keinen Wert mehr auf seine Titel legt.

Sigmund Graff,
Man sollte mal darüber nachdenken

P

Paale	männl., fries. Form zu Paul
Paavo	männl., finn. Form zu Paul; *bekannte Namensträger:* Paavo Nurmi, finn. Rekordläufer (1897–1973)
Pablo	männl., span. Form zu Paul; *bekannte Namensträger:* Pablo Picasso, span. Maler (1881–1973); Pablo Casals, span. Cellist (1876–1973)
Paddy	männl., engl. Form zu Patrick
Pál	männl., ungar. Form zu Paul
Palle	männl., fries. Form zu Paul
Palmira	weibl., aus dem Italien. übernommener Vorn. lat. Ursprungs von »palma« (Palme)
Palmiro	männl. Form zu Palmira
Paloma	weibl., aus dem span. »paloma« (die Taube); *weitere Formen:* Palomina
Pals	männl., fries. Form zu Paul
Pamela	weibl., aus dem Engl. übernommener Vorn. unklarer Herkunft und Bedeutung; bekannt wurde der Vorn. durch den gleichnamigen Roman von S. Richardson (1772 übersetzt ins Deutsche); der Vorn. gilt heute als modern
Pamina	weibl., aus Mozarts Oper »Die Zauberflöte« (1791) übernommener Vorn. wahrscheinlich griech. Ursprungs (immerwährende Vollmondnacht), selten gewählt
Pancha	weibl. Form zu Pancho
Pancho	männl., span. Form zu Francisco
Pandora	weibl., aus dem griech. »pan« (ganz) und »doron« (Gabe, Geschenk); bekannt durch die griech. Sagengestalt, die aus einem Tongefäß alles Unheil unter die Menschen bringt (»Büchse der Pandora«)
Panja	weibl., russ. Kurzform zu Vorn., die auf »nja« enden
Pankratius	männl., aus dem Griech. übernommener Vorn. von »pan« (ganz) und »krátos« (Kraft, Macht); der Vorn. fand als Name des Heiligen Pankratius, der einer der 14 Nothelfer ist, seit dem 5. Jh. Verbreitung; *Namenstag:* 12. Mai
Pankraz	männl., Nebenform zu Pankratius

Pankrazia weibl. Form zu Pankraz

Pantaleon männl., aus dem Griech. übernommener Vorn. unklaren Ursprungs; der Name wurde durch den Heiligen Pantaleon von Nicomedia bekannt, der zu den 14 Nothelfern gehört; *Namenstag:* 27. Juli

Paola weibl., italien. Form zu Paula

Paolo männl., italien. Form zu Paul

Paridam männl., aus dem Engl. übernommener Vorn. unklaren Ursprungs, eventuell eine Anlehnung an Paris, der französ. Form zu Patrick; *weitere Formen:* Paride (italien.)

Paris männl., französ. Nebenform zu Patrick

Parzival männl., aus der Artussage übernommener Vorn.; *weitere Formen:* Parsifal, Parsival; Percival (engl.); Percevale (französ.)

Pascal männl., französ. Form zu lat. »paschalis« (der zu Ostern Geborene); *weitere Formen:* Pasquale, Pascual (italien.)

Pascale männl., Nebenform zu Pascal

Pascha männl., Nebenform zu Pawel

Paschalis männl., aus dem lat. »paschalis« (zu Ostern gehörend, der zu Ostern Geborene); der Vorn. wurde durch den Heiligen Paschalis Baylon (16. Jh.) bekannt; *Namenstag:* 17. Mai

Pat männl., Koseform zu Patrick oder weibl., Koseform zu Patricia; eindeutiger Zweitname erforderlich

Patric männl., Nebenform zu Patrick

Patricia weibl. Form zu Patricius; *weitere Formen:* Pat, Patty, Patsy; *bekannte Namensträger:* Heilige Patricia von Neapel, Patronin der Pilger (7. Jh.); Gracia Patricia, Fürstin von Monaco (1929–1982); *Namenstag:* 15. August

Patricius männl., aus dem lat. »patricius« (zum altrömischen Adel gehörend); *weitere Formen:* Patrizius; Patrick (irisch); Patrice (französ.); Patrizio (italien.)

Patrick *Herkunft:* männl., aus dem Irischen übernommener Vorn. lat. Ursprungs, von »patricius« (zum altrömischen Adel gehörend)
Verbreitung: seit dem 12. Jh. über Irland, Schottland und Nordengland in den deutschen Sprachraum gelangt, gilt aber erst heute als modern und wird oft gewählt
Andere Formen: Patric, Paddy, Patty, Patrik, Pat; Paris (französ.)

Bekannte Namensträger: Heiliger Patrick, Apostel und Schutzheiliger Irlands (4./5. Jh.); Patrick Süskind, deutscher Schriftsteller (geb. 1949)
Namenstag: 17. März

Patrik männl., Nebenform zu Patrick

Patrizia weibl., Nebenform zu Patricia

Patrizius männl., Nebenform zu Patricius

Patty männl., Koseform zu Patrick und weibl., Koseform zu Patricia; eindeutiger Zweitname erforderlich

Paul *Herkunft:* männl., aus dem lat. »paulus« (klein); Namensvorbild war der Apostel Paulus, der mit jüdischem Vorn. eigentlich Saul (lat. Saulus) hieß und Paulus wahrscheinlich schon bei seiner Geburt als Zweitnamen erhielt; nach seiner Bekehrung zu Christus wechselte er seinen Namen (daher auch das Sprichwort: »Vom Saulus zum Paulus werden«)
Verbreitung: seit dem Mittelalter sehr beliebter Taufname, zu Anfang des 20. Jh. besonders bevorzugt (1903 war Paul der häufigste Schülername in Berlin); gegenwärtig selten gewählt
Andere Formen: Paulinus; Pole (niederdeutsch); Paale, Pals (fries.); Paulus (lat., niederländ.); Paolo (italien.); Pawel (russ.); Pablo (span.); Paavo (finn.); Poul (dän.); Pál (ungar.)
Bekannte Namensträger: Paul Gerhardt, Kirchenlieddichter (1607–1676); Paul Verlaine, französ. Dichter (1844–1896); Paul Gauguin, französ. Maler (1848–1903); Paul Cézanne, französ. Maler (1839–1906); Paul Lincke, deutscher Komponist (1866–1946); Paul Klee, deutscher Maler (1879–1940); Paul Hindemith, deutscher Komponist (1895–1963); Paul Newman, amerikan. Filmschauspieler (geb. 1924)
Namenstag: 29. Juni

Paula *Herkunft:* weibl. Form zu Paul
Verbreitung: seit dem Mittelalter im deutschsprachigen Raum verbreitet; in der zweiten Hälfte des 19. Jh. sehr beliebter Vorn., dann zurückgehend; heute wenig gewählt
Andere Formen: Pauline; Paula (engl., französ., span.); Paule, Paulette (französ.); Paola (italien.); Pavla, Pola (slaw.)
Bekannte Namensträger: Paula Modersohn-Becker, deutsche Malerin (1876–1907); Paula Wessely, österr. Schauspielerin (geb. 1907)
Namenstag: 26. Januar

Paule, Paulette weibl., französ. Formen zu Paula

Pauline weibl., Koseform zu Paula

Paulinus männl., Nebenform zu Paul; *weitere Formen:* Paulin; Polin (rätoroman.)

Paulus	männl., lat. und niederländ. Form zu Paul
Pavla	weibl., slaw. Form zu Paula
Pawel	männl., russ. Form zu Paul
Peco	männl., Kurzform zu Peter und Josef
Peder	männl., dän. Form von Peter
Pedro	männl., span. Form zu Peter
Peeke	männl., fries. Form zu Peter
Peer	männl., schwed. und fries. Form zu Peter, bekannt durch Ibsens Drama »Peer Gynt« (1867)
Peko	männl., fries. Form zu Peter
Pelle	männl., schwed. Form zu Peter
Peppo	männl., italien. Kurzform zu Joseph
Per	männl., schwed. Form von Peter
Percy	männl., engl. Kurzform zu Parzival; vor allem im Adel verbreitet; *bekannte Namensträger:* Percy Bysshe Shelley, engl. Dichter (1792–1822)
Peregrina	weibl. Form zu Peregrinus
Peregrinus	männl., aus dem lat. »peregrinus« (fremd, der Fremde)
Perette	weibl., französ. Form zu Petra
Pes	männl., slaw. Kurzform zu Peter
Petar	männl., bulgar. Form zu Peter
Pete	männl., Kurzform zu Peter
Peter	*Herkunft:* männl., vom lat. Namen Petrus, der selbst wiederum griech. Ursprungs ist, »pétros« (Felsblock, Stein) *Verbreitung:* als Name des Apostels Petrus fand Peter schon früh in der christlichen Welt große Verbreitung; Petrus war der erste Bischof von Rom und erlitt dort auch den Märtyrertod, über seinem Grab wurde die Peterskirche errichtet; im Mittelalter gehörte Peter zu den beliebtesten Namen, war danach leicht rückläufig und galt erst wieder Anfang des 20. Jh. als modern *Andere Formen:* Pete, Petz; Pitt, Pit (engl.); Pierre, Pier (französ.); Piet, Pieter (niederländ.); Pier, Peko, Peer, Peeke (fries.); Pier, Pietro, Piero (italien.); Pedro (span.); Peder (dän.); Per, Peer,

Pelle (schwed.); Petr, Pjotr (russ.); Piotre (poln.); Petar (bulgar.); Pes (slaw.); Petö (ungar.)
Bekannte Namensträger: Peter der Große, Zar von Rußland (1672–1725); Peter Paul Rubens, niederländ. Maler (1577–1640); Peter Tschaikowski, russ. Komponist (1840–1893); Peter Kreuder, deutscher Komponist (1905–1981); Peter Ustinov, engl. Schauspieler und Schriftsteller (geb. 1921)
Namenstag: 29. Juni

Petö männl., ungar. Form zu Peter

Petr männl., russ. Form zu Peter

Petra weibl. Form zu Peter; *weitere Formen:* Perette, Pierrette, Pierrine (französ.); Piera, Pierina, (italien.); Peekje, Pietje, Pierke, Pierkje, Piertje, Peterke, Petje, Petke, Pieterke (fries.)

Petrissa weibl. Form zu Petrus; *weitere Formen:* Petrisse

Petronella weibl., italien. Koseform zu Petronia; *weitere Formen:* Petronilla; *bekannte Namensträger:* Heilige Petronella, Märtyrerin (1. Jh.)

Petronelle weibl., französ. Koseform zu Petronia; *weitere Formen:* Petronille

Petronia weibl., aus dem griech. »pétros« (Fels, Stein)

Petula weibl., aus dem lat. »petulans« (mutwillig, ausgelassen)

Petz männl., Kurzform zu Peter

Phil männl., engl. Kurzform zu Philipp; *bekannte Namensträger:* Phil Collins, engl. Sänger (geb. 1951)

Phila weibl., Kurzform zu Philomele

Philhard männl., Doppelname aus Philipp und Gerhard

Philine weibl., aus dem griech. »philai« (lieben, liebkosen)

Philip männl., engl. Form zu Philipp

Philipp *Herkunft:* männl., aus dem griech. »philos« (Freund) und »hippos« (Pferd)
Verbreitung: als Name des Apostels Philippus in der christlichen Welt verbreitet; bereits im 12. Jh. gehörte Philipp im Rheinland zu den beliebtesten Vorn., und im Gegensatz zu Frankreich und Spanien spielte der Name als Adels- und Herrschername keine große Rolle; allgemein bekannt ist auch der Zappelphilipp in Heinrich Hoffmanns »Struwwelpeter«; gegenwärtig gilt Philipp als modern und wird häufig gewählt

Andere Formen: Lipp, Lipps, Fips; Philip, Phil (engl.); Philippe (französ.); Filippo, Lippo (italien.); Felipe (span.); Filip (slaw.); Filko, Fülöp (ungar.)
Bekannte Namensträger: Philipp II., König von Mazedonien und Vater von Alexander dem Großen (3./2. Jh. v. Chr.); Philipp Melanchton, deutscher Humanist und Reformator (1497–1560); Carl Philipp Emanuel Bach, deutscher Komponist (1714–1788); Georg Philipp Telemann, deutscher Komponist (1681–1767); Johann Philipp Reis, deutscher Physiker (1834–1874); Philipp Scheidemann, deutscher Politiker (1865–1939)
Namenstag: 3. Mai

Philippa weibl. Form zu Philipp; *weitere Formen:* Filippa (italien.); Felipa (span.); Filipa (slaw.)

Philippe männl., französ. Form zu Philipp

Philippine weibl., französ. Form zu Philippa

Philo männl., aus dem griech. »philos« (Freund, Liebhaber)

Philomele weibl., aus dem griech. »philos« (Freund, Liebhaber) und »mélos« (Gesang); *weitere Formen:* Philomela

Philomene weibl., aus dem griech. »philéon« (lieben, liebkosen) und »oumós« (mir bestimmt); *weitere Formen:* Philomena; die Heilige Philomena war eine frühchristliche Märtyrerin und italien. Volksheilige; *Namenstag:* 11. August

Phöbe weibl. Form zu Phöbus; Beiname der Artemis als Mondgöttin

Phöbus männl., aus dem Griech. (der Strahlende); Phöbus ist der Beiname Apollos

Phyllis weibl., aus dem griech. »phyllás« (Belaubung, Blätterhaufen); die Phyllis in der griech. Mythologie war die Geliebte Demophons und wurde nach ihrem Tod in einen Mandelbaum verwandelt

Pia weibl., Form zu Pius; *Namenstag:* 6. Januar

Piata weibl., Nebenform zu Pia

Pidder männl., nordfries. Form zu Peter

Pier männl., italien., niederländ. und fries. Kurzform zu Peter; *weitere Formen:* Pierke, Pierkje, Piertje

Piera weibl. Form zu Piero

Pierangela weibl., italien. Doppelname aus Piera und Angela

Pierette weibl., französ. Form zu Petra

Pierina	weibl., italien. Form zu Petra
Piero	männl., italien. Form zu Peter
Pierre	männl., französ. Form zu Peter; *bekannte Namensträger:* Pierre Curie, französ. Physiker (1859–1906); Pierre Boulez, französ. Komponist (geb. 1925); Pierre Littbarski, deutscher Fußballspieler (geb. 1960)
Pierrine	weibl., französ. Form zu Petra
Piet	männl., niederländ. Form zu Peter
Pieter	männl., niederländ. Form zu Peter; *bekannte Namensträger:* Pieter Breughel, niederländ. Maler (der Ältere: 1520–1569, der Jüngere: um 1564–1638)
Pieterke	weibl., fries. Koseform zu Petra; *weitere Formen:* Pietje
Pietje	weibl., fries. Form zu Petra
Pietro	männl., italien. Form zu Peter
Pike	weibl., Kurzform zu Pieterke
Pikka	weibl., lappländ. Kurzform zu Brigitta
Pilar	weibl., aus dem Span. übernommener Vorn.; eine Abkürzung aus Maria del Pilar, einem wundertätigen Marienbild am Pfeiler einer span. Kirche; wie Dolores und Mercedes wurde Pilar aus religiöser Ehrfurcht stellvertretend für Maria als Taufname gewählt; *Namenstag:* 12. Oktober
Pim	männl., niederländ. Koseform zu Wilhelm
Pinkas	männl., Nebenform zu Pinkus; *bekannte Namensträger:* Pinkas Braun, deutscher Filmschauspieler (geb. 1923)
Pinkus	männl., aus dem Hebr. übernommener Vorname (der Gesegnete)
Piotre	männl., poln. Form zu Peter
Pippa	weibl., italien. Kurzform zu Philippa; bekannt geworden durch G. Hauptmanns Schauspiel »Und Pippa tanzt« (1906), aber selten gewählt
Pippi	weibl., eventuell Kurzform zu Philippa; bekannt geworden durch »Pippi Langstrumpf«, beliebte Hauptfigur aus Kinderbüchern von Astrid Lindgren (deutsch: 1960)
Pippo	männl., italien. Koseform zu Filippo

Pirkko	weibl., finn. Form zu Brigitta
Pirmin	männl., Vorn. mit unklarer Herkunft und Bedeutung; als Name des Heiligen Pirmin (8. Jh.) vor allem in Südwestdeutschland verbreitet; *bekannte Namensträger:* Pirmin Zurbriggen, schweiz. Skisportler (geb. 1963)
Piroschka	weibl., ungar. Form zu Prisca: bekannt geworden durch den Film »Piroschka« mit Liselotte Pulver; *weitere Formen:* Piroska
Pit	männl., engl. Kurzform zu Peter
Pitt	männl., engl. Kurzform zu Peter; *weitere Formen:* Pitter
Pius	männl., aus dem lat. »pius« (fromm, gottesfürchtig, tugendhaft); als Name von Päpsten geläufig; *Namenstag:* 21. August, 30. April
Pjotr	männl., russ. Form zu Peter
Placida	weibl. Form zu Placidus
Placidus	männl., aus dem lat. »placide« (sanft, ruhig); *weitere Formen:* Placido (span.)
Pola	weibl., slaw. Form zu Paula
Poldi	männl. Form zu Leopold und weibl. Form zu Leopoldine; eindeutiger Zweitname erforderlich
Pole	männl., niederdeutsche Form zu Paul; bekannt geworden durch die Erzählung »Pole Poppenspieler« von T. Storm; *weitere Formen:* Pol, Polet, Polin (rätoroman.)
Polly	weibl., engl. Koseform zu Mary; bekannt geworden durch die Polly Peachum in B. Brechts »Dreigroschenoper«; selten gewählt
Polyxenia	weibl., aus dem griech. »polyxenos« (gastfrei, gastlich aufnehmend); Polyxenia, die Tochter des Priamos und der Hekabe, war in der griech. Mythologie die Geliebte des Achilles; *weitere Formen:* Xenia
Pontian	männl., aus dem lat. »pontus« (Brücke)
Poul	männl., dän. Form zu Paul
Pretiosa	weibl., aus dem lat. »pretiosus« (kostbar, von hohem Wert)
Prisca	weibl., aus dem lat. »priscus« (nach alter Art, streng, ernsthaft); *Namenstag:* 18. Januar
Priscilla	weibl., Nebenform zu Prisca; *weitere Formen:* Cilla, Cilli, Piri, Pirka; Priska (tschech.); Piroschka (ungar.)

Prosper	männl., aus dem lat. »prosperus« (glücklich, günstig); *bekannte Namensträger:* Prosper Mérimée, französ. Dichter (1803–1870)
Prudens	männl., aus dem lat. »prudens« (klug, besonnen)
Prudentia	weibl., aus dem lat. »prudentia« (Klugheit, Umsicht)
Pulcheria	weibl., aus dem lat. »pulchra« (schön, der Gestalt und dem Ansehen nach)

Ein guter Name ist besser als Bargeld.

Q

Quintus männl., aus dem lat.»quintus« (der Fünfte); zur Verbreitung des Vorn. im Mittelalter trug die Verehrung des Heiligen Quintus bei; heute sehr selten gewählt: weitere Formen: Quint, Quintinus

Quint männl., Kurzform zu Quintus

Quentin männl., französ. Form zu Quintus

Quirinus männl., aus dem lat.»quirinus«(der Kriegsmächtige, der Kriegerische); *Verbreitung:* im Mittelalter als Name des Heiligen Quirinus von Neuß und des Heiligen Quirinus von Tegernsee; am Niederrhein kam der Vorn. früher häufig vor; heute selten gewählt; bekannte Namensträger: Quirinus Kuhlmann, deutscher Dichter (1651–1689)

Quirin männl., Kurzform zu Quirinus; *weitere Formen:* Corin (französ.); *Namenstag:* 30. April

R

Raban männl., aus dem ahd. »hraban« (Rabe); *weitere Formen:* Rabanus (latinisiert); *Namenstag:* 4. Februar

Rabea weibl., aus dem arab. »rabi« (Frühling)

Rachel weibl., Nebenform zu Rahel

Rachele weibl., italien. Form zu Rahel; *weitere Formen:* Rachelle

Rada weibl., Kurzform zu Vorn. mit »rade«

Radegunde weibl., aus dem ahd. »rat« (Ratgeber) und »gund« (Kampf); *weitere Formen:* Radegund; Radegonde (französ.); *Namenstag:* 12. August

Radek männl., slaw. Kurzform zu Vorn. mit »rada« oder »rado«, vor allem Radomil; *weitere Formen:* Rado

Radka weibl. Form zu Radek

Radlof männl., Nebenform zu Radolf

Radolf
Herkunft: männl., aus dem ahd. »rat« (Ratgeber) und »wolf« (Wolf)
Verbreitung: seit dem Mittelalter in Deutschland verbreitet, aber heute kaum noch gewählt
Andere Formen: Radlof, Radulf, Ralf; Relf (fries.); Raoul (französ.); Randal, Ralph (engl.); Raul (span.); Radek (slaw.)
Bekannte Namensträger: Heiliger Radolf, Erzbischof von Bourges (gest. 866)

Radomil männl., aus dem slaw. »rad« (froh) und »milyj« (lieb, angenehm)

Radomila weibl. Form zu Radomil; *weitere Formen:* Radomilla

Radulf männl., Nebenform zu Radolf

Rafael männl., tschech. Form zu Raphael; *bekannte Namensträger:* Rafael Kubelik, tschech. Dirigent (geb. 1914)

Raffael männl., Nebenform zu Raphael

Raffaelo männl., italien. Form zu Raphael; *bekannte Namensträger:* Raffaelo Santi, italien. Maler (1483–1520)

Raginald männl., Nebenform zu Reinold

Ragna weibl., aus dem Nord. übernommene Kurzform zu Reinhild

Ragnar männl., nord. Form zu Rainer

Ragnhild weibl., nord. Form zu Reinhild

Rahel

Herkunft: weibl., aus der Bibel übernommener Vorn. hebr. Ursprungs (Mutterschaft); Rahel ist im Alten Testament die Gattin Jakobs und Mutter von Joseph und Benjamin
Verbreitung: seit dem Mittelalter bekannt, aber nie volkstümlich geworden; heute nur selten gewählt
Andere Formen: Rachel; Rachele (italien.); Raquel (span.)
Bekannte Namensträger: Rahel Levin, Gattin von V. von Ense und Brieffreundin zahlreicher bedeutender Literaten und Philosophen ihrer Zeit (1771–1833)

Raika

weibl., bulgar. Koseform zu Raja; *weitere Formen:* Rajka

Raimar

männl., Nebenform zu Reimar

Raimo

männl., Nebenform zu Reimo

Raimond

männl., Nebenform zu Raimund

Raimund

Herkunft: männl., aus dem ahd. »regin« (Rat, Beschluß) und »munt« (Schutz)
Verbreitung: nach dem Vordringen in das roman. Sprachgebiet erlangte der Vorn., vor allem in Südfrankreich, große Beliebtheit und verbreitete sich dann über Lothringen wieder im gesamten deutschen Sprachraum; heute kommt der Vorn. nur noch vereinzelt vor
Andere Formen: Raimond, Reimund; Ramón (span.); Raymond (engl., französ.); Ray (engl.); Reemt (fries.)
Namenstag: 23. Januar

Raimunde

weibl. Form zu Raimund; *weitere Formen:* Reimunde; Reemde (fries.)

Rainald

männl., Nebenform zu Reinold; *weitere Formen:* Reinald; *bekannte Namensträger:* Rainald von Dassel, Erzbischof von Köln und Reichskanzler von F. Barbarossa (um 1120–1167)

Rainer

Herkunft: männl., aus dem ahd. »regin« (Rat, Beschluß) und »heri« (Heer)
Verbreitung: früher Adelsname, in der ersten Hälfte unseres Jh. durch die Rilkebegeisterung volkstümlich geworden
Andere Formen: Reiner, Reinar, Regino; Rainier, Régnier (französ.); Ragnar (nord.); Regnerus (lat.)
Bekannte Namensträger: Rainer Maria Rilke, österr. Dichter (1875–1926); Rainer Barzel, deutscher Politiker (geb. 1924); Rainer Bonhof, deutscher Fußballspieler (geb. 1952)
Namenstag: 11. April, 4. August

Rainier

männl., französ. Form zu Rainer

Raja

weibl., aus dem russ. »raj« (Paradies)

Ralf	männl., Nebenform zu Radolf, die seit etwa 1900 durch Zeitungs- und Zeitschriftenromane in Deutschland eingebürgert wurde; *bekannte Namensträger:* Ralf Dahrendorf, deutscher Soziologe und Politiker (geb. 1929)
Ralph	männl., engl. Form zu Radolf; *bekannte Namensträger:* Ralph Benatzky, österr. Operettenkomponist (1884–1957)
Rambald	männl., aus dem ahd. »hraban« (Rabe) und »bald« (kühn); *weitere Formen:* Rambold, Rambo
Rambert	männl., aus dem ahd. »hraban« (Rabe) und »beraht« (glänzend)
Rambod	männl., aus dem ahd. »hraban« Rabe und »boto« (Bote)
Ramón	männl., span. Form zu Raimund
Randal	männl., engl. Form zu Randolf
Randi	weibl., aus dem Nord. übernommene Kurzform zu Reinhild
Rando	männl., Kurzform zu Vorn. mit »rand«
Randolf	männl., aus dem ahd. »rant« (Schild) und »wolf« (Wolf); *weitere Formen:* Randulf
Randolph	männl., engl. Form zu Randolf
Randwig	männl., aus dem ahd. »rant« (Schild) und »wig« (Kampf); *weitere Formen:* Rantwig
Ranka	weibl. Form zu Ranko
Ranko	männl., aus dem slowak. »rany« (frühauf, Frühaufsteher)
Raoul	männl., französ. Form zu Radolf; *bekannte Namensträger:* Raoul Dufy, französ. Maler (1877–1953)
Raphael	*Herkunft:* männl., aus der Bibel übernommener Vorn. hebr. Ursprungs von »rapha'el« (Gott heilt) *Verbreitung:* im Mittelalter als Name des Erzengels Raphael, der auch Schutzheiliger der Kranken, Reisenden und Auswanderer ist, verbreitet; der Vorn. wurde in Deutschland aber nie volkstümlich und wird heute selten gewählt *Andere Formen:* Raffael; Rafael (tschech.); Raffaelo (italien.) *Namenstag:* 29. September, 24. Oktober
Raphaela	weibl. Form zu Raphael; *weitere Formen:* Raffaela (italien.)
Rappert	männl., Nebenform zu Ratbert

Rappo	männl., Nebenform zu Ratbald; *weitere Formen:* Rappold, Rappolt, Rabbold
Raquel	weibl., span. Form zu Rahel
Rasmus	männl., Nebenform zu Erasmus
Rasso	männl., Kurzform zu Vorn. mit »rat«
Ratbald	männl., aus dem ahd.»rat« (Ratgeber) und »bald« (kühn)
Ratbert	männl., aus dem ahd. »rat« (Ratgeber) und »beraht« (glänzend)
Ratberta	weibl. Form zu Ratbert
Ratbod	männl., aus dem ahd. »rat« (Ratgeber) und »boto« (Bote)
Ratburg	weibl., aus dem ahd. »rat« (Ratgeber) und »bergan« (bergen, schützen); *weitere Formen:* Ratburga
Ratfried	männl., aus dem ahd. »rat« (Ratgeber) und »fridu« (Friede)
Ratgard	männl., aus dem ahd. »rat« (Ratgeber) und »gard« (Hort, Schutz)
Ratger	männl., aus dem ahd. »rat« (Ratgeber) und »ger« (Speer)
Rathard	männl., aus dem ahd. »rat« (Ratgeber) und »harti« (hart)
Rathild	weibl., aus dem ahd. »rat« (Ratgeber) und »hiltja« (Kampf); *weitere Formen:* Rathilde
Ratmar	männl., aus dem ahd. »rat« (Ratgeber) und »mari« (berühmt)
Ratwald	männl., aus dem ahd. »rat« (Ratgeber) und »waltan« (walten, herrschen); *weitere Formen:* Rathold
Ratward	männl., aus dem ahd. »rat« (Ratgeber) und »wart« (Hüter)
Raul	männl., eingedeutschte Form zu Raoul
Raulf	männl., französ. Form zu Rudolf
Raunhild	weibl., Nebenform zu Runhild
Rautgunde	weibl., aus dem ahd. »rat« (Ratgeber) und »gund« (Kampf); *weitere Formen:* Raute
Ray	männl., engl. Kurzform zu Raimund; *bekannte Namensträger:* Ray Charles, amerikan. Sänger (geb. 1932)
Raya	weibl. Form zu Ray

Raymond männl., engl. und französ. Form zu Raimund

Rebecca weibl., engl. Form zu Rebekka; *bekannte Namensträger:* Rebecca West, anglo-irische Schriftstellerin (1892–1983)

Rebekka *Herkunft:* weibl., aus der Bibel übernommener Vorn. hebr. Ursprungs (die Bestrickende ?); im Alten Testament ist Rebekka die Gattin Isaaks und Mutter von Esau und Jakob
Verbreitung: wahrscheinlich durch die Heldin in W. Scotts Roman »Ivanhoe« (1819) bekannt geworden, gilt als modern und wird öfter gewählt
Andere Formen: Rebecca (engl.)

Recha weibl., aus der Bibel übernommener Vorn., durch die Recha in Lessings »Nathan der Weise« bekannt geworden, aber selten gewählt; *weitere Formen:* Reka

Redward männl., fries. Form zu Ratward; *weitere Formen:* Redwart, Redwert, Reduard

Reemt männl., fries. Form zu Raimund

Regelinde weibl., aus dem ahd. »regin« (Rat) und »lindi« (nachgiebig, empfänglich); *weitere Formen:* Reglinde, Reglindis, Reela, Rela, Rele

Regina weibl., aus dem lat. »regina« (Königin); damit ist nach christlicher Bedeutung Maria als Himmelskönigin gemeint; *weitere Formen:* Regine, Gina, Ina, Rega

Reginald männl., engl. Form zu Reinold

Regino männl., Kurzform zu Rainer

Regis männl., Nebenform zu Remigius

Regnerus männl., latinisierte Form zu Rainer

Régnier männl., französ. Form zu Rainer

Regula weibl., aus dem lat. »regula« (Regel, Richtschnur); *weitere Formen:* Regele

Reich männl., fries. Form zu Richard

Reichard männl., Nebenform zu Richard

Reimar männl., aus dem ahd. »regin« (Rat, Beschluß) und »mari« (berühmt); *weitere Formen:* Raimar, Raimer, Reimer

Reimara weibl. Form zu Reimar

Reimbert	männl., aus dem ahd. »regin« (Rat, Beschluß) und »beraht« (glänzend); *weitere Formen:* Reimbrecht
Reimbod	männl., aus dem ahd. »regin« (Rat, Beschluß) und »boto« (Bote)
Reimo	männl., Kurzforrm zu Vorn. mit »reim«
Reimund	männl., Nebenform zu Raimund
Reimut	männl., aus dem ahd. »regin« (Rat, Beschluß) und »muot« (Geist, Gesinnung)
Reimute	weibl. Form zu Reimut
Reina	weibl., ostfries. Kurzform zu Vorn. mit »rein«
Reinar	männl., Nebenform zu Rainer
Reinbert	männl., Nebenform zu Reimbert
Reinberta	weibl. Form zu Reinbert
Reinburg	weibl., aus dem ahd. »regin« (Rat, Beschluß) und »burg« (Schutz); *weitere Formen:* Reinburga
Reinecke	männl., fries. Form zu Vorn. mit »rein«; bekannt ist der »Reinecke Fuchs« als Fabelwesen
Reiner	männl., Nebenform zu Rainer
Reinfried	männl., aus dem ahd. »regin« (Rat, Beschluß) und »fridu« (Friede)
Reinfriede	weibl. Form zu Reinfried
Reingard	weibl., aus dem ahd. »regin« (Rat, Beschluß) und »gard« (Hort, Schutz)
Reinhard	männl., aus dem ahd. »regin« (Rat, Beschluß) und »harti« (hart, stark); *weitere Formen:* Reinhart, Raginhard
Reinharda	weibl. Form zu Reinhard; *weitere Formen:* Reinharde, Reinhardine
Reinhild	*Herkunft:* weibl., aus dem ahd. »regin« (Rat, Beschluß) und »hiltja« (Kampf) *Verbreitung:* durch die Verehrung der Heiligen Reinhild, die 680 von den Friesen ermordet wurde, in Deutschland verbreitet; heute sehr selten gewählt *Andere Formen:* Reinhilde, Rendel; Ragna, Randi, Ragnhild (nord.)

Bekannte Namensträger: Reinhild Hoffmann, deutsche Choreographin (geb. 1943)
Namenstag: 30. Mai

Reinhilde weibl., Nebenform zu Reinhild

Reinhold männl., Nebenform zu Reinold mit Anlehnung an das Adjektiv »hold«; *bekannte Namensträger:* Reinhold Schneider, deutscher Schriftsteller (1903–1958)

Reinka weibl., ostfries. Form zu Reinharda

Reinke männl. und weibl. fries. Koseform zu Vorn. mit »rein«; eindeutiger Zweitname erforderlich

Reinko männl., ostfries. Form zu Reinhard

Reinmar männl., aus dem ahd. »regin« (Rat, Beschluß) und »mari« (berühmt); *bekannte Namensträger:* Reinmar von Hagenau, mittelhochdeutscher Dichter (12./13. Jh.)

Reinmund männl., Nebenform zu Reimund

Reinold *Herkunft:* männl., aus dem ahd. »regin« (Rat, Beschluß) und »waltan« (walten, herrschen) entstand Raginald, aus dem sich Reinold entwickelt hat
Verbreitung: im Mittelalter durch die Verehrung des Heiligen Reinoldus, Schutzpatron von Dortmund, verbreitet und volkstümlich geworden; auch heute noch weit verbreitet und öfter gewählt
Andere Formen: Raginald, Reinald, Reinhold; Reginald (engl.); Renault (französ.); Rinaldo (italien.); Ronald (schott.)
Namenstag: 7. Januar

Reintraud weibl., aus dem ahd. »regin« (Rat, Beschluß) und »trud« (Kraft, Stärke); *weitere Formen:* Reintrud

Reinulf männl., aus dem ahd. »regin« (Rat, Beschluß) und »wolf« (Wolf)

Reinwald männl., Nebenform zu Reinald

Reinward männl., aus dem ahd. »regin« (Rat, Beschluß) und »wart« (Hüter)

Reitz männl., Nebenform zu Heinrich

Reja weibl., aus dem Russ. übernommener Vorn. lat. Ursprungs »aurea« (golden); *weitere Formen:* Rejane

Relf männl., fries. Kurzform zu Radolf; *weitere Formen:* Reelef, Reeleff, Reelf

Relke weibl., fries. Kurzform zu Roelke

Rella weibl., ungar. Kurzform zu Aurelia

Remigius männl., aus dem lat. »remigare« (rudern), der Heilige Remigius war im 6. Jh. Missionar in Franken

Remmert männl., fries. Form zu Reimbert

Remo männl., italien. Form zu Remus

Remus männl., aus dem lat. »remus« (Ruder); der Sage nach ist Remus der Bruder von Romulus und Mitbegründer Roms, die beiden Brüder sollen ausgesetzt und von einer Wölfin gesäugt worden sein; bei der Stadtgründung wurde Remus von seinem Bruder im Jähzorn erschlagen

Rena weibl., fries. Kurzform zu Vorn. mit »rein« und Kurzform zu Irena, Renate und Verena

Renata weibl., italien. Form zu Renate; *bekannte Namensträger:* Renata Tebaldi, italien. Sängerin (geb. 1922)

Renate *Herkunft:* weibl., aus dem lat. »renatus« (wiedergeboren)
Verbreitung: seit der Jahrhundertwende durch Zeitungs- und Zeitschriftenromane bekannt geworden, seit etwa 1920 verstärkt gewählt und in den Nachkriegsjahren sehr beliebter Vorn.; heute vor allem in der Schweiz verbreitet
Andere Formen: Rena, Reni, Rene, Nate, Nata, Nati; Rentje, Renette, Rena (fries.); Renata (italien.); Renée (französ.)
Namenstag: 22. Mai

Renato männl., italien. Form zu Renatus

Renatus *Herkunft:* männl., aus dem lat. »renatus« (wiedergeboren)
Verbreitung: im Gegensatz zu Renate ist Renatus im deutschen Sprachraum nicht volkstümlich geworden und wird sehr selten gewählt
Andere Formen: Renato, Reno (italien.); René (französ.)

Renault männl., französ. Form zu Reinold; *weitere Formen:* Renauld

Rendel weibl., Kurzform zu Reinhild

Rendert männl., fries. Form zu Reinhard

René männl., französ. Form zu Renatus, gilt heute als modern und wird häufig gewählt; *bekannte Namensträger:* René Schickele, französ. Schriftsteller (1883–1940); René Clair, französ. Filmregisseur (1898–1981); René Kollo, Opernsänger (geb. 1937)

Rene weibl., Kurzform zu Renate

Renée	weibl., französ. Form zu Renate; *bekannte Namensträger:* Renée Sintenis, deutsche Bildhauerin (1888–1965)
Renette	weibl., fries. Form zu Renate
Reni	weibl., Kurzform zu Irene und Renate
Renja	männl., russ. Form zu Andreas und weibl., russ. Form zu Regina
Renka	weibl., fries. Form zu Reinhard; *weitere Formen:* Renke
Renke	männl., fries. Form zu Reinhard; *weitere Formen:* Renko
Reno	männl., italien. Kurzform zu Renatus
Rentje	weibl., fries. Kurzform zu Vorn. mit »rein«, vor allem Renate; *weitere Formen:* Rensje, Renske, Renskea
Renz	männl., Kurzform zu Laurentius
Renza	weibl., Kurzform zu Lorenza
Renzo	männl., italien. Kurzform zu Laurentius
Resi	weibl., Kurzform zu Therese
Rex	männl., engl. Kurzform zu Reinold; bekannt durch den engl. Schauspieler Rex Harrison (geb. 1908)
Rhea	weibl., aus der griech. Mythologie übernommener Vorn.; Rhea ist die Gemahlin des Kronos und Mutter des Zeus und Poseidon; *weitere Formen:* Rea
Rhoda	weibl., aus dem Engl. übernommener Vorn. griech. Ursprungs »rhódon« (Rose)
Ria	weibl., Kurzform zu Maria, die besonders in Österreich verbreitet ist; *bekannte Namensträger:* Ria Baran-Falk, deutsche Eiskunstläuferin (geb. 1922)
Rica	weibl., span. Kurzform zu Richarda und Vorn. mit »rike«
Ricarda	weibl., span. Form zu Richarda; *bekannte Namensträger:* Ricarda Huch, deutsche Schriftstellerin (1864–1947)
Ricca	weibl., italien. Kurzform zu Richarda
Riccarda	weibl., italien. Form zu Richarda
Riccardo	männl., italien. Form zu Richard
Ricco	männl., italien. Kurzform zu Riccardo

Richard

Herkunft: männl., aus dem Engl. übernommener Vorn., der aus Begeisterung für Shakespeares Königsdramen »Richard II.« und »Richard III.« in der ersten Hälfte des 19. Jh. in den deutschen Sprachgebrauch übernommen wurde
Verbreitung: in der zweiten Hälfte des 19. Jh. volkstümlich geworden und seitdem kontinuierlich verbreitet
Andere Formen: Reich, Ritsche; Riek, Rieghard, Rikkert, Rikkart, Ritserd, Rickert, Ritser, Ritzard (fries.); Richard, Rick, Ricky, Dick, Dicky, Hick, Hobe (engl.); Riccardo, Ricco, Rico (italien.); Richard (französ.); Rickard (schwed.)
Bekannte Namensträger: Richard Löwenherz, engl. König (1157–1199); Richard Wagner, deutscher Komponist (1813–1883); Richard Dehmel, deutscher Lyriker (1863–1920); Richard Strauss, österr. Komponist (1864–1949); Richard von Weizsäcker, deutscher Bundespräsident (geb. 1920)
Namenstag: 3. April

Richarda

Herkunft: weibl. Form zu Richard
Verbreitung: durch die Heilige Richarda, die im 9. Jh. das Kloster Andlau gründete und deutsche Kaiserin war, bekannt, aber nicht sehr verbreitet; beliebter sind heute die italienischen Formen
Andere Formen: Rika, Richardine, Richardis; Riccarda, Ricca (italien.); Ricarda, Rica (span.)

Richardine, Richardis

weibl., Nebenformen zu Richarda

Richbald

männl., aus dem ahd. »rihhi« (reich, mächtig) und »bald« (kühn)

Richbert

männl., aus dem ahd. »rihhi« (reich, mächtig) und »beraht« (glänzend)

Richhild

weibl., aus dem ahd. »rihhi« (reich, mächtig) und »hiltja« (Kampf); *weitere Formen:* Richhilde

Richlind

weibl., aus dem ahd. »rihhi« (reich, mächtig) und »linta« (Schutzschild aus Lindenholz); *weitere Formen:* Richlinde

Richmar

männl., aus dem ahd. »rihhi« (reich, mächtig) und »mari« (berühmt); *weitere Formen:* Rigomar; Rickmer (fries.)

Richmut

männl., aus dem ahd. »rihhi« (reich, mächtig) und »muot« (Geist, Gesinnung); *weitere Formen:* Richmodis

Richmute

weibl. Form zu Richmut

Richwald

männl., aus dem ahd. »rihhi« (reich, mächtig) und »waltan« (walten, herrschen); *weitere Formen:* Richold

Richwin

männl., aus dem ahd. »rihhi« (reich, berühmt) und »wini« (Freund) ; *weitere Formen:* Reichwin

Rick

männl., engl. Kurzform zu Richard

Ricka	weibl., fries. Kurzform zu Vorn. mit »rich«; *weitere Formen:* Ricke, Rickele, Rickeltje
Rickard	männl., schwed. Form zu Richard
Rickert	männl., fries. Form zu Richard
Ricksta	weibl., fries. Kurzform zu Vorn. mit »rich«; *weitere Formen:* Rickste, Rikste, Rixa, Rixta
Ricky	männl., engl. Koseform zu Richard
Rico	männl., italien. Kurzform zu Riccardo; *weitere Formen:* Riko (eingedeutscht)
Ridolfo	männl., italien. Form zu Rudolf
Rieghard, Riek	männl., fries. Formen zu Richard
Rieka	weibl., niederländ. Form zu Friederike und Henrike; *weitere Formen:* Rieke
Rienzo	männl., italien. Form zu Laurentius
Rigbert	männl., Nebenform zu Richbert; *weitere Formen:* Rigobert
Rigo	männl., Kurzform zu Vorn. mit »rig« oder »rigo«
Rika	weibl., Kurzform zu Richarda, Friederike und Henrike; *weitere Formen:* Rike, Rikea
Rikkart, Rikkert	männl., fries. Formen zu Richard
Rina	weibl., Kurzform zu Katharina oder anderen Vorn. mit »rina«
Rinaldo	männl., italien. Form zu Reinold; *weitere Formen:* Rinald, Rino
Ringo	männl., Kurzform zu Ringolf; *bekannte Namensträger:* Ringo Starr, engl. Popmusiker und Ex-Beatle (geb. 1940)
Ringolf	männl., aus dem ahd. »regin« (Rat, Beschluß) und »wolf« (Wolf)
Rino	männl., Kurzform zu Rinaldo
Risto	männl., finn. Form zu Christoph
Rita	weibl., Kurzform zu Margareta; *bekannte Namensträger:* Rita Hayworth, amerikan. Filmschauspielerin (1918–1987); *Namenstag:* 22. Mai
Ritsche, Ritser	männl., fries. Formen zu Richard

Ritserd, Ritzard männl., fries. Formen zu Richard

Roald männl., nord. Form zu Rodewald; *bekannte Namensträger:* Roald Amundsen, norweg. Polarforscher (1872–1928); Roald Dahl, engl. Schriftsteller (geb. 1916)

Roar männl., nord. Form zu Rüdiger

Rob männl., französ. Form zu Robert

Röbbe männl., fries. Form zu Robert

Robby männl., engl. Koseform zu Robert

Robert *Herkunft:* männl., Nebenform zu Rupert
Verbreitung: im Mittelalter im niederdeutschen Sprachgebiet verbreitet, dann nach Frankreich vorgedrungen; als Adels- und Herrschername gebräuchlich und mit den Normannen nach England gelangt; dort wurde er volkstümlich; in Deutschland wurde der Vorn. erst im 18. Jh. mit der Ritterdichtung neu belebt und verbreitet; heute öfter gewählt
Andere Formen: Bob, Bobby, Hob, Hobby, Robby, Robin, Dobby, Pop (engl.); Rob (französ.); Roberto (italien.); Röbbe (fries.)
Bekannte Namensträger: Robert Guiskard, französ. Herzog (um 1015–1085); Robert Bunsen, deutscher Chemiker (1811–1899); Robert Schumann, deutscher Komponist (1810–1856); Robert Koch, deutscher Bakteriologe und Nobelpreisträger (1843–1910); Robert Musil, österr. Schriftsteller (1880–1942); Robert Redford, amerikan. Schauspieler und Regisseur (geb. 1937)
Namenstag: 17. September

Roberta weibl. Form zu Robert; *weitere Formen:* Roberte, Robertine

Roberto männl., italien. Form zu Robert

Robin männl., engl. Form zu Robert; bekannt durch Robin Hood, der in vielen Volksballaden in der Gestalt des edlen Räubers auftaucht und den Zorn der Angelsachsen gegen die normannische Herrschaft im 14./15. Jh. verkörpert

Robine weibl. Form zu Robin, die ebenfalls aus der Begeisterung für die Robin-Hood-Literatur entstand; *weitere Formen:* Robina

Robinson männl., aus dem Engl. übernommener Vorn., der eigentlich »Sohn des Robin« bedeutet; vor allem bekannt durch D. Defoes Roman »Robinson Crusoe«, aber selten gewählt

Robrecht männl., Nebenform zu Rodebrecht

Rocco männl., italien. Form zu Rochus

Roch männl., französ. Form zu Rochus

Roche männl., span. Form zu Rochus

Rochus *Herkunft:* männl., latinisierte Form des alten Vorn. Roch; aus dem german. »rohon« (schreien, Kriegsruf)
Verbreitung: seit dem Mittelalter durch den Heiligen Rochus, Schutzheiliger gegen Seuchen und einer der 14 Nothelfer, verbreitet; heute spielt der Vorn. keine Rolle mehr, aber seine Nebenformen sind noch verbreitet
Andere Formen: Rock, Rocky (amerikan.); Roch (französ.); Rocco (talien.); Roque, Roche (span.)
Bekannte Namensträger: Heiliger Rochus von Montpellier (um 1295–1327)
Namenstag: 16. August

Rock männl., amerikan. Form zu Rochus; *bekannte Namensträger:* Rock Hudson, amerikan. Schauspieler (1925–1985)

Rocky männl., amerikan. Koseform zu Rochus

Roda weibl., eingedeutschte Form zu Rhoda

Rodebrecht männl., aus dem german. »hroth« (Ruhm) und aus dem ahd. »beraht« (glänzend); *weitere Formen:* Rodebert

Rodegard weibl., aus dem german. »hroth« (Ruhm) und dem ahd. »gard« (Hort, Schutz)

Rodehild weibl., aus dem german. »hroth« (Ruhm) und dem ahd. »hiltja« (Kampf); *weitere Formen:* Rodehilde

Rodelind weibl., aus dem german. »hroth« (Ruhm) und dem ahd. »linta« (Schutzschild aus Lindenholz)

Roderic männl., französ. Form zu Roderich

Roderich *Herkunft:* männl., aus dem german. »hroth« (Ruhm) und dem ahd. »rihhi« (reich, mächtig)
Verbreitung: als Name des letzten westgotischen Königs (8. Jh.) bekannt geworden, vor allem durch die Dramen von Geibel und Dahn; heute selten gewählt
Andere Formen: Roderick (engl.); Roderic (französ.); Rodrigo, Rodrigue (italien., span., portug.); Rurik (russ., nord.)

Roderick männl., engl. Form zu Roderich

Rodewald männl., aus dem german. »hroth« (Ruhm) und dem ahd. »waltan« (walten, herrschen)

Rodolfo männl., italien. Form zu Rudolf

Rodolphe männl., französ. Form zu Rudolf

Rodrigo, Rodrigue männl., italien., span. und portug. Formen zu Roderich

Rodulfo männl., span. Form zu Rudolf

Roele männl., fries. Form zu Rudolf

Roelef männl., fries. Form zu Rudolf; *weitere Formen:* Roelf, Roelof, Rolof, Roloff, Roolof, Roluf

Roelke weibl., fries. Form zu Rudolf; *weitere Formen:* Roeltje

Roff männl., Nebenform zu Rudolf

Roger männl., normann. Form zu Rüdiger; mit den Normannen nach Engl. vorgedrungen und dort weit verbreitet; unter engl. und französ. Einfluß um 1900 wieder nach Deutschland gelangt; gilt heute als modern; *weitere Formen:* Rodger; *bekannte Namensträger:* Roger Bacon, engl. Philosoph und Pysiker (um 1219–1294); Roger Vadim, französ. Filmregisseur (geb. 1928)

Roland *Herkunft:* männl., aus dem german. »hroth« (Ruhm, Ehre) und dem ahd. »lant« (Land)
Verbreitung: Roland ist eine Gestalt aus dem Kreis um Karl den Großen und soll 778 im Kampf gegen die Basken bei Roncevalles gefallen sein; Verehrung durch das bekannte Rolandslied; in unserem Jh. besonders oft in den 60er und 70er Jahren gewählt, heute seltener vergeben
Andere Formen: Ron, Rowland (engl.); Rolland (französ.); Orlando, Rolando (italien.)

Rolande weibl. Form zu Roland; *weitere Formen:* Rolanda

Rolando männl., italien. Form zu Roland

Rolf männl., Nebenform zu Rudolf, sehr weit verbreiteter Vorn., der auch heute noch öfter gewählt wird; *bekannte Namensträger:* Rolf Hochhuth, deutscher Schriftsteller (geb. 1931)

Rolland männl., französ. Form zu Roland

Rollo männl., Nebenform zu Rudolf

Rolph männl., engl. Form zu Rudolf

Romain männl., französ. Form zu Romanus; *bekannte Namensträger:* Romain Rolland, französ. Schriftsteller (1866–1944)

Roman männl., Nebenform zu Romanus, die vor allem in Polen sehr verbreitet ist; *bekannte Namensträger:* Roman Polanski, poln.-amerikan. Filmregisseur (geb. 1933)

Romana	weibl. Form zu Romanus; *weitere Formen:* Roma; Romane, Romaine (französ.); Romika (ungar.)
Romano	männl., italien. Form zu Romanus
Romanus	*Herkunft:* männl., aus dem lat. »romanus« (der Römer) *Verbreitung:* im Mittelalter als Heiligenname verbreitet, wurde aber nie volkstümlich *Andere Formen:* Roman; Romain (französ.); Romano (italien.); Romek (poln.)
Romek	männl., poln. Form zu Romanus
Romeo	männl., italien. Form zu Bartholomäus; bekannt wurde der Vorn. durch Shakespeares Drama »Romeo und Julia«
Romilda	weibl., aus dem ahd. »hruom« (Ruhm, Ehre) und »hiltja« (Kampf); *weitere Formen:* Romilde, Rumilde
Romy	weibl., Nebenform zu Rosemarie; durch die Schauspielerin Romy Schneider (1938–1982) verbreitet
Ron	männl., engl. Kurzform zu Roland
Ronald	männl., schott. Form zu Reinold; *bekannte Namensträger:* Ronald Reagan, ehemaliger amerikan. Präsident (geb. 1911)
Ronan	männl., aus dem Irischen, bedeutet etwa »wie eine kleine Robbe«
Ronny	männl., Koseform zu Ronald
Roque	männl., span. Form zu Rochus
Ros	weibl., Kurzform zu Rosa
Rosa	*Herkunft:* weibl., aus dem italien. übernommener Vorn. lat. Ursprungs »rosa« (die Rose) *Verbreitung:* seit dem Mittelalter im deutschsprachigen Raum bekannt, aber erst im 19. Jh. durch die Rosa in Vulpius' vielgelesenem Roman »Rinaldo Rinaldini« stärker verbreitet *Andere Formen:* Ros, Rosalie, Rosi, Rosine, Rose, Rosel; Rosalia, Rosella (italien.); Roselita, Rosita (span.); Rosika (ungar.) *Bekannte Namensträger:* Heilige Rosa von Lima, Patronin Amerikas (16./17. Jh.); Rosa Luxemburg, deutsche Politikerin (1871–1919) *Namenstag:* 23. August
Rosabella	weibl., italien. Vorn. lat. Ursprungs von »rosa bella« (schöne Rose)
Rosalba	weibl., italien. Vorn. lat. Ursprungs von »rosa alba« (weiße Rose)

Rosalia	weibl., italien. Form zu Rosa
Rosalie	weibl., Nebenform zu Rosa; bekannt ist die Heilige Einsiedlerin Rosalie von Palermo
Rosalind	weibl., Nebenform zu Rodelind; *weitere Formen:* Rosalinde, Roselinde
Rosalita	weibl., span. Form zu Rosa
Rosamunde	weibl., aus dem ahd. »hruom« (Ruhm, Ehre) und »munt« (Schutz)
Rosangela	weibl., Doppelname aus Rosa und Angela
Rosanna	weibl., italien. Doppelname aus Rosa und Anna
Rosaria	weibl., Doppelname aus Rosa und Maria
Rose, Rosel	weibl., Nebenformen zu Rosa
Rosella	weibl., italien. Form zu Rosa; *weitere Formen:* Roselina
Rosemarie	weibl., Doppelname aus Rose und Maria; *weitere Formen:* Rosmarie, Rosemaria; Rosemary (engl.)
Rosi	weibl., Koseform zu Rosa; *bekannte Namensträger:* Rosi Mittermaier, deutsche Skirennläuferin (geb. 1950)
Rosika	weibl., ungar. Koseform zu Rosa
Rosine	weibl., Nebenform zu Rosa; *weitere Formen:* Rosina
Rosita	weibl., span. Form zu Rosa; *weitere Formen:* Sita, Roselita
Rosmargret	weibl., Doppelname aus Rose und Margret
Rossana	weibl., italien. Form zu Roxana
Roswin	männl., aus dem ahd. »hros« (Ross, Pferd) und »wini« (Freund)
Rothard	männl., aus dem ahd. »hruom« (Ruhm, Ehre) und »harti« (hart)
Rother	männl., aus dem ahd. »hruom« (Ruhm, Ehre) und »heri« (Heer)
Roux	männl., französ. Form zu Rudolf
Rowena	weibl., Phantasiename, von W. Scott in seinem histor. Roman »Ivanhoe« zum ersten Mal benutzt (Rowena war eine legendäre angelsächsische Prinzessin); *weitere Formen:* Rona
Rowland	männl., engl. Form zu Roland

Roxana weibl., aus dem pers. »raohschna« (licht, hell, glänzend); die Gattin Alexanders des Großen hieß Roxana; *weitere Formen:* Roxane, Roxanne

Roy männl., aus dem Engl. übernommener Vorn. kelt. Ursprungs »ruadh« (rot); *bekannte Namensträger:* Roy Orbison, amerikan. Popmusiker (1936–1988)

Ruben männl., aus der Bibel übernommener Vorn. hebr. Ursprungs; Ruben ist in der Bibel der älteste Sohn Jakobs; *weitere Formen:* Rouven

Rüdeger männl., Nebenform zu Rüdiger

Rudenz männl., aus dem Schweiz. übernommener Vorn., der aus Schillers »Wilhelm Tell« stammt (Junker Rudenz)

Rudgar männl., Nebenform zu Rüdiger

Rudhard männl., Nebenform zu Rothard

Rudi männl., Kurzform zu Rudolf; *bekannte Namensträger:* Rudi Völler, deutscher Fußballspieler (geb. 1960); Rudi Carrell, niederländ. Fernsehunterhalter (1934)

Rudibert männl., aus dem german. »hroth« (Ruhm, Ehre) und dem ahd. »beraht« (glänzend)

Rüdiger *Herkunft:* männl., aus dem german. »hroth« (Ruhm, Ehre) und dem ahd. »ger« (Speer)
Verbreitung: im Mittelalter beliebter Vorn., der dann in Vergessenheit geriet und erst im 19. Jh. durch die Neuentdeckung des Nibelungenliedes wieder häufiger gewählt wurde
Andere Formen: Rudgar; Rüdeger, Rutger, Rütger; Roger (normann.); Roar (nord.)

Rudmar männl., aus dem ahd. »hruom« (Ruhm, Ehre) und »mari« (berühmt); *weitere Formen:* Rutmar

Rudo männl., Nebenform zu Rudolf

Rudolf *Herkunft:* männl., aus dem german. »hroth« (Ruhm, Ehre) und dem ahd. »wolf« (Wolf)
Verbreitung: seit dem Mittelalter in Deutschland beliebt und durch Rudolf von Habsburg (13. Jh.) volkstümlich geworden; im 19. Jh. wurde der Vorn. wieder neu belebt und vor allem in Süddeutschland und der Schweiz häufiger gewählt
Andere Formen: Radolf, Roff, Rolf, Rollo, Rudi, Ruodi, Rudo, Dolf; Rudolph, Rolph (engl.); Rodolphe, Roux, Raulf (französ.); Roele, Roelef (fries.); Rodolfo, Ridolfo (italien.); Ruedi (schweiz.); Rudolfo (span.)
Bekannte Namensträger: Rudolf Virchow, deutscher Pathologe

(1821–1902); Rudolf Diesel, Erfinder der Verbrennungskraftmaschine (1858–1913); Rudolf Binding, deutscher Schriftsteller (1867–1938); Rudolf Steiner, österr. Antroposoph (1861–1925); Rudolf Platte, deutscher Schauspieler (1904–1984); Rudolf Augstein, Journalist und Herausgeber des »Spiegel« (geb. 1923)
Namenstag: 6. November

Rudolfa
weibl. Form zu Rudolf

Rudolfine
weibl., Nebenform zu Rudolf

Rudolph
männl., engl. Form zu Rudolf

Ruedi
männl., schweiz. Form zu Rudolf; *weitere Formen:* Ruedy, Rudeli, Ruedli

Rufina
weibl. Form zu Rufus

Rufus
männl., aus dem lat. »rufus« (rot); Rufus war ursprünglich ein Beiname, eigentlich »der Rothaarige«; in England und Amerika häufiger gewählt, im deutschsprachigen Raum sehr selten vergeben; *weitere Formen:* Rufin, Rufinus

Rumen
männl., aus dem Bulg. (mit roten Wangen)

Rumena
weibl. Form zu Rumen

Rumold
männl., aus dem ahd. »hruom« (Ruhm, Ehre) und »waltan« (walten, herrschen); *weitere Formen:* Rumolt

Runa
weibl., Kurzform zu ahd. Vorn. mit »run«; Runa kann auch nach nord. Vorbild als männl. Vorn. gewählt werden, wenn ein anderer eindeutig männl. Zweitname vergeben wird

Runfried
männl., aus dem ahd. »runa« (Geheimnis, Zauber) und »fridu« (Friede)

Runhild
weibl., aus dem ahd. »runa« (Geheimnis, Zauber) und »hiltja« (Kampf); *weitere Formen:* Runhilde

Ruodi
männl., Nebenform zu Rudolf

Rupert
Herkunft: männl., aus dem german. »hroth« (Ruhm, Ehre) und dem ahd. »beraht« (glänzend)
Verbreitung: seit dem Mittelalter im deutschsprachigen Raum verbreitet; Namensvorbild war der Heilige Rupert, erster Bischof von Salzburg und Schutzpatron Bayerns (7./8. Jh.); der Vorn. war so weit verbreitet, daß seine süddeutsche Koseform »Rüpel« abgewertet wurde und seitdem als Bezeichnung für einen flegelhaften Menschen gebraucht wird
Andere Formen: Ruppert, Rupp, Ruprecht
Namenstag: 24. September

Ruperta	weibl. Form zu Rupert
Rupp	männl., Nebenform zu Rupert und Ruprecht
Ruppert	männl., Nebenform zu Rupert
Ruprecht	männl., Nebenform zu Rupert; bekannt durch den Begleiter des Nikolaus und gutmütigen Kinderschreck »Knecht Ruprecht«
Rurik	männl., russ. und nord. Form zu Roderich; *bekannte Namensträger:* Rurik aus dem Stamm Rus gründete mit seinen Brüdern das erste russ. Staatswesen
Rutgard	weibl., aus dem ahd. »hruom« (Ruhm, Ehre) und »gard« (Hort, Schutz)
Rutger	männl., Nebenform zu Rüdiger
Rütger	männl., Nebenform zu Rüdiger
Ruth	weibl., aus der Bibel übernommener Vorn. hebr. Ursprungs; die Titelheldin eines Buches im Alten Testament ist die Stammutter des judäischen Königshauses; seit 1900 verstärkt gewählt, nicht nur in jüdischen Familien; *bekannte Namensträger:* Ruth Schaumann, deutsche Schriftstellerin (1899–1975); Ruth Leuwerik, deutsche Filmschauspielerin (geb. 1926)
Ruthard	männl., aus dem ahd. »hruom« (Ruhm, Ehre) und »harti« (hart); *weitere Formen:* Rüter (fries.)
Ruven	männl., Nebenform zu Ruben; *weitere Formen:* Ruwen

S

Sabin — männl. Form zu Sabina; *weitere Formen:* Sabino, Savino (italien.); Sabinus (lat.)

Sabina — weibl., Nebenform zu Sabine

Sabine — *Herkunft:* weibl., aus dem Lat., eigentlich »die Sabinerin«
Verbreitung: seit dem Mittelalter als Name einiger Heiliger verbreitet, aber selten gewählt; um 1900 durch Zeitungs- und Zeitschriftenromane wieder belebt; die größte Verbreitung wurde in den 60er Jahren verzeichnet; seit 1970 zurückgehend
Andere Formen: Sabina, Bine
Bekannte Namensträger: Sabine Sinjen, deutsche Schauspielerin (geb. 1942)
Namenstag: 29. August

Sabrina — weibl., aus dem Engl. übernommener Vorn., eigentlich Name einer Nymphe des Flusses Severn; Mitte des 20. Jh. durch den Film »Sabrina« mit A. Hepburn in Deutschland bekannt geworden und seitdem häufig gewählt

Sacha — männl., französ. Form zu Sascha; *bekannte Namensträger:* Sacha Guitry, französ. Schriftsteller (1885–1957)

Sachar — männl., russ. Form zu Zacharias

Sachso — männl., aus dem ahd. »sahsun« (Sachse); der Vorn. wurde früher als Beiname vergeben und wird heute kaum noch gewählt

Sadie — weibl., amerikan. Form zu Sarah

Saladin — männl., aus dem Arab. übernommener Vorn., eigentlich »Heil des Glaubes«; seit der Eroberung Jerusalems durch den Sultan Saladin (1138–1193) in Mitteleuropa bekannt, aber selten gewählt

Sally — männl., Kurzform zu Salomon und Samuel; weibl., Kurzform zu Sarah; eindeutiger Zweitname erforderlich; *weitere Formen:* Salli

Salome — weibl. Form zu Salomon; seit dem 16. Jh. im deutschsprachigen Raum bekannt, vor allem durch mehrere biblische Gestalten; *Namenstag:* 22. Oktober

Salomon — männl., aus der Bibel übernommener Vorn. hebr. Ursprungs, eigentlich »der Friedliche«; der sagenumwobene König Salomon galt im Orient als das Idealbild eines weisen und gerechten Herrschers, daher auch das »salomonische Urteil«; *weitere Formen:* Salomo, Sally, Salim, Sallo; Solms (slaw.)

Salvator — männl., aus dem Italien. übernommener Vorn. lat. Ursprungs, eigentlich »der Erretter, Erlöser«; *weitere Formen:* Salvator; Salvador (span.)

Salwija	weibl., aus dem Slaw. übernommener Vorn. lat. Ursprungs von »salvus« (gesund, wohlbehalten); *weitere Formen:* Salwa, Salka, Salvina
Sam	männl., Kurzform zu Samuel und weibl., Kurzform zu Samantha; eindeutiger Zweitname erforderlich
Samantha	weibl., aus dem Amerikan. übernommener Vorn. hebr. Ursprungs, eigentlich »die Zuhörerin«; seit etwa 1960 aufkommender Vorn., der öfter gewählt wird
Sämi	männl., Kurzform zu Samuel
Sammy	männl., engl. Koseform zu Samuel; *bekannte Namensträger:* Sammy Drechsel, deutscher Sportjournalist und Kabarettist (1925–1986); Sammy Davis jr., amerikan. Unterhaltungskünstler (1925–1990)
Samson	männl., aus der Bibel übernommener Vorn. hebr. Ursprungs, bedeutet »kleine Sonne«; der Legende nach verfügte er über unheimliche Kräfte, und seine Geliebte Delila entlockte ihm das Geheimnis dafür, schnitt ihm das Haupthaar ab und lieferte ihn den Philistern aus; *weitere Formen:* Simson
Samuel	*Herkunft:* männl., aus der Bibel übernommener Vorn. hebr. Ursprungs von »schmu'el« (von Gott erhört); in der Bibel war Samuel der letzte Richter Israels und salbte David zum König *Verbreitung:* im Mittelalter, wie viele Vorn. aus dem Alten Testament, weit verbreitet; heute im deutschsprachigen Raum selten gewählt, dagegen in England und Amerika noch weit verbreitet *Andere Formen:* Sam, Sally, Sämi; Sammy (engl.) *Bekannte Namensträger:* Samuel Hahnemann, Begründer der Homöopathie (1755–1843); Samuel Fischer, deutscher Verleger (1859–1934); Samuel Beckett, irischer Dramatiker (geb.1906)
Sander	männl., engl. Kurzform zu Alexander
Sándor	männl., ungar. Form zu Alexander
Sandra	weibl. Form zu Alexander; *weitere Formen:* Sandrina, Sandrine, Sandria, Sandrie
Sandro	männl., italien. Form zu Alexander
Sanja	männl., russ. Kurzform zu Alexander und weibl., russ. Kurzform zu Alexandra; eindeutiger Zweitname erforderlich
Sanna	weibl., Kurzform zu Susanne
Sanne, Sanni	weibl., Kurzformen zu Susanne

Saphira	weibl., aus der Bibel übernommener Vorn. hebr. Ursprungs, eigentlich »Saphir, Edelstein«
Sara	weibl., Nebenform zu Sarah
Sarah	*Herkunft:* weibl., aus der Bibel übernommener Vorn. hebr. Ursprungs, eigentlich »die Fürstin« *Verbreitung:* im Alten Testament ist Sarah die Gattin Abrahams und Mutter Isaaks; seit dem 16. Jh. verbreitet, aber nie volkstümlich geworden; im Dritten Reich wurde jede Jüdin mit dem amtlich verordneten Beinamen Sarah gebrandmarkt, daher die Abwertung des Vorn. in der Nachkriegszeit; heute ist der Vorn. wieder beliebt und wird öfter gewählt *Andere Formen:* Sara, Sally, Zarah; Sadie (amerikan.) *Bekannte Namensträger:* Sarah Bernhard, französ. Schauspielerin (1844–1923) *Namenstag:* 13. Juli
Sascha	männl., russ. Form zu Alexander und weibl., russ. Form zu Alexandra; eindeutiger Zweitname erforderlich
Saskia	weibl. Form zu Sachso; *bekannte Namensträger:* Saskia van Uijlenburgh, Gattin von Rembrandt (gest. 1642)
Sasso	männl., Nebenform zu Sachso
Saul	männl., aus der Bibel übernommener Vorn. hebr. Ursprungs, eigentlich »der Erbetene«
Scarlett	weibl., aus dem Engl. übernommener Vorn., eigentlich »die Rothaarige«, der Vorn. wurde in Deutschland durch die Gestalt der Scarlett O'Hara aus M. Mitchells Roman »Vom Winde verweht« (1936) bekannt und wird gelegentlich gewählt
Scholastika	weibl., aus dem lat. »scholasticus« (zur Schule gehörend, Lernende)
Schöntraut	weibl., Neubildung aus »schön« und dem ahd. Namensteil »traud«
Schorsch	männl., Nebenform zu Georg
Schura	weibl., russ. Form zu Alexandra und männl., russ. Form zu Alexander; eindeutiger Zweitname erforderlich
Schwabhild	weibl., aus dem ahd. »svaba« (Schwäbin) und »hiltja« (Kampf)
Sczepan	männl., slaw. Form zu Stephan
Sebald	männl., Nebenform zu Siegbald
Sebalde	weibl. Form zu Sebald

Sebastian *Herkunft:* männl., aus dem Griech., eigentlich »der Verehrungswürdige, der Erhabene«
Verbreitung: seit dem späten Mittelalter als Name des Heiligen Sebastian, der Schutzpatron der Jäger, Soldaten und Schützen; der Vorn. gilt heute als modern und wird oft gewählt
Andere Formen: Bastian, Basti, Wastel (bayrisch); Basch, Bascho, Bastia (schweiz.); Sébastien (französ.); Sebastiano, Bastiano, Basto (italien.)
Bekannte Namensträger: Johann Sebastian Bach, deutscher Komponist (1685–1750); Sebastian Kneipp, Entdecker des Wasserheilverfahrens (1821–1897)
Namenstag: 20. Januar

Sebastiane weibl. Form zu Sebastian

Sebastiano männl., italien. Form zu Sebastian

Sébastien männl., französ. Form zu Sebastian

Sebe männl., Nebenform zu Siegbald und Siegbert

Sebert männl., Nebenform zu Siegbert

Sebo männl., Kurzform zu Siegbald; *weitere Formen:* Sebe, Sebold

Segimer männl., Nebenform zu Siegmar

Segimund männl., Nebenform zu Siegmund

Seibolt männl., Nebenform zu Siegbald

Selene weibl., aus dem Griech. übernommener Vorn., der die griech. Mondgöttin und Schwester des Helios bezeichnet; *weitere Formen:* Seline; Selena, Selinda (engl.)

Selina weibl., aus dem Engl. übernommener Vorn., entweder aus dem lat. »caelum« (Himmel) oder Kurzform zu Marceline

Selma weibl., Kurzform zu Anselma; Selma wurde auch aus der Ossian-Dichtung des Schotten J. Macpherson übernommen und im 18. Jh. in Deutschland bekannt; *bekannte Namensträger:* Selma Lagerlöf, schwed. Schriftstellerin (1858–1940)

Selman männl., aus dem altsächs. »seli« (Saalhaus) und dem ahd. »man« (Mann)

Selmar männl., aus dem altsächs. »seli« (Saalhaus) und dem ahd. »mari« (berühmt)

Semjon männl., russ. Form zu Simon

Sent männl., fries. Kurzform zu Vincent; *weitere Formen:* Sentz

Senta weibl., Kurzform zu Crescentia oder Vincenta; *weitere Formen:* Senda; *bekannte Namensträger:* Senta Berger, deutsche Filmschauspielerin

Sepp männl., Kurzform zu Josef

Seraph männl., aus dem Hebr. übernommener Vorn., eigentlich »der Leuchtende«; die Form »Seraphim« kann als Vorname nicht benutzt werden, da es sich um die Mehrzahl von Seraph handelt, dagegen ist »Seraphin« durch einen Heiligen gleichen Namens (16./17. Jh.) belegt

Seraphia weibl. Form zu Seraph; *weitere Formen:* Seraphine, Seraphina

Serena weibl. Form zu Serenus

Serenus männl., aus dem lat. »serenus« (heiter, glücklich)

Serge männl., französ. und engl. Form zu Sergius

Sergej männl., russ. Form zu Sergius; *weitere Formen:* Sergeij; *bekannte Namensträger:* Sergej Prokowjeff, russ. Komponist (1891–1953)

Sergia weibl. Form zu Sergius

Sergio männl., italien. und span. Form zu Sergius; *bekannte Namensträger:* Sergio Leone, italien. Filmregisseur (geb. 1929)

Sergius
Herkunft: männl., aus dem lat. »sergius« (altröm. Sippenname)
Verbreitung: der Vorn. ist vor allem in Osteuropa durch die Verehrung des Heiligen Sergius (3./4. Jh.) verbreitet; im Mittelalter diente er auch als Papstname; heute selten gewählt
Andere Formen: Serge (französ., engl.); Sergej (russ.); Sergio (italien., span.)
Namenstag: 8. September

Servaas männl., niederländ. Form zu Servatius

Servais männl., französ. Form zu Servatius

Servas männl., Kurzform zu Servatius

Servatius
Herkunft: männl., aus dem Lat. übernommener Vorn., eigentlich »der Gerettete«
Verbreitung: durch die Verehrung des Heiligen Servatius, der im 3. Jh. Bischof von Tongern war, wurde der Vorn. schon zeitig in Nordwestdeutschland verbreitet; Servatius ist neben Bonifatius und Pankratius auch einer der Eisheiligen
Andere Formen: Vaaz, Servas; Servaas (niederländ.); Servais (französ.); Servazio (italien.)
Namenstag: 13. Mai

Servazio — männl., italien. Form zu Servatius

Severa — weibl. Form zu Severus

Severin — männl., aus dem lat. »severus« (ernsthaft, streng); ursprünglich war der Vorn. ein altrömischer Bei- und Familienname, der vor allem in Nordwestdeutschland verbreitet war; heute kaum noch gewählt; *weitere Formen:* Sören (dän. und niederländ.); *Namenstag:* 23. Oktober

Severina — weibl. Form zu Severin; *weitere Formen:* Severine

Severus — männl., aus dem lat. »severus« (ernsthaft, streng)

Sheila — weibl., engl. Schreibweise für den irischen Vorn. Sile, einer Kurzform zu Cäcilie

Shirley — weibl., engl. Vorn., der sich aus einem Familiennamen entwickelt hat, der seinerseits auf einen Ortsnamen in England zurückgeht; seit etwa 1930 durch den amerikan. Filmstar Shirley Temple besonders in England und Amerika beliebt

Siard — männl., fries. Form zu Sieghard; *weitere Formen:* Siaard

Sib — weibl., engl. Kurzform zu Sibylle

Sibo — männl., fries. Kurzform zu Siegbert und Siegbald; *weitere Formen:* Sibe, Siebo

Sibyl — weibl., engl. Form zu Sibylle

Sibylla — weibl., Nebenform zu Sibylle; *bekannte Namensträger:* Maria Sibylla Merian, Botanikerin und Kupferstecherin (1647–1717)

Sibylle — *Herkunft:* weibl., aus dem Lat. übernommener Vorn., dessen Herkunft und Bedeutung unklar ist; die griech. Sibyllen verkündeten den Willen Apollos (und später des Zeus) und galten als Weissagerinnen (Sibyllenbücher)
Verbreitung: Sibylle von Cumae soll Christi Geburt vorausgesagt haben, deshalb starke Verbreitung des Vorn. im späten Mittelalter; um 1900 wurde der Vorn. durch Zeitungs- und Zeitschriftenromane neu belebt und ist auch heute noch weit verbreitet
Andere Formen: Sibylla, Bella, Billa; Sybil, Sib, Sibyl (engl.)
Namenstag: 9. Oktober

Siccard — männl., französ. Form von Sieghard

Sida — weibl., Kurzform zu Sidonia

Sidonia — weibl. Form zu Sidonius; *weitere Formen:* Sidonie, Sitta, Sida; Zdenka (slaw.)

Sidonie	weibl., Nebenform zu Sidonia
Sidonius	männl., aus dem Lat., eigentlich »der Sidonier, aus der Stadt Sido in Phönizien«; *weitere Formen:* Zdenko (slaw.)
Siegbald	männl., aus dem ahd. »sigu« (Sieg) und »bald« (kühn); *weitere Formen:* Sebald, Siebold, Siegbold, Seibold, Sebo; Sibo (fries.)
Siegbert	männl., aus dem ahd. »sigu« (Sieg) und »beraht« (glänzend); *weitere Formen:* Sebert, Sebe, Sibo, Sitt, Sigbert, Sigisbert; *Namenstag:* 1. Februar
Siegbod	männl., aus dem ahd. »sigu« (Sieg) und »boto« (Bote); *weitere Formen:* Sigbot
Siegbold	männl., Nebenform zu Siegbald
Siegbrand	männl., aus dem ahd. »sigu« (Sieg) und »brand« (Brand)
Siegbrecht	männl., aus dem ahd. »sigu« (Sieg) und »beraht« (glänzend)
Siegburg	weibl., aus dem ahd. »sigu« (Sieg) und »burg« (Schutz); *weitere Formen:* Siegburga
Sieger	männl., aus dem ahd. »sigu« (Sieg) und »heri« (Heer); *weitere Formen:* Siegher
Siegfriede	weibl. Form zu Siegfried
Sieghard	männl., aus dem ahd. »sigu« (Sieg) und »harti« (hart); *weitere Formen:* Sieghart, Sighart; Siard, Sierd (fries.); Siccard (französ.)
Sieghelm	männl., aus dem ahd. »sigu« (Sieg) und »helm« (Helm, Schutz)
Sieghild	weibl., aus dem ahd. »sigu« (Sieg) und »hiltja« (Kampf); *weitere Formen:* Sieghilde
Sieglinde	weibl., aus dem ahd. »sigu« (Sieg) und »linta« (Schutzschild aus Lindenholz); in der Nibelungensage trägt Siegfrieds Mutter diesen Namen; durch R. Wagners Oper »Walküre« wurde der Vorn. im 19. Jh. wieder häufiger gewählt; *weitere Formen:* Sieglind
Siegmar	männl., aus dem ahd. »sigu« (Sieg) und »mari« (berühmt); *weitere Formen:* Sigmar, Segimer
Siegmund	*Herkunft:* männl., aus dem ahd. »sigu« (Sieg) und »munt« (Schutz der Unmündigen) *Verbreitung:* seit dem Mittelalter ist vor allem die Nebenform »Sigismund« geläufig; im 19. Jh. wurde Siegmund, wie andere Namen der Heldensage, verstärkt gewählt (Siegmund ist der Vater Siegfrieds in der Nibelungensage)

Andere Formen: Sigismund, Sigmund, Segimund; Sigismond (französ.); Sigismondo, Gismondo (italien.); Zygmunt (poln.); Zsigmond (ungar.)
Namenstag: 2. Mai

Siegmunde weibl. Form zu Siegmund; *weitere Formen:* Sigesmunde, Siegmunda; Sigismonda, Siegmona, Gismonda (italien.)

Siegolf männl., aus dem ahd. »sigu« (Sieg) und »wolf« (Wolf)

Siegrad männl., aus dem ahd. »sigu« (Sieg) und »rat« (Ratgeber); *weitere Formen:* Sigrat

Siegram männl., aus dem ahd. »sigu« (Sieg) und »hraban« (Rabe)

Siegrich männl., aus dem ahd. »sigu« (Sieg) und »rihhi« (reich, mächtig)

Siegrid weibl., Nebenform zu Sigrid

Siegwald männl., aus dem ahd. »sigu« (Sieg) und »waltan« (walten, herrschen); *weitere Formen:* Sigiswald

Siegward männl., aus dem ahd. »sigu« (Sieg) und »wart« (Hüter); *weitere Formen:* Siegwart

Siegwin männl., aus dem ahd. »sigu« (Sieg) und »wini« (Freund)

Sieke weibl., fries. Kurzform zu Vorn. mit »Sieg-«; *weitere Formen:* Sierkje

Sierk männl., fries. Kurzform zu Vorn. mit »Sieg-«

Sigga weibl., schwed. Form zu Sigrid

Siggo männl., fries. Kurzform zu Vorn. mit »Sieg-«; *weitere Formen:* Sigo, Sikko

Sighart männl., Nebenform zu Sieghard

Sigi männl. und weibl. Kurzform zu Vorn. mit »Sieg-«, vor allem Sieglinde und Siegfried; *weitere Formen:* Siggi; *bekannte Namensträger:* Siggi Held, deutscher Fußballspieler (geb. 1942); Sigi Harreis, Journalistin und Fernsehmoderatorin

Sigisbert männl., Nebenform zu Siegbert

Sigismond männl., französ. Form zu Siegmund

Sigismondo männl., italien. Form zu Siegmund

Sigismund männl., Nebenform zu Siegmund; die Verbreitung des Vorn. geht auf die Verehrung des Heiligen Sigismund, König von Burgund (5./6. Jh.) zurück; *bekannte Namensträger:* Sigismund von Radecki, deutscher Schriftsteller (1891–1970); *Namenstag:* 1. Mai

Sigmund männl., Nebenform zu Siegmund; *bekannte Namensträger:* Sigmund Freud, Begründer der Psychoanalyse (1856–1939)

Signe männl., aus dem Nord. übernommener Vorn. ahd. Ursprungs von »sigu« (Sieg) und »hiltja« (Kampf); *weitere Formen:* Siganhilt

Sigri weibl., schwed. Form zu Sigrid

Sigrid *Herkunft:* weibl., aus dem Nord. übernommener Vorn., zu altisländ. »sigr« (Sieg) und »frighr« (schön)
Verbreitung: durch die Übersetzung skand. Literatur um 1900 vor allem in Adelskreisen verbreitet, seit den 20er Jahren zunehmend gewählt
Andere Formen: Siegrid, Sigrit; Sigga, Sigri, Siri (schwed.)
Bekannte Namensträger: Sigrid Undset, norweg. Erzählerin und Nobelpreisträgerin (1882–1949)
Namenstag: 7. Januar

Sigrit weibl., Nebenform zu Sigrid

Sigrun weibl., aus dem ahd. »sigu« (Sieg) und »runa« (Geheimnis); in der nord. Sage bewahrt die Walküre Sigrun Helgi über den Tod hinaus ihre Liebe; *weitere Formen:* Siegrun

Sigune weibl., aus dem Nord. übernommener Vorn. unklarer Herkunft und Bedeutung, wahrscheinlich geht der Vorn. auf die Gestalt der Sigune im »Parzival« von Wolfram von Eschenbach zurück

Silja weibl., skand. Form zu Cecilia, bekannt durch den Roman »Silja, die Magd« von F. E. Sillanpaä (deutsch: 1932)

Silje weibl., fries. Form zu Cäcilie

Silke weibl., fries. Form zu Gisela und schwed. Form zu Cäcilie; *weitere Formen:* Silka

Silko männl. Form zu Silke

Silva weibl., schwed. und tschech. Form zu Silvia

Silvain männl., französ. Form zu Silvanus

Silvan männl., Nebenform zu Silvanus

Silvana weibl. Form zu Silvanus; *weitere Formen:* Silvanna, Sylvana

Silvanius männl., Nebenform zu Silvanus

Silvano männl., italien. Form zu Silvanus

Silvanus *Herkunft:* männl., aus dem Lat. übernommener Vorn. zu »silva« (Wald), Silvanus war der Name eines altröm. Waldgottes
Verbreitung: seit dem Mittelalter in Deutschland bekannt, aber wenig gewählt; eine größere Verbreitung erreichten die Kurz- und Nebenformen zu Silvanus
Andere Formen: Silvius, Silvan, Silvanius; Silvio, Silvano (italien.); Silvain (französ.)

Silvest männl., Nebenform zu Silvester

Silvester *Herkunft:* männl., aus dem Lat. übernommener Vorn., eigentlich »der zum Walde Gehörende«
Verbreitung: die Verehrung des heiliggesprochenen Papstes Silvester I. (3./4. Jh.) führte zur Verbreitung des Vorn. im Mittelalter; heute spielt der Vorn. in unserem Sprachraum keine Rolle mehr
Andere Formen: Sylvester, Silvest; Syste (fries.)
Namenstag: 31. Dezember

Silvetta weibl., französ. Form zu Silvia; *weitere Formen:* Sylvetta

Silvia *Herkunft:* weibl. Form zu Silvanus; Rhea Silvia ist der Legende nach die Mutter der Zwillinge Romulus und Remus, der Gründer Roms
Verbreitung: seit dem Mittelalter im deutschsprachigen Raum verbreitet; im 18. Jh. durch die Schäferpoesie belebt; in den 60er und 70er Jahren galt der Vorn. als modern, nicht zuletzt durch die schwed. Königin Silvia; heute nicht so häufig gewählt
Andere Formen: Silvie, Silvetta (französ.); Silvina (italien.); Sylvi, Sylvia (skand.)
Namenstag: 3. November

Silvie weibl., französ. Form zu Silvia; *weitere Formen:* Sylvie

Silvina weibl., italien. Form zu Silvia

Silvio männl., italien. Form zu Silvanus

Silvius männl., Nebenform zu Silvanus; in der altröm. Sage ist Silvius ein Sohn des Äneas; außerdem ist die Gestalt des Silvius aus Shakespeares »Wie es Euch gefällt« bekannt

Sim männl., Kurzform zu Simon

Sima männl., poln. Form zu Simon

Simeon männl., aus der Bibel übernommener Vorn. hebr. Ursprungs, eigentlich »Gott hat gehört«; im Alten Testament ist Simeon einer der Söhne von Jakob; *Namenstag:* 5. Januar, 18. Februar

Simon

Herkunft: männl., aus der Bibel übernommener Vorn, Nebenform zu Simeon
Verbreitung: seit der Reformation in Deutschland oft gewählter Vorn.; heute gilt der Name als modern
Andere Formen: Sim; Simón (französ.); Simon (engl.); Semjon (russ.); Sima (poln.)
Bekannte Namensträger: Simon Dach, deutscher Dichter (1605–1659)
Namenstag: 28. Oktober

Simón

männl., französ. Form zu Simon; *bekannte Namensträger:* Simón Bolivar, südamerikan. Staatsmann (1783–1830)

Simone

weibl. Form zu Simon; *weitere Formen:* Simona; Simonette, Simonetta (französ., italien.); *bekannte Namensträger:* Simone de Beauvoir, französ. Schriftstellerin (1908–1986); Simone Signoret, französ. Schauspielerin (1921–1985)

Sina

weibl., Kurzform zu Gesina und Rosina; *weitere Formen:* Sini, Sinja, Sinje

Sinikka

weibl., aus dem Finn. übernommener Vorn. russ. Herkunft von »sinij« (blau)

Sinold

männl., fries. und hessische Form zu Siegwald

Sintbald

männl., aus dem ahd. »sind« (Weg, Reise) und »bald« (kühn); *weitere Formen:* Sinbald

Sintbert

männl., aus dem ahd. »sind« (Weg, Reise) und »beraht« (glänzend); *weitere Formen:* Sinbert

Sintram

männl., aus dem ahd. »sind« (Weg, Reise) und »hraban« (Rabe); *weitere Formen:* Sindram

Sirena

weibl., aus der griech. Mythologie übernommener Vorn., der eine singende Meerjungfrau bezeichnet; diese Sirenen sollen mit ihrem Gesang die Seeleute um den Verstand gebracht haben, die dann mit ihren Schiffen auf die Riffe auffuhren und ums Leben kamen; *weitere Formen:* Sira

Sireno

männl. Form zu Serena; *weitere Formen:* Siro

Siri

weibl., schwed. Form zu Sigrid

Sirk

männl., fries. Form zu altsächs. »sigi« (Sieg) und »rikki« (reich)

Sirke

weibl. Form zu Sirk

Sirun

weibl., Nebenform zu Sigrun

Siska

weibl., schwed. Kurzform zu Franziska

Sissa	weibl., schwed. Kurzform zu Cäcilie; *weitere Formen:* Sissan, Sissi
Sissy	weibl., österr. Koseform zu Elisabeth und engl. Koseform zu Cäcilie; Sissy war der Kosename der sehr beliebten österr. Kaiserin Elisabeth Amalie Eugenie, die 1898 in Genf ermordet wurde; der Vorn. wurde durch den Film »Sissy« mit Romy Schneider erneut belebt
Sista	weibl., aus dem Schwed. übernommener Vorn., eigentlich in der Bedeutung »das letzte Kind«
Sisto	männl., italien. Form zu Sixto
Sitt	männl., Nebenform zu Siegbert
Sitta	weibl., Kurzform zu Sidonia
Sixta	weibl. Form zu Sixtus; *weitere Formen:* Sixtina, bekannt durch die um 1515 von Raffael gemalte »Sixtinische Madonna«
Sixten	männl., alter schwed. Vorn., der sich aus Sighsten entwickelt hat, von altschwd. »sigher« (Sieg) und »sten« (Steinwaffe); *bekannte Namensträger:* Sixten Jernberg, schwed. Skielangläufer (geb. 1929)
Sixtus	männl., lat. Umbildung des griech. Beinamens »xystós« (der Feine, Glatte); der Vorn. wurde vor allem durch verschiedene Päpste bekannt (Sixtus IV. ließ die »Sixtinische Kapelle« 1473 erbauen); *weitere Formen:* Sixt; Sixte, Xiste (französ.); Sisto (italien.)
Slava	männl., slaw. Kurzform zu Vorn. mit »slava«; *weitere Formen:* Slavko
Slavka	weibl., slaw. Kurzform zu Vorn. mit »slava«
Smarula	weibl., vermutlich slaw. Koseform zu Maria
Soffi, Sofia, Sofie	weibl., Nebenformen zu Sophia
Solveig	weibl., aus dem skand. »sal« (Saal) und »vig« (Kampf); durch die deutsche Übersetzung von Ibsens »Peer Gynt« (1881) im deutschsprachigen Raum bekannt geworden; der Vorn. galt Mitte der 60er Jahre als modern, heute weniger gewählt
Söncke	männl., norddeutscher und fries. Vorn., der eigentlich »Söhnchen« bedeutet; *weitere Formen:* Sönke, Sönnich
Sonja	weibl., russ. Koseform zu Sophia
Sonnfried	männl., Neubildung aus »Sonne« und »-fried«

Sonngard	weibl., Neubildung aus »Sonne« und »-gard«
Sonntraud	weibl., Neubildung aus »Sonne« und »-traud«
Sophia	*Herkunft:* weibl., aus dem griech. »sophia« (Weisheit); im Altertum wurde die »hagia sophia« (heilige Weisheit) als Umschreibung für Christus gebraucht, danach für die Kirche selbst *Verbreitung:* die Heilige Sophia (2. Jh.), die besonders im Elsaß verehrt wird, ist als »kalte Sophie« (die letzte Eisheilige am 15. Mai) volkstümlich geworden; um 1900 war der Vorn. am weitesten verbreitet, seitdem zurückgehend *Andere Formen:* Fei, Fey, Fi, Fieke, Fia, Sophie, Sofia, Sofie, Soffi; Sophy (engl.); Zofia (poln.); Sownja, Sonja (russ.) *Bekannte Namensträger:* Sophia Loren, italien. Filmschauspielerin (geb. 1934) *Namenstag:* 15. Mai
Sophie	weibl., Nebenform zu Sophia; *bekannte Namensträger:* Sophie Scholl, Widerstandskämpferin gegen das Hitlerregime (1921–1943)
Sophus	männl., aus dem griech. »sophós« (klug, weise)
Sophy	weibl., engl. Form zu Sophia
Soraya	weibl., aus dem Pers. übernommener Vorn., eigentlich »guter Fürst«; der Vorn. wurde durch die zweite Frau des ehemaligen pers. Schahs Mohammed Resa Pahlewi in Deutschland bekannt und wird seitdem gelegentlich gewählt
Sören	männl., dän. und niederländ. Form von Severin; *bekannte Namensträger:* Sören Kirkegaard, dän. Religionsphilosoph (1813–1855)
Sownja	weibl., russ. Form zu Sophia
Spela	weibl., eingedeutschte serbokroat. Form zu Elisabeth
Stachus	männl., Nebenform zu Eustachius
Stan	männl., Kurzform zu Stanley und Stanislaus; *bekannte Namensträger:* Stan Laurel, amerikan. Filmkomiker (1890–1965)
Stanel, Stanerl, Stanes	männl., bayr. Formen zu Stanislaus
Stani	männl., Nebenform zu Stanislaus
Stanisl	männl., bayr. Form zu Stanislaus
Stanislao	männl., italien. Form zu Stanislaus
Stanislas	männl., französ. Form zu Stanislaus

Stanislaus

Herkunft: männl., latinisierte Form des slaw. Vorn. Stanislaw, aus dem altslaw. »stani« (standhaft) und »slava« (Ruhm)
Verbreitung: der Heilige Stanislaus (um 1030–1079) war Bischof von Krakau und ist der Schutzpatron Polens, daher trugen auch viele poln. Könige diesen Vorn.; im deutschsprachigen Raum um 1900 vor allem in katholischen Familien verbreitet; gegenwärtig selten gewählt
Andere Formen: Stasch, Stani, Stanko, Stan, Stano, Stasik; Stanislaw (slaw.); Stanislao (italien.); Stanislas (französ.); Stenzel (schles.); Stanes, Stanisl, Stanel, Stanerl (bayr.)
Bekannte Namensträger: Stanislaus Leszczynski, König von Polen und Herzog von Lothringen (17./18. Jh.)
Namenstag: 7. Mai, 13. November

Stanislaw

männl., slaw. Grundform zu Stanislaus

Stanislawa

weibl. Form zu Stanislaw; *weitere Formen:* Stanislava, Stana, Stanka, Stase, Stasja

Stanko

männl., Nebenform zu Stanislaus

Stanley

männl., aus dem Engl. übernommener Vorn., der sich aus einem Familiennamen entwickelt hat, der seinerseits wieder auf einen Ortsnamen zurückgeht

Stano

männl., Nebenform zu Stanislaus

Stanze

weibl., Kurzform zu Konstanze

Stasch

männl., Nebenform zu Stanislaus

Stasi

weibl., Kurzform zu Anastasia

Stasik

männl., Nebenform zu Stanislaus

Stefan

männl., Nebenform zu Stephan (auch im Slaw. gebräuchliche Form); *bekannte Namensträger:* Stefan George, deutscher Dichter (1868–1933); Stefan Andres, deutscher Erzähler (1906–1970); Stefan Zweig, deutscher Schriftsteller (1881–1942)

Stefana, Stefania

weibl., Nebenformen zu Stephanie

Stefanida

weibl., russ. Form zu Stephanie

Stefanie

weibl., Nebenform zu Stephanie

Stefano

männl., italien. Form zu Stephan

Steffel

männl., bayr. Form zu Stephan

Steffen

männl., niederdeutsche Form zu Stephan

Steffi — weibl., Nebenform zu Stephanie; *bekannte Namensträger:* Steffi Graf, deutsche Tennisspielerin (geb. 1969)

Stella — weibl., aus dem Lat. übernommener Vorn., eigentlich »Stern«; die Seeleute verehrten die Heilige Maria als »Stella maris« (orientierende Stern des Meeres ist der Polarstern); Goethes Schauspiel »Stella« förderte ebenfalls die Verbreitung des Vorn. im deutschsprachigen Raum; *weitere Formen:* Estelle (französ.); Estella, Estrelle (span., italien.)

Sten — männl., aus dem Nord. übernommener Vorn., der eigentlich »Stein« bedeutet

Stenka — männl., slaw. Form zu Stephan

Stenzel — männl., schles. Form zu Stanislaus

Stepan — männl., slaw. Form zu Stephan

Stephan — *Herkunft:* männl., aus dem griech. »stéphanos« (Kranz, Krone)
Verbreitung: durch die Verehrung des Heiligen Stephanus, der vor den Toren Jerusalems gesteinigt wurde, erlangte der Vorn. im Mittelalter sehr große Beliebtheit; in der Neuzeit wurde der Vorn. in der zweiten Hälfte des 19. Jh. wiederbelebt und wird seitdem häufig gewählt
Andere Formen: Stefan; Steffen (niederdeutsch); Steffel (bayr.); Stephen, Steve, Steven (engl.); Étienne, Estienne, Stéphane (französ.); Stefano (italien.); Steven (niederländ.); Estéban, Estévan (span.); Stefan, Stepan, Stenka, Stepka, Stepko, Sczepan (slaw.); István (ungar.)
Bekannte Namensträger: Stephan Lochner, deutscher Maler (um 1410–1451)
Namenstag: 26. Dezember

Stephana — weibl., Nebenform zu Stephanie

Stéphane — männl., französ. Form zu Stephan; *bekannte Namensträger:* Stéphane Mallarmé, französ. Dichter (1842–1898)

Stephanie — *Herkunft:* weibl. Form zu Stephan
Verbreitung: zwei heiliggesprochene Märtyrerinnen werden besonders in Frankreich verehrt; in Deutschland wurde der Vorn. durch die Adoptivtochter Napoleons, die 1806 den späteren Großherzog Karl von Baden heiratete, bekannt und beliebt; heute gilt der Vorn. als modern und wird oft gewählt
Andere Formen: Fannie, Stefanie, Stefana, Stefania, Stephana, Steffi; Stéphanie, Stephine, Etiennette, Tienette (französ.); Fanny (engl.); Stefanida (russ.);
Namenstag: 26. Dezember

Stéphanie — weibl., französ. Form zu Stephanie

Stephen	männl., engl. Form zu Stephan
Stephine	weibl., französ. Form zu Stephanie
Stepka, Stepko	männl., slaw. Formen zu Stephan
Steve	männl., engl. Form zu Stephan
Steven	männl., engl. und niederländ. Form zu Stephan
Stillfried	männl., aus dem ahd. »stilli« (still) und »fridu« (Friede); *weitere Formen:* Stillo
Stillfriede	weibl. Form zu Stillfried; *weitere Formen:* Stillfrieda, Stilla
Stina	weibl., fries. Form zu Christine, Ernestine und Augustine; *weitere Formen:* Stine, Stintje
Stinnes	männl., rhein. Form zu Augustinus
Stuart	männl., aus dem Engl. übernommener Vorn., der eigentlich der Name einer schott. Königsfamilie war (Maria Stuart, schott. Königin, lebte von 1542–1587)
Su	weibl., Kurzform zu Susanne
Sue	weibl., engl. Kurzform zu Susanne
Suleika	weibl., aus dem Arab. übernommener Vorn., eigentlich »die Verführerin«; bekannt wurde der Vorn. in Deutschland durch Goethes »Westöstlicher Diwan«, wo er seine Freundin Marianne von Willemer (1784–1860) Suleika nannte; *weitere Formen:* Zuleika (engl.)
Sultana	weibl., aus dem Rumän. übernommener Vorn., entspricht der männl. ungar. Form »Zoltá«, abgeleitet vom türk. Titel Sultan
Susa	weibl., italien. Kurzform zu Susanne
Susan	weibl., engl. Form zu Susanne; *weitere Formen:* Susann
Susanka	weibl., slaw. Form zu Susanne
Susanna	weibl., italien. Form zu Susanne
Susanne	*Herkunft:* weibl., aus der Bibel übernommener Vorn. hebr. Ursprungs, eigentlich »die Lilie« *Verbreitung:* die Geschichte der keuschen Susanne beim Bade, die im Mittelalter volkstümlich war und auch oft in der Kunst dargestellt wurde, führte zur starken Verbreitung des Vorn.; Susanne gehört auch heute noch zu den oft gewählten Vorn.

Andere Formen: Sanne, Sanna, Sanni, Su, Suse, Susi; Susan, Sue (engl.); Suzanne, Susetta, Suzette (französ.); Susanna, Susa (italien.); Susanka (slaw.); Susen (schwed.)
Bekannte Namensträger: Susanne von Klettenberg, deutsche Schriftstellerin (1723–1774); Susanne Uhlen, deutsche Schauspielerin (geb. 1955)
Namenstag: 11. August

Suse — weibl., Kurzform zu Susanne

Susen — weibl., schwed. Form zu Susanne

Susetta — weibl., französ. Koseform zu Susanne; *weitere Formen:* Susette

Susi — weibl., Kurzform zu Susanne; *weitere Formen:* Susy, Suzy

Suzanne — weibl., französ. Form zu Susanne

Suzette — weibl., französ. Koseform zu Susanne

Svane — weibl., Kurzform zu Vorn. mit »svan« (Schwan)

Svea — weibl., aus dem Schwed. übernommener Vorn. aus »svea-rike« (Schwedenreich)

Sven — männl., aus dem Nord. übernommener Vorn., eigentlich »junger Krieger«; der Vorn. wurde in Deutschland durch den schwed. Forschungsreisenden Sven Hedin (1865–1952) bekannt und wird oft gewählt; *weitere Formen:* Swen; Svend (dän.)

Svenja — weibl. Form zu Sven

Swana — weibl., Nebenform zu Swanhild; weitere Formen: Schwana

Swanhild — weibl., aus dem ahd. »swan« (Schwan) und »hiltja« (Kampf); *weitere Formen:* Swanhilde

Swante — männl., aus dem Slaw. übernommener Vorn., eigentlich »Kriegsvolk«; *weitere Formen:* Svante (schwed.)

Swantje — weibl., fries. Form zu Swanhild; *weitere Formen:* Swaantje, Swaneke

Swetlana — weibl., aus dem Russ. übernommener Vorn., eigentlich »hell«; *weitere Formen:* Svetlana

Swidgard — weibl., aus dem ahd. »swinde« (stark, geschwind) und »gard« (Hort, Schutz)

Swindbert — männl., aus dem ahd. »swinde« (stark, geschwind) und »beraht« (glänzend); *weitere Formen:* Swidbert, Suidbert

Swinde	weibl., Kurzform zu ahd. Vorn. mit »swinde«; *weitere Formen:* Swinda
Swindger	männl., aus dem ahd. »swinde« (stark, geschwind) und »ger« (Speer)
Sybil	weibl., engl. Form zu Sibylle
Sylvester	männl., Nebenform zu Silvester; *bekannte Namensträger:* Sylvester Stallone, amerikan. Filmschauspieler und Regisseur (geb. 1946)
Sylvi	weibl., skand. Form zu Silvia; *weitere Formen:* Sylvie (französ.)
Sylvia	weibl., skand. Form zu Silvia
Syste	männl., fries. Form zu Silvester

Ein weißes Kleid schützt nicht vor einem
schwarzen Namen.

Wer so besorgt um seinen Namen ist,
wird schlechte Gründe haben, ihn zu führen.

Heinrich von Kleist,
Amphitryon

Ein schlechter Name ist halb gehängt.

T

Tabea weibl., Nebenform zu Tabitha; Tabea war in der Apostelgeschichte eine Jüngerin, die von Petrus vom Tode erweckt wurde; *weitere Formen:* Tabe

Tabitha weibl., aus der Bibel übernommener Vorn. hebr. Ursprungs von »tabja« (Gazelle); *weitere Formen:* Tabea

Tade männl., fries. Form zu Vorn. mit »Diet-«; *weitere Formen:* Taelke, Taetse, Take

Tage männl., aus dem Schwed. übernommener Vorn., früher Beiname eines Bürgen oder Gewährsmannes

Taiga weibl., aus dem Russ. übernommener Vorn.; gemeint ist damit sicherlich der sibirische Nadelwaldgürtel; außerdem kann Taiga auch Kurzform zu russ. Vorn. mit »Diet-« oder fries. Form zu Theda sein; vom Amtsgericht Lüneburg 1975 als weibl. Vorn. zugelassen

Tale weibl., fries. Kurzform zu Adelheid; *weitere Formen:* Talea, Taletta, Taleja

Talesia weibl., bask. Form zu Adelheid

Talida weibl., fries. Form zu Adelheid

Talika weibl., fries. Form zu Adelheid; *weitere Formen:* Talka, Talke

Tam männl., engl. Kurzform zu Thomas

Tamara weibl., aus dem Russ. übernommener Vorn. hebr. Ursprungs, eigentlich »Dattelpalme«

Tamás männl., ungar. Form zu Thomas

Tamina weibl. Form zu Tamino

Tamino männl., aus dem griech. »tamias« (Herr, Gebieter); durch die Gestalt des Tamino in Mozarts Oper »Die Zauberflöte« bekannt geworden, aber selten gewählt

Tamme männl., alte fries. Form zu Dankmar und Thomas; *weitere Formen:* Tammo, Dammo, Tammy

Tammes männl., dän. Form zu Thomas

Tanja weibl., Nebenform zu Tatjana; *weitere Formen:* Tania, Tanjura

Tanko männl., Nebenform zu Dankwart

Tankred männl., normann. Form zu Dankrad; Tankred war als Vorn. der normann. Fürsten von Sizilien im 11./12. Jh. beliebt; Tankred von

Tarent (12. Jh.) war Teilnehmer am ersten Kreuzzug und wurde eine der Hauptfiguren in Tassos Epos »Das befreite Jerusalem«; *bekannte Namensträger:* Tankred Dorst, deutscher Dramatiker und Gründer einer Marionettenbühne in München (geb. 1925)

Tarek
männl., aus dem Arab. übernommener Vorn.; Tarek war der Vorn. eines arab. Feldherrn, der 711 nach dem nach ihm benannten Gibraltar (Fels des Tarek) übersetzte; *weitere Formen:* Tarik, Tarick

Tassia
weibl., russ. Form zu Anastasia; *weitere Formen:* Tasia

Tassilo
männl., Koseform zu Tasso; der Vorn. war im Mittelalter besonders in Bayern beliebt; um die Jahrhundertwende durch Zeitungs- und Zeitschriftenromane populär geworden und gegenwärtig öfter gewählt; *weitere Formen:* Thassilo; *bekannte Namensträger:* Thassilo von Scheffers, deutscher Schriftsteller und Übersetzer (1873–1951)

Tasso
männl., aus dem Italien. übernommener Vorn. lat. Herkunft von »taxus« (Eibe)

Tatjana
weibl., aus dem Russ. übernommener Vorn., dessen Herkunft und Bedeutung unklar ist; in Deutschland wurde der Vorn. durch die Gestalt der Tatjana in Tschaikowskis »Eugen Onegin« (1879) bekannt, aber erst seit 1960 wird der Vorn. zunehmend gewählt; *weitere Formen:* Tanja, Tata

Tebbe
männl., fries. Form zu Theodebert; *weitere Formen:* Tebbo

Ted
männl., engl. Kurzform zu Theodor und Eduard; *weitere Formen:* Teth, Teddy

Teddy
männl., Koseform zu Ted; Teddy war der Spitzname des amerikan. Präsidenten Theodore Roosevelt (1858–1919), nach dem auch die Teddybären benannt wurden

Tede
männl., fries. Kurzform zu Vorn. mit »Thed-« und »Diet-«; *weitere Formen:* Thede; weibl. Form zu Theodora; eindeutiger Zweitname erforderlich

Teida
weibl., fries. Form zu Adelheid

Teilhard
männl., aus dem Französ. übernommener Vorn., der dem ahd. Vorn. Linthart entspricht

Tela
fries. Form zu Adelheid; *weitere Formen:* Tele

Tell
männl., durch die Gestalt des W. Tell in Schillers Drama »Wilhelm Tell« bekannt geworden, aber selten gewählt

Telsa
fries. Form zu Elisabeth; *weitere Formen:* Telse, Telseke

Temme	männl., fries. Form zu Dietmar
Teodora	weibl., italien. Form zu Theodora
Teresa	weibl., span. und engl. Form zu Therese
Térèse	weibl., französ. Form zu Therese; *weitere Formen:* Thérèse
Terezie	weibl., tschech. Form zu Therese
Terézie, Terka	weibl., ungar. Formen zu Therese
Terzia	weibl., aus dem Lat. übernommener Vorn. zu »Tertia« (die Dritte)
Tess, Tessa, Tessy	weibl., engl. Kurzformen zu Therese
Tetje	männl., fries. Kurzform zu Vorn. mit »Diet-«; *weitere Formen:* Tete
Tettje	weibl., fries. Kurzform zu Vorn. mit »Diet-«; *weitere Formen:* Tetta
Teudelinde	weibl., Nebenform zu Theodelinde
Teutobert	männl., alte Form zu Theodebert
Teutobod	männl., Nebenform zu Theodebod
Teutward	männl., Nebenform zu Theodeward
Tewes	männl., Nebenform zu Matthäus
Thaddäus	männl., aus der Bibel übernommener Vorn. unklarer Herkunft und Bedeutung; Thaddäus war der Beiname des Heiligen Judas; *weitere Formen:* Taddäus; Tadeusz (poln.); Thady (engl.); *bekannte Namensträger:* Thaddäus Troll, deutscher Schriftsteller (1914–1980); *Namenstag:* 28. Oktober
Thaisen	männl., fries. Form zu Matthias
Thea	weibl., Kurzform zu Dorothea, Theodora oder Therese; durch Zeitungs- und Zeitschriftenromane um die Jahrhundertwende bekannt geworden; *bekannte Namensträger:* Thea von Harbou, deutsche Schriftstellerin (1888–1954)
Theda	weibl., Nebenform zu Theodora
Theis	männl., Kurzform zu Matthias
Thekla	weibl., aus dem griech. »theós« (Gott) und »kléos« (guter Ruf, Ruhm); seit dem Mittelalter als Heiligenname verbreitet; im 19. Jh. wurde der Vorn. neu belebt durch die Gestalt der Thekla

in Schillers »Wallenstein«; in Ostfriesland ist Thekla auch als Kurzform zu Vorn. mit »Theod-« gebräuchlich
Namenstag: 23. September, 28. September

Themke männl., Nebenform zu Dietmar

Theo männl., Kurzform zu Theodor oder Theobald; *weitere Formen:* Teo; weibl. Kurzform zu Theodora (als weibl. Vorn. nicht zu empfehlen); *bekannte Namensträger:* Theo Lingen, deutscher Schauspieler (1903–1978)

Theobald männl., latinisierte Form zu Dietbald oder auch aus dem griech. »theós« (Gott); im Mittelalter durch die Verehrung des Heiligen Theobald (11. Jh.) verbreitet; im 19. Jh. durch die Ritterdichtung wieder belebt, heute selten gewählt; *weitere Formen:* Debald, Diebald, Diebold; Theobald, Tibald (engl.); Thibaud, Thibault, Thibaut, Théobald (französ.); Tebaldo, Teobaldo (italien.)

Theoda weibl., Kurzform zu Vorn. mit »Theo-«

Theodebert männl., latinisierte Form zu Dietbert; *weitere Formen:* Tebbe (fries.)

Theodegar männl., latinisierte Form zu Dietger; *weitere Formen:* Theodeger

Theodelinde weibl., latinisierte Form zu Dietlinde; Theodelinde, Tochter des Bayernherzogs Garibald, war seit 588 mit dem Langobardenkönig Authari, dann mit Agilulf vermählt und bereitete den Übertritt der Langobarden zum kath. Christentum vor

Theodemar männl., latinisierte Form zu Dietmar; *weitere Formen:* Teutomar

Theoderich männl., latinisierte Form zu Dietrich

Theodeward männl., Nebenform zu Dietwart

Theodolf männl., latinisierte Form zu Dietwolf; *weitere Formen:* Theodulf

Theodor *Herkunft:* männl., aus dem griech. »theós« (Gott) und »dóron« (Gabe, Geschenk)
Verbreitung: um 1260 breitete sich der Vorn. durch die Verehrung des Heiligen Theodor (gestorben 316) von Venedig im gesamten Abend- und Morgenland aus; im 15. Jh. von den Humanisten besonders geschätzter Vorn; im 19. Jh. wurde der Name durch die Begeisterung für Theodor Körner (Dichter des Freiheitskampfes gegen Napoleon) neu belebt; in neuerer Zeit immer noch stark verbreitet, aber zurückgehend
Andere Formen: Theo; Theodore, Ted, Teddy (engl.); Théodore (französ.); Theodoro (italien.); Fjodor, Fedor, Feodor (russ.)
Bekannte Namensträger: Theodor Mommsen, deutscher Historiker und Nobelpreisträger (1817–1903); Theodor Storm, deutscher Schriftsteller (1817–1888); Theodor Fontane, deutscher

Schriftsteller (1819–1898); Theodor Heuss, erster deutscher Bundespräsident (1884–1963)
Namenstag: 16. August, 9. November

Theodora	weibl. Form zu Theodor; *weitere Formen:* Dora, Theda, Thea, Theodore; Fjodora, Feodora (russ.); Teodora (italien.)
Theodore	männl., engl. Form zu Theodor und weibl., Nebenform zu Theodora; eindeutiger Zweitname erforderlich
Théodore	männl., französ. Form zu Theodor
Theodoro	männl., italien. Form zu Theodor
Theodosia	weibl. Form zu Theodosius; *weitere Formen:* Feodosia (russ.)
Theodosius	männl., aus dem Griech. übernommener Vorn., eigentlich »Gottesgeschenk«; *weitere Formen:* Feodosi (russ.)
Theofried	männl., latinisierte Form zu Dietfried
Theophil	männl., aus dem griech. »theós« (Gott) und »philos« (lieb, freundlich); eine mittelalterliche Legendengestalt ist der Zauberer Theophilus, der als Vorstufe der Faustgestalt gilt; *weitere Formen:* Théophile (französ.); Theophilus; *bekannte Namensträger:* Théophile Gautier, französ. Dichter (1811–1872)
Theophora	weibl., aus dem griech. »theós« (Gott) und »phorá« (tragen)
Theresa	weibl., Nebenform zu Therese; *weitere Formen:* Theresina
Therese	*Herkunft:* weibl., aus dem Griech. übernommener Vorn., eigentlich »Bewohnerin der Insel Thera« *Verbreitung:* die Heilige Theresa von Avila gründete im 16. Jh. mehr als 30 Klöster und reformierte den Karmeliterorden; durch die österr. Kaiserin Maria Theresia wurde der Vorn. volkstümlich und wird bis heute gern gewählt *Andere Formen:* Theresa, Theresia, Thesi, Thery, Thesy, Resi; Teresa (span., engl.); Tess, Tessa, Tessy (engl.); Térèse (französ.); Terezie (tschech.); Terka, Terézie (ungar.) *Bekannte Namensträger:* Therese Giehse, deutsche Schauspielerin (1898–1975) *Namenstag:* 15. Oktober
Theresia	weibl., Nebenform zu Therese
Thery, Thesi, Thesy	weibl., Kurzformen zu Therese
Thiedemann	männl., Nebenform zu Vorn. mit »Diet-«; *weitere Formen:* Thielemann
Thierri	männl., französ. Form zu Dieterich; *weitere Formen:* Thierry

Thies männl., Kurzform zu Matthias; *weitere Formen:* Thieß

Thilde weibl., Kurzform zu Mathilde; *weitere Formen:* Tilde

Thilo männl., Kurzform zu Vorn. mit »Diet-«; *weitere Formen:* Tilo; *bekannte Namensträger:* Thilo Koch, deutscher Journalist (geb. 1920)

Thimo männl., Nebenform zu Dietmar; *weitere Formen:* Tiemo, Thietmar

This männl., niederdeutsche Form zu Matthias

Thomas *Herkunft:* männl., aus der Bibel übernommener Vorn. hebr. Ursprungs, eigentlich »Zwillingsbruder«
Verbreitung: seit dem Mittelalter durch die Verehrung des Heiligen Thomas (ungläubiger Thomas, weil er an der Auferstehung Jesu zweifelte und erst daran glaubte, als er die Wundmale des Auferstandenen berühren durfte) verbreitet; mit dem Thomastag am 21. Dezember sind viele Volksbräuche verknüpft, vor allem Liebesorakel; heute gehört der Vorn. zu den am meisten gewählten Namen
Andere Formen: Tam, Thomas, Tom, Tommy, Tomy (engl.); Thomé (französ.); Tomaso, Tommaso (italien.); Tomas (schwed., span.); Toma (slaw.); Tammes (dän.); Tamás (ungar.); Tamme (fries.)
Bekannte Namensträger: Thomas von Aquino, bedeutender Philosoph und Theologe (1225–1274); Thomas Morus, engl. Kanzler (1478–1538); Thomas Münzer, Führer des Bauernaufstandes (1489–1525); Thomas Hardy, engl. Dichter (1840–1928); Thomas Alva Edison, amerikan. Erfinder (1847–1931); Thomas Mann, deutscher Schriftsteller (1875–1955); Thomas Bernhard, österr. Schriftsteller (1931–1989)
Namenstag: 3. Juli

Thomé männl., französ. Form zu Thomas

Thona weibl., Nebenform zu Antonia

Thora weibl. Form zu Thore; *weitere Formen:* Tora

Thoralf männl., aus dem Nord. übernommener Vorn. zu german. »thor« (Gott) und »alf« (Elf, Naturgeist); *weitere Formen:* Toralf

Thorben männl., dän. Form zu Torbjörn; *weitere Formen:* Torben

Thorbrand männl., aus dem Nord. übernommener Vorn. zu german. »thor« (Gott) und »brand« (Brand)

Thordis weibl., aus dem Nord. übernommener Vorname zu german. »thor« (Gott) und altschwed. »dis« (Göttin); *weitere Formen:* Tordis

Thore männl., aus dem Nord. übernommener Vorn., der dem german. Donnergott entspricht; *weitere Formen:* Tore, Ture, Thure

Thorfridh männl., aus dem german. »thor« (Gott) und dem ahd. »fridu« (Friede)

Thorgard weibl., aus dem Schwed. übernommener Vorn. zu german. »thor« (Gott) und »gardh« (Hort, Schutz); *weitere Formen:* Torgard, Torgerd, Torgärd

Thorger männl., aus dem Nord. übernommener Vorn. zu german. »thor« (Gott) und »ger« (Speer); *weitere Formen:* Torger, Thorge

Thorgert männl., Nebenform zu Thorger

Thorgund weibl., aus dem Schwed. übernommener Vorn. zu german. »thor« (Gott) und dem ahd. »gund« (Kampf); *weitere Formen:* Torgund, Torgun, Torgunnd

Thorhild weibl., aus dem Schwed. übernommener Vorn. zu german. »thor« (Gott) und dem ahd. »hiltja« (Kampf); *weitere Formen:* Torhild, Torhilda, Törilla

Thorid weibl., aus dem Nord. übernommener Vorn. zu german. »thor« (Gott) und dem ahd. »fridu« (Friede); *weitere Formen:* Torid, Turid

Thorolf männl., aus dem Schwed. übernommener Vorn. zu german. »thor« (Gott) und altisländ. »ulfr« (Wolf); *weitere Formen:* Thorulf, Torolf

Thorsten männl., aus dem Nord. übernommener Vorn. zu german. »thor« (Gott) und »sten« (Steinwaffe); *weitere Formen:* Torsten

Thorwald männl., aus dem Nord. übernommener Vorn. zu german. »thor« (Gott) und dem ahd. »waltan« (walten, herrschen); *weitere Formen:* Torwald, Torvald

Thusnelda weibl., aus dem ahd. »thurs« (Riese) und »hiltja« (Kampf); *weitere Formen:* Thusnelde, Tusnelda, Tusnelde, Tursinhilda, Tussinhilda

Thyra weibl., aus dem german. »thor« (Gott) und dem ahd. »wig« (Kampf); *weitere Formen:* Tyra, Thyrvi, Tyre

Tiada weibl., fries. Kurzform zu Vorn. mit »Diet-«; *weitere Formen:* Tjada

Tiade männl., fries. Kurzform zu Vorn. mit »Diet-«; *weitere Formen:* Tjade

Tialf männl., fries. Kurzform zu Dietleib; *weitere Formen:* Tjalf

Tiana weibl., Nebenform zu Christiana

Tiard männl., fries. Kurzform zu Diethard; *weitere Formen:* Tjard

Tiark männl., fries. Kurzform zu Dietrich; *weitere Formen:* Tiarke, Tjark, Tyärk

Tiba weibl., fries. Kurzform zu Dietberga; *weitere Formen:* Thiadberg, Thiadburg, Tibeta, Tibetha, Tibe

Tiberius männl., aus dem Lat. übernommener Vorn., eigentlich »dem Flußgott Tiber geweiht«; der Vorn. ist durch den röm. Kaiser Tiberius Claudius Nero bekannt geworden

Tibor männl., ungar. Form zu Tiberius; *bekannte Namensträger:* Tibor Déry, ungar. Schriftsteller (1894–1977); Tibor Varga, ungar. Musiker (geb. 1921)

Tida weibl., fries. Kurzform zu Adelheid

Till männl., fries. Kurzform zu Vorn. mit »Diet-«; seit dem Mittelalter in Norddeutschland, den Niederlanden und in Flandern sehr beliebter Vorn.; der bekannte Till Eulenspiegel (14. Jh.) ist nicht nur als Schalk und Schelm überliefert, sondern auch als fläm. Freiheitsheld Thyl Ulenspiegel; *weitere Formen:* Tile, Tyl, Thyl

Tilla weibl., Kurzform zu Ottilie und Mathilde; *weitere Formen:* Tilli, Tilly

Tillmann männl., alte fries. Form zu Dietrich; *weitere Formen:* Tilmann, Tillman, Tilman, Tillo; *bekannte Namensträger:* Tilman Riemenschneider, Bildhauer (1460–1531)

Tilse weibl., fries. Form zu Elisabeth

Timm männl., Kurzform zu Thiemo oder Timotheus; *weitere Formen:* Tim, Timme, Timmo, Timo

Timotheus männl., aus dem griech. »timan« (schätzen, ehren) und »theós« (Gott); der Vorn. war im alten Griechenland sehr verbreitet und wurde in der christlichen Welt durch die Verehrung des Heiligen Timotheus (ein Schüler und Gehilfe des Apostels Paulus) bekannt; *weitere Formen:* Tiemo, Timm; Timothy (engl.); Timothée (französ.); Timofej (russ.)

Timothy männl., engl. Form zu Timotheus

Timpe männl., Märchengestalt aus » Der Fischer un syne Fru«; vom Oberlandesgericht Hamburg 1979 als männl. Vorn. zugelassen, jedoch nur mit einem eindeutigen Zweitnamen

Tina	weibl., Kurzform zu Vorn., die auf »-tina« enden, vor allem »Christina« und »Martina«
Tinette	weibl., französ. Koseform zu Antoinette
Tinka	weibl., Kurzform zu Katharina
Tino	männl., italien. Kurzform zu Vorn., die auf »-tino« enden, vor allem »Albertino« und »Valentino«
Tirza	weibl., aus der Bibel übernommener Vorn. hebr. Ursprungs, eigentlich »die Anmutige«; *weitere Formen:* Thirza, Thyrza, Thirsa
Tito	männl., italien. Form zu Titus
Titus	männl., aus dem lat. »titulus« (Ruhm, Verdienst, Ansehen); Titus Flavius Vespasianus (39–81) zerstörte im Jahr 70 n.Chr. Jerusalem und ließ den Titusbogen in Rom errichten; *weitere Formen:* Tito; Tiziano (italien.); *Namenstag:* 6. Februar
Tiziana	weibl. Form zu Tiziano; *weitere Formen:* Titia
Tiziano	männl., italien. Form zu Titus
Tjarde	weibl. Form zu Tiard
Töbe, Tobi	männl., Kurzformen zu Tobias
Tobias	*Herkunft:* männl., aus der Bibel übernommener Vorn. hebr. Ursprungs, eigentlich »Gott ist gnädig«; Tobias ist in der Bibel der fromme Sohn, der mit seinem erblindeten Vater eine gefährliche Reise unternimmt und seinen Vater heilt *Verbreitung:* die Tobiasgeschichte war in der Reformationszeit sehr beliebt und trug maßgeblich zur Verbreitung des Vorn. bei, der heute noch oft gewählt wird *Andere Formen:* Tobi, Töbe; Tobias, Toby (engl.) *Bekannte Namensträger:* Tobias Stimmer, schweiz. Maler und Holzschnitzer (16. Jh.); Johan Tobias Sergel, schwed. Bildhauer (1740–1814)
Tobsy	weibl., Koseform zu Tove
Toby	männl., engl. Kurzform zu Tobias
Tom	männl., engl. Kurzform zu Thomas
Toma	männl., slaw. Form zu Thomas
Tomas	männl., schwed. und span. Form zu Thomas
Tomaso, Tommaso	männl., italien. Formen zu Thomas

Tommy, Tomy	männl., engl. Koseformen zu Thomas
Tona	weibl., Kurzform zu Antonia; *weitere Formen:* Tonia, Tonja
Toni	männl., Kurzform zu Anton und weibl., Kurzform zu Antonia; eindeutiger Zweitname erforderlich; *weitere Formen:* Tony
Tonio	männl., italien. Form zu Anton; durch T. Manns Novelle »Tonio Kröger« bekannt geworden und öfter gewählt
Torbjörn	männl., aus dem Nord. übernommener Vorn. zu german. »thor« (Gott) und altschwed. »biorn« (Mann, Held, Häuptling)
Tord	männl., Nebenform zu Thorfridh
Tosja	weibl., russ. Koseform zu Antonia
Toska	weibl., aus dem Italien. übernommener Vorn., eigentlich »die Toskanerin«; *weitere Formen:* Tosca
Tove	weibl. Form zu Tobias
Traude	weibl., Kurzform zu Gertraud; *weitere Formen:* Traudel, Traute, Traudl
Traudhild	weibl., aus dem ahd. »trud« (Kraft, Stärke) und »hiltja« (Kampf); *weitere Formen:* Traudhilde, Trudhild, Trudhilde
Traudlinde	weibl., aus dem ahd. »trud« (Kraft, Stärke) und »linta« (Schutzschild aus Lindenholz); *weitere Formen:* Trudlinde
Traugott	männl., pietistische Neubildung im 18. Jh., eigentlich »vertraue Gott«
Trauthelm	männl., aus dem ahd. »trud« (Kraft, Stärke) und »helm« (Helm, Schutz)
Trauthold	männl., aus dem ahd. »trud« (Kraft, Stärke) und »waltan« (walten, herrschen); *weitere Formen:* Trautwald
Trautmann	männl., aus dem ahd. »trud« (Kraft, Stärke) und »man« (Mann)
Trautmar	männl., aus dem ahd. »trud« (Kraft, Stärke) und »mari« (berühmt)
Trautmund	männl., aus dem ahd. »trud« (Kraft, Stärke) und »munt« (Schutz der Unmündigen)
Trautwein	männl., aus dem ahd. »trud« (Kraft, Stärke) und »wini« (Freund); *weitere Formen:* Trautwin
Treumund	männl., aus dem altsächs. »triuwi« (treu, wahr) und dem ahd. »munt« (Schutz der Unmündigen)

Treumunde	weibl. Form zu Treumund
Trina	weibl., Kurzform zu Katharina; *weitere Formen:* Trine, Trinette
Tristan	männl., alter deutscher Vorn., eigentlich »Waffenlärm«; die Liebesgeschichte von Tristan und Isolde wurde oft künstlerisch bearbeitet und hat den Vorn. bekannt gemacht
Trudbert	männl., aus dem ahd. »trud« (Kraft, Stärke) und »beraht« (glänzend)
Trude	weibl., Kurzform zu Gertrud
Trudeliese	weibl., Doppelname aus Trude und Liese
Trutz	männl., neuer Vorn. zu dem deutschen Hauptwort »Trotz«
Tulla	weibl., alte Form zu Ursula (Sankt Ulla); *weitere Formen:* Tulle
Tünnes	männl., rhein. Kurzform zu Antonius
Tusja	weibl., Kurzform zu Natalija

U

Ubald	männl., aus dem ahd. »hugo« (Sinn, Geist) und »bald« (kühn); *weitere Formen:* Hugbald; Ubalde (französ.); Ubaldo (italien.)
Ubba	weibl., fries. Kurzform zu Ubald
Ubbo	männl., fries. Kurzform zu Ubald
Ubert	männl., rätoroman. Form zu Odilbert
Uda	weibl., Nebenform zu Oda; *weitere Formen:* Ude
Udelar	männl., Nebenform zu Adelar
Udele	weibl., Nebenform zu Adele
Udo	männl., Nebenform zu Otto und Ulrich; *bekannte Namensträger:* Udo Jürgens, deutscher Schlagersänger und Komponist (geb. 1934); Udo Lattek, deutscher Fußballtrainer (geb. 1935); Udo Lindenberg, deutscher Rockmusiker (geb. 1946)
Ueli	männl., schweiz. Form zu Ulrich
Ufe	männl., fries. Kurzform zu Wolfbert; *weitere Formen:* Uffe, Ufert, Uffke, Ufko
Ugo	männl., Kurzform zu Hugo; *weitere Formen:* Ugolino
Uhl	männl., Kurzform zu Ulrich
Uland	männl., aus dem ahd. »uodal« (Erbgut, Heimat) und »lant« (Land)
Ulbe	männl., fries. Form zu Odilbert; *weitere Formen:* Ulbert, Ulbet
Ule	männl., Nebenform zu Ulrich; *weitere Formen:* Ulerk (fries.)
Uletta	weibl., roman. Form zu Ulla
Ulf	männl., aus dem Nord. übernommener Vorn., eigentlich »wolf« (Wolf), auch fries. Kurzform zu Ulfried
Ulfart	männl., fries. Form zu Wolfhard
Ulfhild	weibl., nord. Form zu Wolfhild; *weitere Formen:* Ulvhild (schwed.)
Ulfilas	männl., Nebenform zu Wulfila (Wölfchen)
Ulfo	männl., Nebenform zu Ulf
Ulfried	männl., aus dem ahd. »uodal« (Erbgut, Heimat) und »fridu« (Friede); *weitere Formen:* Ulfrid, Ulfert, Olfert, Uodalfrid, Odalfrid

Uli männl., Nebenform zu Ulrich

Uliana weibl., russ. Form zu Juliana

Ulita weibl., russ. Form zu Julitta

Ulla weibl., Kurzform zu Ursula oder Ulrike; *weitere Formen:* Ula

Ulla-Britt weibl., schwed. Doppelname aus Ulla und Britt

Ulli männl., Nebenform zu Ulrich

Ullmann männl., aus dem ahd. »uodal« (Erbgut, Heimat) und »man« (Mann)

Ullus männl., Nebenform zu Ulrich

Ulric männl., französ. Form zu Ulrich

Ulrich *Herkunft:* männl., aus dem ahd. »uodal« (Erbgut, Heimat) und »rihhi« (reich, mächtig)
Verbreitung: durch die Verehrung des Heiligen Ulrich (9./10. Jh.) seit dem Mittelalter vor allem in Süddeutschland und der Schweiz verbreitet; um 1900 wurde der Vorn. oft in Adelskreisen gewählt, durch Romane von Spielhagen und Sudermann volkstümlich geworden
Andere Formen: Uli, Ule, Ulli, Udo, Ullus, Utz, Uhl, Ohlsen; Ulrik (niederd.); Ulric (französ.); Ueli (schweiz.)
Bekannte Namensträger: Ulrich von Hutten, deutscher Humanist (1488–1523); Ulrich Schamoni, deutscher Filmregisseur (geb.1939)
Namenstag: 4. Juli

Ulrik männl., niederd. Form zu Ulrich

Ulrika weibl., dän. und schwed. Form zu Ulrike

Ulrike *Herkunft:* weibl. Form zu Ulrich
Verbreitung: seit dem 18. Jh. in Adelskreisen verbreitet; um 1900 durch Zeitungs- und Zeitschriftenromane volkstümlich geworden; heute öfter gewählt
Andere Formen: Ulla, Ulrika, Rika, Rike, Riken; Ulrique (französ.)
Bekannte Namensträger: Ulrike Meyfarth, zweifache deutsche Olympiasiegerin im Hochsprung (geb. 1956)

Ulrique weibl., französ. Form zu Ulrike

Ultima weibl. Form zu Ultimus

Ultimus männl., aus dem lat. »ultimum« (zuletzt, zum letzten Male); im übertragenen Sinne ist hier das letzte Kind gemeint

Ulv männl., schwed. Form zu Ulf

Ulysses männl., lat. Form zu Odysseus; *weitere Formen:* Ulisse, Ulyxes, Ulixes

Umberto männl., italien. Form zu Humbert; *bekannte Namensträger:* Umberto Ecco, italien. Schriftsteller (geb. 1932)

Umma weibl. Form zu Ummo

Ummo männl., fries. Kurzform zu Otmar; *weitere Formen:* Umme

Una weibl., aus dem Engl. übernommener Vorn., der auf Oona zurückgeht

Undine weibl., aus dem lat. »unda« (Welle); eigentlich ist damit eine im Wasser hausende Nixe gemeint; das Märchen von der Nixe Undine, die die Frau eines Menschen wird, um eine unsterbliche Seele zu bekommen, wurde mehrfach künstlerisch bearbeitet

Uno männl., schwed. Form zu One, eigentlich »gedeihen, sich heimisch fühlen); weiter Formen: Unno, Unne

Uorsin männl., rätoroman. Form zu Ursus

Urban männl., aus dem Lat. übernommener Vorn., eigentlich »Stadtbewohner«; durch die Verehrung des Heiligen Urban, Patron der Winzer, wurde der Vorn. im Mittelalter vor allem in Süddeutschland und Tirol verbreitet; *weitere Formen:* Urbanus; Urbain (französ.); *Namenstag:* 25. Mai

Urdin männl., aus dem bask. »urdin« (blau wie der Himmel)

Urdina weibl. Form zu Urdin

Uri männl., Kurzform zu Uriel

Uriel männl., aus der Bibel übernommener Vorn. hebr. Ursprungs, eigentlich »Gott ist mein Licht«; Uriel war der Name eines Erzengels; *bekannte Namensträger:* Uriel Acosta, jüdischer Religionsphilosoph (16./17. Jh.)

Urs männl., Kurzform zu Ursus; *bekannte Namensträger:* Urs Graf, schweiz. Maler und Holzschnitzmeister (um 1485–1527); Hans Urs von Balthasar, schweiz. Theologe und Schriftsteller (1905–1988)

Ursa weibl., Kurzform zu Ursula

Urschel weibl., Nebenform zu Ursula

Urschla weibl., rätoroman. Form zu Ursula

Ursel weibl., Kurzform zu Ursula

Ursetta weibl., rätoroman. Form zu Ursula

Ursin männl., französ. Form zu Ursus

Ursina weibl., Nebenform zu Ursula

Ursinus männl., Nebenform zu Ursus

Ursio männl., italien. Form zu Ursus

Ursly weibl., engl. Form zu Ursula

Ursola weibl., span. Form zu Ursula

Ursula Herkunft: weibl. Form zu Ursus
Verbreitung: durch die Verehrung der Heiligen Ursula (der Legende nach eine britische Prinzessin, die auf der Rückreise von Rom mit ihren elftausend Jungfrauen von den Hunnen bei Köln ermordet wurde) seit dem Mittelalter in Deutschland verbreitet; um die Jahrhundertwende in Adelskreisen geschätzt; stärkste Verbreitung des Vorn. nach dem Zweiten Weltkrieg; gegenwärtig abnehmend
Andere Formen: Ursel, Ursina, Ursa, Ursuline, Urschel, Uschi, Sula; Orsch, Orscheli (schweiz.); Urschla, Ursetta (rätoroman.); Ursula, Ursly, Usle (engl.); Ursel, Orsel (niederländ.); Ursule (französ.); Orsola (italien.); Ursola (span.); Orsolya (ungar.)
Namenstag: 21. Oktober

Ursule weibl., französ. Form zu Ursula

Ursuline weibl., Nebenform zu Ursula; ursprünglich war es der Name einer Novizin, die sich den Ursulinen geweiht hat; *weitere Formen:* Ursulina, Ursulane, Ursina, Ursine

Ursus Herkunft: männl., aus dem lat. »ursus« (Bär)
Verbreitung: durch die Verehrung des Heiligen Ursus von Solothurn (4. Jh.) ist der Vorn. vor allem in der Schweiz beliebt und wird auch heute noch öfter gewählt
Andere Formen: Urs, Ursinus; Ursio (italien.); Uorsin (rätoroman.); Ursin (französ.)
Namenstag: 30. September

Urte weibl., bask. Form zu Ruth

Uschi weibl., Koseform zu Ursula; *bekannte Namensträger:* Uschi Glas, deutsche Schauspielerin (geb. 1944)

Usle weibl., engl. Form zu Ursula

Usmar männl., Nebenform zu Osmar

Ute weibl., Nebenform zu Oda; in dem Nibelungenlied hieß Kriemhilds Mutter Uote; bis zum 12. Jh. war der Vorn. durch verschiedene Fürstinnen in deutschen Heldensagen weit verbreitet, dann wurde er immer seltener; erst im 20. Jh. wieder stärker verbreitet; *weitere Formen:* Uta, Utta

Uthelm männl., Nebenform zu Othelm

Utlinde weibl., Nebenform zu Otlinde

Uto männl., Nebenform zu Udo

Utz männl., Kurzform zu Ulrich und anderen Vorn. mit »uodal«; *weitere Formen:* Uz

Uwe männl., fries. Form zu Vorn. mit »Ot-« und Nebenform zu Owe; *weitere Formen:* Uwo, Uve, Uvo; *bekannte Namensträger:* Uwe Seeler, deutscher Fußballspieler (geb. 1936)

Wer dem andern den guten Namen raubt,
macht diesen arm, aber sich nicht reich.

V

Václaw	männl., tschech. Form zu Wenzeslaus
Valente	männl., italien. Form zu Valentin
Valentin	*Herkunft:* männl., aus dem lat. »valere« (gesund sein) *Verbreitung:* durch die Verehrung des Heiligen Valentin, Patron des Bistums Passau und Schutzheiliger bei Epilepsie (5. Jh.), in Deutschland bekannt geworden; ein anderer Heiliger Valentin wird als Schutzpatron der Liebenden verehrt, und der »Valentinstag« wird in vielen Ländern als Tag der Blumen und Geschenke zwischen Liebenden gefeiert; heute verbreitet, aber selten gewählt *Andere Formen:* Felte, Valtin, Valten, Velten; Valente, Valentino (italien.) *Namenstag:* 7. Januar, 14. Februar
Valentina	weibl. Form zu Valentin; *weitere Formen:* Valentine, Valente, Valentia; *bekannte Namensträger:* Valentina Tereschkowa, russ. Kosmonautin und 1963 erste Frau im Weltraum (geb. 1937)
Valentine	weibl. Form zu Valentin; *weitere Formen:* Valentina
Valentino	männl., italien. Form zu Valentin; *weitere Formen:* Valentiniano
Valer	männl., Nebenform zu Valerius
Valeria	weibl. Form zu Valerius; *weitere Formen:* Valerie, Valeriane; *Namenstag:* 4. Mai, 20. Mai
Valerian	männl., Nebenform zu Valerius
Valerie	weibl., Nebenform zu Valeria
Valerio	männl., italien. Form zu Valerius
Valerius	*Herkunft:* männl., aus dem Lat. übernommener Vorn., eigentlich »einer aus dem Geschlecht der Valerier« *Verbreitung:* der Heilige Valerius soll ein Schüler von Petrus gewesen sein und zweiter Bischof von Trier (3. Jh.), durch seine Verehrung war der Vorn. im 16. Jh. in Deutschland recht beliebt, verlor dann aber an Bedeutung; heute wird der Vorn. nur sehr selten gewählt *Andere Formen:* Valer, Valerian; Valerio (italien.) *Namenstag:* 29. Januar
Valeska	weibl., poln. Form zu Valeria oder Ladislaus
Valten, Valtin	männl., Kurzformen zu Valentin
Vanda	weibl., italien. und schwed. Form zu Wanda

Vanessa weibl., aus dem Engl. übernommener Vorn., der eigentlich eine Schmetterlingsgattung bezeichnet; in Deutschland ist der Vorn. erst durch die engl. Schauspielerin Vanessa Redgrave bekannt geworden und wird öfter gewählt

Vanja weibl., seit dem 19. Jh. in Schweden gebräuchliche weibl. Form zu Wanja; männl., russ. Koseform zu Iwan; eindeutiger Zweitname erforderlich

Vanna weibl., Kurzform zu Giovanna; weitere Formen: Vannina

Varus männl., aus dem Lat. übernommener Vorn. unklarer Bedeutung; besonders in der Schweiz verbreitet

Vasco männl., aus dem span. oder portug. »vasco« (der Baske); *bekannte Namensträger:* Vasco de Gama, portug. Seefahrer und Entdecker des Seeweges nach Indien (1469–1524)

Vasja männl., russ. Koseform zu Wassilij

Veicht, Veidl, Veil männl., bayr. Formen zu Veit

Veit *Herkunft:* männl., Nebenform zu Vitus, dessen Bedeutung unklar ist
Verbreitung: seit dem Mittelalter durch die Verehrung des Heiligen Vitus (oder Veit) weit verbreiteter Vorn.; nach ihm wurden auch einige Krankheiten (wie der Veitstanz) benannt, da er als Nothelfer bei Krämpfen, Fallsucht und Blindheit angerufen wurde
Andere Formen: Vit, Wido; Veicht, Veidl, Veil (bayr.); Vit, Vito (roman.); Voit, Guido (französ.); Guy (engl.); Witas (schwed.); Wida (ungar.); Vit, Veit (russ.)
Bekannte Namensträger: Veit Stoß, deutscher Holzschnitzer und Bildhauer (1440–1533); Veit Harlan, deutscher Filmregisseur (1899–1964)
Namenstag: 15. Juni

Velten männl., Kurzform zu Valentin

Vera weibl., aus dem russ. »vera« (Glaube) oder Kurzform zu Verena und Veronika; *weitere Formen:* Wera; Veruschka (russ.); *bekannte Namensträger:* Vera Tschechowa, deutsche Schauspielerin (geb. 1940)

Verena *Herkunft:* weibl., Herkunft und Bedeutung unklar, eventuell eine Nebenform zu Veronika
Verbreitung: durch die Verehrung der Heiligen Verena von Solothurn vor allem in der Schweiz verbreitet, aber auch in Deutschland in letzter Zeit öfter gewählt
Andere Formen: Rena; Vreni (schweiz.); Vérène (französ.)
Namenstag: 1. September

Vérène weibl., französ. Form zu Verena

Vergie weibl., Nebenform zu Virginia

Verita weibl. Form zu Veritas

Veritas männl., aus dem lat. »veritas« (Wahrheit)

Verona weibl., Nebenform zu Veronika; *weitere Formen:* Veronia

Veronika *Herkunft:* weibl., aus dem Griech. übernommener Vorn., eigentlich »die Siegbringende«
Verbreitung: durch die Verehrung der Heiligen Veronika von Jerusalem, die Christus auf dem Weg zur Kreuzigung ein Schweißtuch gereicht haben soll, in Deutschland verbreitet, aber in den letzten Jahren weniger gewählt
Andere Formen: Berenike, Vera, Verona, Frony; Frauke (fries.); Véronique (französ.)
Namenstag: 9. Juli

Véronique weibl., französ. Form zu Veronika

Vesta weibl., aus dem Griech., eigentlich »Herd«; Vesta ist der Name der griech. Herd- und Feuergöttin

Veva weibl., Kurzform zu Genoveva; *weitere Formen:* Vevi

Vicky weibl., engl. Kurzform zu Viktoria; *weitere Formen:* Vicki, Viki; *bekannte Namensträger:* Vicki Baum, österr. Schriftstellerin (1888–1960)

Vico männl., italien. Kurzform zu Viktor; *weitere Formen:* Vicco, Viggo; *bekannte Namensträger:* Vicco von Bülow (Loriot), deutscher Satiriker (geb. 1923)

Victor männl., engl. und französ. Form zu Viktor; *bekannte Namensträger:* Victor Hugo, französ. Schriftsteller (1802–1855); Victor de Kowa, deutscher Schauspieler und Regisseur (1904–1973)

Victoria weibl., Nebenform zu Viktoria

Victorien weibl., französ. Form zu Viktoria

Viktor *Herkunft:* männl., aus dem lat. »vincere« (siegen)
Verbreitung: durch die Verehrung mehrerer Heiliger in Deutschland bekannt und verbreitet, besonders durch den Heiligen Viktor von Xanten (am Xantener Dom als Drachentöter dargestellt); heute wird der Vorn. seltener gewählt
Andere Formen: Viktorian, Victor; Vico, Vittore, Vittorino (italien.); Vitja (russ.); Victor (engl., französ.)
Bekannte Namensträger: Viktor von Scheffel, deutscher Schriftsteller (1826–1886);
Namenstag: 30. September, 10. Oktober

Viktoria

Herkunft: weibl. Form zu Viktor
Verbreitung: in Deutschland erst im 19. Jh. durch die engl. Königin Viktoria verbreitet; heute seltener gewählt
Andere Formen: Victoria, Viktorina, Viktorine; Fieke (fries.); Victorien (französ.); Vicky (engl.)
Bekannte Namensträger: Viktoria, Gattin von Kaiser Friedrich III. (1840–1901)
Namenstag: 17. November, 23. Dezember

Viktorian

männl., Nebenform zu Viktor; *weitere Formen:* Viktorianus (lat.)

Viktoriana

weibl., Nebenform zu Viktoria

Viktoriane

weibl., Nebenform zu Viktoria

Viliana

weibl., russ. Vorn., der aus den Initialen von »Wladimir Lenin« gebildet wurde

Vilja

weibl., aus dem Finn. übernommener Vorn., eigentlich »Reichtum, Güte«

Vilma

weibl., ungar. Form zu Wilma

Vilmar

männl., aus dem ahd. »filu« (viel) und »mari« (berühmt)

Vilmos

männl., ungar. Form zu Wilhelm

Vincent

männl., französ. und niederländ. Form zu Vinzenz; *bekannte Namensträger:* Vincent van Gogh, niederländ. Maler (1853–1890)

Vincente

männl., italien. Form zu Vinzenz

Vincenzo

männl., italien. Form zu Vinzenz

Vinzent

männl., Nebenform zu Vinzenz

Vinzenta

weibl. Form zu Vinzenz; *weitere Formen:* Senna, Zenzi, Zenta; Vinzentia, Vinzentina, Vincenta

Vinzenz

Herkunft: männl., aus dem lat. »vincere« (siegen)
Verbreitung: durch die Verehrung des Heiligen Vinzenz von Saragossa (3./4. Jh.) wurde der Vorn. in Deutschland verbreitet und wird heute nur noch selten gewählt
Andere Formen: Zenz, Vinzent; Vincent (französ., niederländ.); Vincente, Vincenzo (italien.)
Bekannte Namensträger: Vinzenz von Beauvais, französ. Dominikaner und Verfasser einer großen Enzyklopädie (12./13. Jh.)
Namenstag: 22. Januar, 19. Juli

Viola weibl., aus dem lat. »viola« (Veilchen); durch die Gestalt der Viola in Shakespeares »Was ihr wollt« bekannt geworden und gegenwärtig öfter gewählt; *weitere Formen:* Violetta (italien.); Violette (französ.); Violet (engl.); Violanta (lat.)

Violanta weibl., latinisierte Form zu Viola oder Nebenform zu Jolanthe

Violet weibl., engl. Form zu Viola

Violetta weibl., italien. Form zu Viola

Violette weibl., französ. Form zu Viola

Virgie weibl., Kurzform zu Virginia

Virgil männl., aus dem Lat. übernommener Vorn., dessen Bedeutung unklar ist; der altrömische Dichter Publius Vergilius Maro (1. Jh. v. Chr.) wurde für einige Humanisten im 16. Jh. zum Namensvorbild; in Österreich wurde der Vorn. aber vor allem durch die Verehrung des Heiligen Virgilius, der im 8. Jh. Bischof von Salzburg war, bekannt und wird dort auch heute noch gewählt

Virgilia weibl., Nebenform zu Virginia

Virginia
Herkunft: weibl., aus dem Lat. übernommener Vorn., eigentlich eine Nebenform des heute nicht mehr gebräuchlichen Vorn. Verginia (»die aus dem Geschlecht der Verginier«)
Verbreitung: in Deutschland wurde der Vorn. schon immer nur vereinzelt gewählt
Andere Formen: Virgie, Vergie, Virgilia, Ginnie; Virna (italien.); Virginie (französ.); Virginia (engl.)
Bekannte Namensträger: Virginia Woolf, engl. Schriftstellerin (1882–1941)
Namenstag: 7. Januar

Virginie weibl., französ. Form zu Virginia

Virna weibl., italien. Form zu Virginia

Vit männl., Kurzform, roman. und russ. Form zu Veit

Vitalis männl., aus dem lat. »vitalis« (kräftig, munter); *weitere Formen:* Vital; Vitale (italien.); Vidal (span.)
Namenstag: 20. Oktober, 4. November

Vitja männl., russ. Form zu Viktor; *weitere Formen:* Vitulja

Vito männl., roman. Form zu Veit

Vittore männl., italien. Form zu Viktor

Vittorino männl., italien. Form zu Viktor

Vitus männl., Herkunft und Bedeutung unklar, eventuell latinisierte Form zu dem ahd. »witu« (Holz, Wald); *weitere Formen:* Veit

Vivian männl., aus dem Engl. übernommener Vorn. lat. Ursprungs zu »vivus« (lebendig); *weitere Formen:* Vivien (französ.); Viviano (italien.); Bibieno (port.)

Viviane weibl. Form zu Vivian; Viviane oder Niniane ist auch eine Gestalt aus der Artussage (Dame vom See), die Merlin in ihrem Banne hielt und Erzieherin des jungen Ritters Lanzelot war; *weitere Formen:* Vivien; Vivienne (französ.); Bibiana (port.); *bekannte Namensträger:* Vivien Leigh, engl. Schauspielerin (1913–1967)

Voit männl., französ. Form zu Veit

Volbert, Volbrecht männl., Nebenformen zu Volkbert

Volkbert männl., aus dem ahd. »folc« (Volk, Kriegsschar) und »beraht« (glänzend)

Volkberta weibl. Form zu Volkbert

Volkbrand männl., aus dem ahd. »folc« (Volk, Kriegsschar) und »brand« (brennen)

Volker männl., aus dem ahd. »folc« (Volk, Kriegsschar) und » heri« (Heer); der Vorn. wurde durch den Spielmann Volker aus dem Nibelungenlied bekannt und häufig gewählt

Volkhart männl., aus dem ahd. »folc« (Volk, Kriegsschar) und »harti« (hart); *weitere Formen:* Volhart, Volkert

Volkhild weibl., aus dem ahd. »folc« (Volk, Kriegsschar) und »hiltja« (Kampf); *weitere Formen:* Volkhilde

Volkhold männl., Nebenform zu Volkwald

Volkmann männl., aus dem ahd. »folc« (Volk, Kriegsschar) und »man« (Mann)

Volkmar männl., aus dem ahd. »folc« (Volk, Kriegsschar«) und »mari« (berühmt)

Volko männl., Kurzform zu Vorn. mit »Volk-«

Volkrad männl., aus dem ahd. »folc« (Volk, Kriegsschar) und »rat« (Ratgeber)

Volkram männl., aus dem ahd. »folc« (Volk, Kriegsschar) und »hraban« (Rabe)

Volkwald	männl., aus dem ahd. »folc« (Volk, Kriegsschar) und »waltan« (walten, herrschen)
Volkward	männl., aus dem ahd. »folc« (Volk, Kriegsschar) und »wart« (Hüter)
Volkwin	männl., aus dem ahd. »folc« (Volk, Kriegsschar) und »wini« (Freund)
Volla	weibl., fries. Kurzform zu Vorn. mit »Volk-«, zu Volma oder Volke
Volma	weibl. Form zu Volkmar
Volmar	männl., Kurzform zu Volkmar
Volprecht	männl., Nebenform zu Volkbert; *weitere Formen:* Volpert, Volbert
Volrad	männl., Nebenform zu Volkrad; *weitere Formen:* Vollrad, Volrat
Vreni	weibl., schweiz. Form zu Verena; *weitere Formen:* Vreneli

W

Walbert männl., Nebenform zu Waldebert

Walberta weibl. Form zu Walbert

Walborg weibl., Nebenform zu Walburg

Walburg *Herkunft:* weibl., aus dem ahd. »waltan« (walten, herrschen) und »burg« (Schutz, Zuflucht)
Verbreitung: durch die Verehrung der Heiligen Walburg war der Vorn. im Mittelalter in Deutschland sehr weit verbreitet; die Heilige Walburg war eine angelsächs. Missionarin und Äbtissin in Heidenheim, deren Reliquien am 1. Mai 871 nach Eichstätt überführt wurden, daher stammt auch der Brauch, die Walpurgisnacht zu feiern; der Vorn. wurde vor allem in katholischen Familien gewählt und war erst seit der Jahrhundertwende in evangelischen Kreisen verbreitet; heute selten gewählt
Andere Formen: Walburga, Walburge, Walpurga, Walpurgis, Walli, Burga, Burgl, Walborg; Valburg (schwed.); Vaubourg (französ.)
Namenstag: 25. Februar, 1. Mai

Walburga, Walburge weibl., Nebenformen zu Walburg

Walda weibl., Kurzform zu Vorn. mit »Wald-«

Waldebert männl., aus dem ahd. »waltan« (walten, herrschen) und »beraht« (glänzend); *weitere Formen:* Walbert

Waldegund weibl., aus dem ahd. »waltan« (walten, herrschen) und »gund« (Kampf); *weitere Formen:* Waldegunde

Waldemar *Herkunft:* männl., aus dem ahd. »waltan« (walten, herrschen) und »mari« (berühmt)
Verbreitung: als Fürstenname im Mittelalter sehr stark verbreitet; im 19. Jh. wurde der Vorn. neu belebt und volkstümlich; heute noch verbreitet, aber selten gewählt
Andere Formen: Waldomar, Waldo, Walo, Woldemar; Wolodja, Wladimir (russ.)
Bekannte Namensträger: Waldemar Bonsel, deutscher Schriftsteller (1888–1952)

Waldfried männl., aus dem ahd. »waltan« (walten, herrschen) und »fridu« (Friede)

Waldmann männl., aus dem ahd. »waltan« (walten, herrschen) und »man« (Mann)

Waldo männl., Kurzform zu Waldemar und Walter

Waldomar männl., Nebenform zu Waldemar

Walfried männl., Nebenform zu Waldfried

Walfriede	weibl. Form zu Walfried
Walli	weibl., Kurzform zu Walburg, Valerie, Valentine; *weitere Formen:* Wally
Walo	männl., Kurfom zu Waldemar
Walpurga, Walpurgis	weibl., Nebenformen zu Walburg
Walram	männl., Nebenform zu Waltram
Walt	männl., deutsche und engl. Kurzform zu Walter; *bekannte Namensträger:* Walt Disney, amerikan. Trickfilmzeichner (1901–1966); Walt Whitman, amerikan. Lyriker (1819–1892)
Walter	*Herkunft:* männl., aus dem ahd. »waltan« (walten, herrschen) und »heri« (Heer) *Verbreitung:* seit dem Mittelalter durch die Verehrung des Heiligen Walter sowie durch den Minnesänger Walther von der Vogelweide sehr weit verbreitet; um die Jahrhundertwende durch zahlreiche Zeitungs- und Zeitschriftenromane neu belebt; heute seltener gewählt *Andere Formen:* Walther, Walt; Wolter (niederdeutsch); Walter, Walt, Walty (engl.); Wälti (schweiz.); Wouter, Wout (niederländ.); Gautier, Gauthier (französ.); Gualtieri, Gualtiero (italien.) *Bekannte Namensträger:* Walter Scott, engl. Schriftsteller (1771–1832); Walter Kollo, deutscher Operettenkomponist (1878–1940); Walter Gropius, deutscher Architekt und »Bauhaus«-Leiter (1883–1969); Walter Wallmann, deutscher Politiker (geb. 1932)
Walthard	männl., aus dem ahd. »waltan« (walten, herrschen) und »harti« (hart)
Waltheide	weibl., aus dem ahd. »waltan« (walten, herrschen) und »heit« (Art, Wesen)
Walther	männl., Nebenform zu Walter; *bekannte Namensträger:* Walther Rathenau, deutscher Staatsmann (1867–1922)
Walthild	weibl., aus dem ahd. »waltan« (walten, herrschen) und »hiltja« (Kampf); *weitere Formen:* Walthilde
Wälti	männl., schweiz. Form zu Walter
Waltram	männl., aus dem ahd. »waltan« (walten, herrschen) und »hraban« (Rabe)
Waltraut	weibl., aus dem ahd. »waltan« (walten, herrschen) und »trut« (Kraft, Stärke); *weitere Formen:* Waldtraut, Waltraud, Waltrud, Waltrude, Waltrudis, Trude

Waltrun	weibl., aus dem ahd. »waltan« (walten, herrschen) und »runa« (Geheimnis, Zauber)
Walty	männl., engl. Koseform zu Walter
Wanda	weibl., aus dem Slaw. übernommener Vorn., eigentlich ist damit eine »Wendin« gemeint; in der poln. Nationalsage ist Wanda eine Prinzessin, die sich einem deutschen Fürsten verweigerte und sich lieber in die Weichsel stürzte
Wanja	männl., russ. Nebenform zu Iwan; weibl. Form zu Iwan; eindeutiger Zweitname erforderlich
Wanko	männl., bulgar. Form zu Iwan
Warand	männl., Kurzform zu Vorn. mit »war«; weitere Formen; Warant, Weriant, Werant
Warmud	männl., aus dem ahd. »warjan« (wehren) und »munt« (Schutz der Unmündigen); *weitere Formen:* Warimut
Warnart	männl., fries. Form zu Wernhard
Warner	männl., fries. Form zu Werner
Warnert	männl., fries. Form zu Wernhard
Wasmod	männl., Nebenform zu Wasmut
Wasmut	männl., aus dem ahd. »wahsan« (wachsam) und »muot« (Sinn, Geist); *weitere Formen:* Wachsmut
Wassili	männl., russ. Form zu Basilius; *weitere Formen:* Wassily, Wassilij, Vassilij, Wasja, Vasja; *bekannte Namensträger:* Wassily Kandinsky, russ. Maler (1866–1944)
Wazlav	männl., poln. Form zu Wenzeslaus
Weda	weibl., fries. Kurzform zu Vorn. mit »Wede-« oder »Widu-«; *weitere Formen:* Wedeke, Weeda
Wedekind	männl., Nebenform zu Widukind
Wedig	männl., fries. Form zu Vorn. mit »Wede-«; *weitere Formen:* Wedigo
Weeka	weibl., fries. Form zu Vorn. mit »Wede-«; *weitere Formen:* Weeke
Weerd	männl., fries. Form zu Wighard; *weitere Formen:* Weert
Weiart	männl., fries. Form zu Wighard; *weitere Formen:* Weierd, Weiert

Weigand	männl., Nebenform zu Wiegand
Weigel	männl., alte Nebenform zu Wiegand
Weike	männl., Nebenform zu Wighard; weibl., Nebenform zu Vorn. mit »wig«; eindeutiger Zweitname erforderlich
Weikhard	männl., Nebenform zu Wighard
Weinrich	männl., Nebenform zu Winrich
Weke	männl., fries. Kurzform zu Vorn. mit »Wede-«; *weitere Formen:* Weko
Welda	weibl., Kurzform zu Vorn. mit »Wald-«
Welf	männl., wahrscheinlich durch das alte Fürstengeschlecht der Welfen bekannt geworden; in der Bedeutung aber auch mit »Tierjunges, junger Hund« gleichzusetzen
Welfhard	männl., neuer Doppelname aus Welf und ahd. Vorn. mit »-hard«
Wellem	männl., rhein. Form zu Wilhelm
Wellemina	weibl., rhein. Form zu Wilhelmine
Welmer	männl., Nebenform zu Willimar
Welmot	männl., fries. Form zu Wilmut; *weitere Formen:* Welmuth
Wencke	weibl., aus dem Nord. übernommener Vorn., der in Deutschland durch die Schlagersängerin Wencke Myrrhe bekannt wurde
Wendel	männl., Kurzform zu Vorn. mit »Wendel-«
Wendelbert	männl., aus dem ahd. Stammesnamen der Wandalen und »beraht« (glänzend)
Wendelburg	weibl., aus dem ahd. Stammesnamen der Wandalen und »burg« (Schutz, Zuflucht)
Wendelgard	weibl., aus dem ahd. Stammesnamen der Wandalen und »gard« (Hort, Schutz)
Wendelin	männl., Kurzform zu Vorn. mit »Wendel-«; Verbreitung im Mittelalter durch die Verehrung des Heiligen Wendelin, des Schutzpatrons der Hirten und des Viehs; *weitere Formen:* Wenddin *Namenstag:* 20. Oktober
Wendeline	weibl. Form zu Wendel

Wendelmar	männl., aus dem ahd. Stammesnamen der Wandalen und »mari« (berühmt)
Wendi	weibl., Kurzform zu Wendelburg oder Wendelgard
Wendula	weibl., Kurzform von Vorn., die mit »Wendel-« zusammengesetzt sind
Wenemar	männl., niederd. Form zu Winemar; *weitere Formen:* Wennemar
Wenz	männl., Kurzform zu Werner
Wenzel	männl., Kurzform zu Wenzeslaus; der Vorn. ist vor allem durch die Verehrung des Heiligen Wenzel, des Nationalheiligen von Böhmen, und durch verschiedene böhmische Könige bekannt; *Namenstag:* 28. September
Wenzeslaus	männl., aus dem Slaw. übernommener Vorn., eigentlich »Ruhm durch das Kreuz«; *weitere Formen:* Wenzel; Wazlav (poln.); Vaclav (tschech.)
Wera	weibl., Nebenform zu Vera
Werna	weibl., Kurzform zu Vorn. mit »Wer-«
Wernburg	weibl., aus dem ahd. »warjan« (wehren) und »burg« (Schutz, Zuflucht)
Werner	*Herkunft:* männl., aus dem ahd. »warjan« (wehren) und »heri« (Heer) *Verbreitung:* seit dem Mittelalter sehr weit verbreiteter Vorn.; im 19. Jh. wurde durch den Einfluß verschiedener literarischer Gestalten der Vorn. aufgewertet und volkstümlich; im 20. Jh. sehr beliebt und öfter gewählt *Andere Formen:* Wernher, Neres, Wenz, Wetzel; Warner (fries.); Verner (norddeutsch); Garnier, Vernier (französ.); Guarniero, Guernard (italien.) *Bekannte Namensträger:* Werner von Siemens, deutscher Erfinder und Industrieller (1816–1892); Werner Egk, deutscher Komponist (1901–1983); Werner Finck, deutscher Kabarettist (1902–1978); Werner Heisenberg, deutscher Atomphysiker und Nobelpreisträger (1901–1976) *Namenstag:* 18. April
Wernfried	männl., aus dem ahd. »warjan« (wehren) und »fridu« (Friede)
Werngard	weibl., aus dem ahd. »warjan« (wehren) und »gard« (Hort, Schutz)
Wernhard	männl., aus dem ahd. »warjan« (wehren) und »harti« (hart); *weitere Formen:* Wernhart

Wernher männl., Nebenform zu Werner; *bekannte Namensträger:* Wernher von Braun, amerikan. Physiker und Raketenkonstrukteur deutscher Herkunft (1912–1977)

Wernhild weibl., aus dem ahd. »warjan« (wehren) und »hiltja« (Kampf); *weitere Formen:* Wernhilde

Werno männl., Kurzform zu Vorn. mit »Wern-«

Wernt männl., Kurzform von Zusammensetzungen mit »Wern-«

Wetzel männl., Nebenform zu Werner

Wiard männl., fries. Form zu Wighard

Wibald männl., Nebenform zu Wigbald

Wibert männl., Nebenform zu Wigbert

Wibke weibl., fries. und niederd. Kurzform eines mit »wig« zusammengesetzten Vorn.; *weitere Formen:* Wiba, Wiebke, Wübke, Wobke

Wibo männl., fries. Kurzform zu Wigbald

Wibranda weibl. Form zu Wigbrand; *weitere Formen:* Wibrande

Widar männl., aus dem ahd. »witu« (Wald, Gehölz) und »hari« (Kriegsvolk); *weitere Formen:* Wiar; Vidar (skand.)

Wide männl. und weibl., Kurzform zu Vorn. mit »Wide-« oder »Wede-«; eindeutiger Zweitname erforderlich

Wido männl., Kurzform zu Vorn. mit »Wid-« oder »Wit-«; bekannter ist aber die romanisierte Form Guido

Widukind männl., aus dem ahd. »witu« (Wald, Gehölz) und »kind« (Kind, Sohn); *weitere Formen:* Wedekind, Wittekind, Widu; Weeke, Wide (fries.)

Wiegand männl., aus dem ahd. »wig« (Kampf) und »nendan« (kühn, wagemutig); *weitere Formen:* Wigand

Wieka weibl., Kurzform zu Ludowika; *weitere Formen:* Wieke

Wieland männl., aus dem Nord. übernommener Vorn., eigentlich »Listenschmiedender«; Wieland war in einer german. Heldensage ein Schmied, der sich an seinem Kerkermeister König Nidhard rächte und danach durch die Lüfte entfloh; *weitere Formen:* Wielant, Welant, Wiolant

Wiete weibl., fries. Kurzform zu Vorn. mit »Wig-«; *weitere Formen:* Wietske

Wigbald männl., aus dem ahd. »wig« (Kampf) und »bald« (kühn); *weitere Formen:* Wigbold

Wigbert männl., aus dem ahd. »wig« (Kampf) und »beraht« (glänzend); *weitere Formen:* Wigbrecht

Wigberta weibl. Form zu Wigbert; *weitere Formen:* Wiberta

Wigbrand männl., aus dem ahd. »wig« (Kampf) und »brand« (Brand)

Wigburg weibl., aus dem ahd. »wig« (Kampf) und »burg« (Schutz, Zuflucht); *weitere Formen:* Wiburg

Wiggo männl., Kurzform von Zusammensetzungen mit »Wig-«; *weitere Formen:* Wigo

Wighard männl., aus dem ahd. »wig« (Kampf) und »harti« (hart); *weitere Formen:* Wighart, Wichard, Wickart, Wickhart, Wichert

Wigmar männl., aus dem ahd. »wig« (Kampf) und »mari« (berühmt)

Wigmund männl., aus dem ahd. »wig« (Kampf) und »munt« (Schutz der Unmündigen)

Wikko männl., Kurzform zu Viktor

Wilbert männl., aus dem ahd. »willo« (Wille) und »beraht« (glänzend); *weitere Formen:* Willibert, Willbrecht, Wilbrecht

Wilbrand männl., aus dem ahd. »willo« (Wille) und »brand« (Brand); *weitere Formen:* Willibrand

Wilbur männl., aus dem Amerikan. übernommener Vorn., eigentlich »Bauer auf Ödland«; *bekannte Namensträger:* Wilbur Wright, amerikan. Flugpionier (1867–1912)

Wilderich männl., Nebenform zu Willerich

Wildfried männl., Nebenform zu Wilfried

Wilfried männl., aus dem ahd. »willo« (Wille) und »fridu« (Friede); durch den angelsächs. Heiligen Wilfried, Bischof von York, im Mittelalter vor allem in Norddeutschland bekannt geworden und auch heute noch weit verbreitet; *weitere Formen:* Wilfrid, Wilfred, Wilferd; *Namenstag:* 24. April, 12. Oktober

Wilfriede weibl. Form zu Wilfried; *weitere Formen:* Wilfride, Willfriede, Willefriede

Wilgard weibl., aus dem ahd. »willo« (Wille) und »gard« (Hort, Schutz)

Wilgund weibl., aus dem ahd. »willo« (Wille) und »gund« (Kampf); *weitere Formen:* Wilgunde

Wilhard männl., aus dem ahd. »willo« (Wille) und »harti« (hart)

Wilhelm *Herkunft:* männl., aus dem ahd. »willo« (Wille) und »helm« (Helm, Schutz)
Verbreitung: der Heilige Wilhelm von Aquitanien (8./9. Jh.) war frühes Namensvorbild, aber auch die Sagengestalt des Wilhelm von Orange; der Vorn. war im Mittelalter in ganz Europa beliebt; Wilhelm war auch der Name vieler deutscher Fürsten und nicht zuletzt auch Kaiser- und Königsname; die Sagengestalt des Wilhelm Tell und Goethes »Wilhelm Meister« trugen ebenfalls maßgeblich dazu bei, daß Wilhelm im 19. Jh. einer der meistgewählten Vorn. war; bis zum Ende des Ersten Weltkrieges galt der Name noch als volkstümlich, verlor dann aber an Beliebtheit und gilt heute als altmodisch
Andere Formen: Willehalm, Will, Willi, Willy, Wilm, Wim; Helm, Helmke, Wilko, Wilke, Wilken (fries.); Wellem (rhein.); Willem (niederländ.); William, Wilkin, Bill (engl.); Guillaume (französ.); Gugliermo (italien.); Guillermo (span.); Vilem (tschech.); Vilgelm (russ.); Vilmos (ungar.)
Bekannte Namensträger: Wilhelm Grimm, deutscher Philologe, Sagen- und Märchenforscher (1786–1859); Wilhelm von Humboldt, deutscher Kulturpolitiker und Sprachforscher (1767–1835); Wilhelm Busch, deutscher Humorist (1832–1908); Wilhelm Raabe, deutscher Schriftsteller (1831–1910); Wilhelm II., letzter deutscher Kaiser (1859–1941); Wilhelm Furtwängler, deutscher Dirigent (1886–1954); Wilhelm Kempff, deutscher Pianist (1895–1982)
Namenstag: 1. Januar, 10. Januar, 28. Mai

Wilhelma, Wilhelmina weibl., Nebenformen zu Wilhelmine

Wilhelmine *Herkunft:* weibl. Form zu Wilhelm
Verbreitung: wie Wilhelm seit dem frühen Mittelalter verbreitet; zuerst ausgesprochener Adelsname, dann volkstümlich geworden; heute spielt der Vorn. kaum noch eine Rolle bei der Namenswahl
Andere Formen: Elma, Minna, Mina, Mine, Miggi, Wilma, Wilhelma, Wilhelmina; Wellemina (rhein.); Wilma, Willa (engl.); Guglielmina (italien.); Guillerma (span.); Vilema (tschech.); Vigelmina (russ.); Vilma (ungar.); Minka (poln.)

Wilke männl., fries. Form zu Wilhelm

Wilken männl., fries. und engl. Form zu Wilhelm

Wilko männl., fries. Form zu Wilhelm

Will männl., Kurzform zu Wilhelm; *bekannte Namensträger:* Will Quadflieg, deutscher Schauspieler (geb. 1914)

Willa weibl., engl. Form zu Wilhelma und Kurzform zu Vorn. mit »Wil-«; *weitere Formen:* Wilja

Willard männl., Nebenform zu Wilhard

Willbrecht männl., Nebenform zu Wilbert

Willehad männl., aus dem ahd. »willo« (Wille) und »hadu« (Kampf)

Willehalm männl., Nebenform zu Wilhelm

Willem männl., niederländ. Form zu Wilhelm

Willerich männl., aus dem ahd. »willo« (Wille) und »rihhi« (reich, mächtig)

Willi männl., Kurzform zu Wilhelm; *bekannte Namensträger:* Willi Daume, deutscher Sportfunktionär (geb. 1913)

William männl., engl. Form zu Wilhelm; *bekannte Namensträger:* William Shakespeare, engl. Schriftsteller (1564–1616); William Faulkner, amerikan. Schriftsteller (1897–1962)

Willibald männl., aus dem ahd. »willo« (Wille) und »bald« (kühn); bekannt wurde der Vorn. durch die Verehrung des Heiligen Willibald, Anhänger des Bonifatius und Bischof von Eichstätt (700–787); *Namenstag:* 7. Juli

Willibernd männl., Doppelname aus Willi und Bernd

Willigis männl., aus dem ahd. »willo« (Wille) und »gis« (auf-, hervortreiben); *weitere Formen:* Willegis; *bekannte Namensträger:* Heiliger Willigis, Erzbischof von Mainz (975–1011)
Namenstag: 23. Februar

Willimar männl., aus dem ahd. »willo« (Wille) und »mari« (berühmt); *weitere Formen:* Wilmar

Willram männl., aus dem ahd. »willo« (Wille) und »hraban« (Rabe)

Willy männl., Kurzform zu Wilhelm; *bekannte Namensträger:* Willy Forst, deutscher Schauspieler (1903–1980); Willy Messerschmitt, deutscher Flugzeugkonstrukteur (1898–1978); Willy Brandt, deutscher Politiker (geb. 1913)

Wilm männl., Kurzform zu Wilhelm

Wilma weibl., deutsche und engl. Kurzform zu Wilhelmine

Wilmont männl., aus dem ahd. »willo« (Wille) und »munt« (Schutz der Unmündigen)

Wilmut männl., aus dem ahd. »willo« (Wille) und »muot« (Sinn, Geist); *weitere Formen:* Willmut

Wilrun weibl., aus dem ahd. »willo« (Wille) und »runa« (Geheimnis)

Wiltraud weibl., aus dem ahd. »willo« (Wille) und »trud« (Kraft, Stärke); *weitere Formen:* Wiltrud; *Namenstag:* 6. Januar, 30. Juli

Wim männl., Kurzform zu Wilhelm, bekannt durch den Fernsehunterhalter Wim Thoelke

Wina weibl., Kurzform zu Winfrieda

Winald männl., aus dem ahd. »wini« (freund) und »waltan« (walten, herrschen)

Winand männl., aus dem ahd. »wig« (Kampf) und »nendan« (kühn, wagemutig); *weitere Formen:* Wienand, Wignand

Winemar männl., aus dem ahd. »wini« (Freund) und »mari« (berühmt); *weitere Formen:* Winmar, Wimmer, Wemmer

Winfried männl., aus dem ahd. »wini« (Freund) und »fridu« (Friede); der Vorn. fand in Deutschland als Taufname des Heiligen Bonifatius Verbreitung; *weitere Formen:* Winfred (engl.); *Namenstag:* 3. November

Winfrieda weibl. Form zu Winfried

Wingolf männl., aus dem Nord. übernommener Vorn., eigentlich »Freundeshalle«

Winibald männl., aus dem ahd. »wini« (Freund) und »bald« (kühn)

Winibert männl., aus dem ahd. »wini« (Freund) und »beraht« (glänzend)

Winifred weibl., Herkunft und Bedeutung unklar, eventuell angelsächsische Form zu Gwenfrewi; *Namenstag:* 3. November

Winimar männl., aus dem ahd. »wini« (Freund) und »mari« (berühmt)

Winnetou männl., Phantasiename K. Mays für einen Indianerhäuptling; vom Amtsgericht Darmstadt 1974 zugelassen

Winnie weibl., Kurzform zu Winifred

Winold männl., fries. Form zu Winald; *weitere Formen:* Winold, Winolt, Winno

Winrich männl., aus dem ahd. »wini« (Freund) und »rihhi« (reich, mächtig)

Winston	männl., engl. Vorn., der eigentlich auf eine Ortsbezeichnung zurückgeht; *bekannte Namensträger:* Winston Churchill, engl. Staatsmann (1874–1965)
Wintrud	weibl., aus dem ahd. »wini« (Freund) und » trud« (Kraft, Stärke)
Wipert	männl., Nebenform zu Wigbert
Wippold	männl., Nebenform zu Wigbald; *weitere Formen:* Wigbold
Wiprecht	männl., Nebenform zu Wigbrecht
Wisgard	weibl., aus dem ahd. »wisi« (weise) und »gard« (Hort, Schutz)
Wisgund	weibl., aus dem ahd. »wisi« (weise) und » gund« (Kampf)
Wismut	weibl., aus dem ahd.«wisi« (weise) und »muot« (Sinn, Geist)
Wissia	weibl., Kurzform zu Aloisia
Witiko	männl., Kurzform zu Vorn. mit »Wit-« oder »Wid-«; der Vorn. wurde durch den gleichnamigen Roman von A. Stifter bekannt; *weitere Formen:* Wittiko, Wedigo
Wito	männl., Kurzform zu Vorn. mit »Wit-«
Witold	männl., aus dem ahd. »witu« (Wald, Gehölz) und »waltan« (walten, herrschen)
Witta	weibl., Kurzform zu Vorn. mit »Wit-«
Wittekind	männl., Nebenform zu Widukind
Wladimir	männl., russ. Form zu Waldemar; der Vorn. war besonders bei den Kiewer Großfürsten beliebt; *bekannte Namensträger:* Wladimir Iljitsch Lenin, russ. Politiker (1870–1924); *Namenstag:* 15. Juli
Wladislaw	männl., slaw. Form zu Ladislaus
Woldemar	männl., Nebenform zu Waldemar
Wolf	männl., selbständige Kurzform zu Vorn. mit »Wolf-«; *weitere Formen:* Wulf; *bekannte Namensträger:* Wolf Biermann, deutscher Schriftsteller und Liedermacher (geb. 1936)
Wolfbert	männl., Neubildung aus Wolf und Vorn. mit »-bert«
Wolfdieter	männl., Doppelname aus Wolf und Dieter
Wolfdietrich	männl., Doppelname aus Wolf und Dietrich; *weitere Formen:* Wulfdietrich; *bekannte Namensträger:* Wolfdietrich Schnurre, deutscher Schriftsteller (geb. 1920)

Wolfer männl., Kurzform zu Wolfhard

Wolfgang *Herkunft:* männl., aus dem ahd. »wolf« (Wolf) und »ganc« (Waffengang, Streit)
Verbreitung: durch die Verehrung des Heiligen Wolfgang, Bischof und Schutzpatron von Regensburg, war der Vorn. im Mittelalter vor allem in Süddeutschland und Österreich verbreitet; in der Neuzeit waren Wolfgang Amadeus Mozart und Johann Wolfgang von Goethe Namensvorbilder; der Vorn. ist auch heute noch weit verbreitet
Andere Formen: Wolf, Ulf
Bekannte Namensträger: Wolfgang Borchert, deutscher Schriftsteller (1921–1947); Wolfgang Neuß, deutscher Kabarettist (1923–1989); Wolfgang Mischnick, deutscher Politiker (geb. 1920)
Namenstag: 31. Oktober

Wolfger männl., aus dem ahd. »wolf« (Wolf) und »ger« (Speer)

Wolfgund weibl., aus dem ahd. »wolf« (Wolf) und »gund« (Kampf)

Wolfhard männl., aus dem ahd. »wolf« (Wolf) und »harti« (hart); der Vorn. wurde durch die Verehrung des Heiligen Wolfhard von Augsburg verbreitet; außerdem ist die Gestalt des Wolfhard im Nibelungenlied im Mittelalter bekannt gewesen; *Namenstag:* 30. April

Wolfhelm männl., aus dem ahd. »wolf« (Wolf) und »helm« (Helm, Schutz)

Wolfhild weibl., aus dem ahd. »wolf« (wolf) und »hiltja« (Kampf); *weitere Formen:* Wolfhilde

Wolfrad männl., aus dem ahd. »wolf« (Wolf) und »rat« (Ratgeber)

Wolfram männl., aus dem ahd. »wolf« (Wolf) und »hraban« (Rabe); im Mittelalter weit verbreiteter Vorn., auch heute noch öfter gewählt; *bekannte Namensträger:* Wolfram von Eschenbach, deutscher Dichter (um 1200); *Namenstag:* 20. März

Wolfried männl., aus dem ahd. »wolf« (Wolf) und »fridu« (Friede); *weitere Formen:* Wolfrid

Wolfrun weibl., aus dem ahd. »wolf« (Wolf) und »runa« (Geheimnis)

Wolodja männl., russ. Form zu Waldemar

Wolter männl., niederdeutsche Form zu Walter

Wout männl., niederländ. Kurzform zu Walter

Wouter männl., niederländ. Form zu Walter

Wunibald	männl., aus dem ahd. »wunna« (hohe Freundschaft) und »bald« (kühn); *weitere Formen:* Wunnibald, Winnibald; *Namenstag:* 18. Dezember
Wunibert	männl., aus dem ahd. »wunna« (hohe Freundschaft) und »beraht« (glänzend)
Wunna	weibl., aus dem ahd. »wunna« (hohe Freude) ; die Schwester des Heiligen Bonifatius hieß Wunna; seit etwa 1960 wird der Vorn. gelegentlich gewählt
Wyneken	männl., fries. Form zu Winand; *weitere Formen:* Wyn, Wyne, Wynand

Ein Gastwirt hört auf jeden Namen.

X

Xander	männl., rätoroman. Form zu Alexander
Xandra	weibl, rätoroman. Form zu Alexandra
Xaver	*Herkunft:* männl., aus dem Span. übernommener Vorn., eigentlich der verselbständigte Beinamen des Heiligen Franz Xaver; er erhielt den Beinamen nach seinem Geburtsort, dem Schloß Xavier (heute: Javier) in Navarra (Spanien) *Verbreitung:* durch die Verehrung des Heiligen Franz Xaver (1506–1552), der den Jesuitenorden mitbegründet hat und als Apostel in Asien wirkte, vor allem in Bayern verbreitet; heute selten gewählt *Andere Formen:* Xavier, Javier (engl., französ.) *Bekannte Namensträger:* Franz Xaver von Baader, deutscher Philosoph (1765–1841); Franz Xaver Gabelsberger, Erfinder der Stenographie (1789–1849); Franz Xaver Kroetz, deutscher Schriftsteller und Schauspieler (geb. 1946) *Namenstag:* 3. Dezember
Xaveria	weibl. Form zu Xaver
Xavier	männl., engl. und französ. Form zu Xaver
Xenia	weibl., Kurzform zu Polyxenia
Xenos	männl., aus dem Engl. übernommener Vorn. griech. Herkunft von »xenos« (fremd); *weitere Formen:* Xeno
Xerxes	männ., griech. Form eines pers. Königsnamens; *weitere Formen:* Xerus, Xeres (engl.); Ahasver (hebr.)
Xylon	männl., aus dem Engl. übernommener Vorn. griech. Herkunft von »xylon« (Holz)

Y

Yale männl., engl. Form zu den fries. Vorn. Yale, Jale, Jele, die auf das ahd. »geil« (übermütig, ausgelassen) zurückgehen

Yan männl., Kurzform zu Yanneck; *weitere Formen:* Yann

Yanneck männl., schweizer. Form des breton. Vorn. Yannic, einer Nebenform zu Johannes; *weitere Formen:* Yannick, Yannik, Yanik; *bekannte Namensträger:* Yannick Noah, französischer Tennisspieler (geb. 1960)

Yasmin weibl., Nebenform zu Jasmin; *weitere Formen:* Yasmine

Yolande weibl., französ. und engl. Form zu Jolande; *weitere Formen:* Yolanda, Yola

York männl., dän. Form zu Georg; auch der Name eines Adelsgeschlechtes (Ludwig Graf York von Wartenburg, 1759–1830) sowie ein engl. Ortsname und ein engl. Herzogtitel; *weitere Formen:* Yorck, Yorrick, Yorick

Yule männl., schottischer und nordengl. Vorn., der auf schwed. »jul« (Weihnachten, Mittwinterfest) zurückgeht

Yvan männl., Nebenform zu Iwan

Yves männl., aus dem Französ. übernommener Vorn., der auf die altfranzös. Ritternamen Ive, Ivon und Ivo zurückgeht; *bekannte Namensträger:* Yves Montand, französ. Schauspieler (geb. 1921)

Yvette weibl., französ. Koseform zu Yvonne; *weitere Formen:* Ivette, Ivetta

Yvo männl., Nebenform zu Yves; *weitere Formen:* Yvon

Yvonne weibl. Form zu Yvo; *weitere Formen:* Ivonne

Z

Zacharias — *Herkunft:* männl., aus der Bibel übernommener Vorn. hebr. Ursprungs, eigentlich »der Herr hat sich meiner erinnert«; der Vorn. geht auf den Vater von Johannes dem Täufer zurück, der wegen seines Zweifels an der Engelsbotschaft mit Stummheit gestraft wurde und seine Sprache erst nach der Geburt von Johannes wiedererlangte
Verbreitung: im frühen Mittelalter verbreitet; nach der Reformation bis in das 19. Jh. beliebter Vorn.; heute sehr selten gewählt
Andere Formen: Zachäus; Zacharie (französ.); Sachar (russ.)
Bekannte Namensträger: Zacharias Werner, deutscher Dramatiker (1768–1823)
Namenstag: 15. März

Zacharie — männl., französ. Form zu Zacharias

Zachäus — männl., Nebenform zu Zacharias

Zadok — männl., aus der Bibel übernommener Vorn. hebr. Ursprungs, eigentlich »der Gerechte«

Zala — weibl. Form zu Zalo; *weitere Formen:* Zalona

Zalo — männl., bulgar. Vorn., der den Wunsch nach einer heilen und gesunden Entwicklung ausdrückt

Zammert — männl., fries. Form zu Dietmar

Zander — männl., rätoroman. Form zu Alexander

Zarah — weibl., Nebenform zu Sarah; *weitere Formen:* Zara; *bekannte Namensträger:* Zarah Leander, schwed. Schauspielerin und Sängerin (1907–1981)

Zarin — männl., aus dem Bulgar. übernommener Vorn., eigentlich »Zar, Herrscher«; *weitere Formen:* Zarjo

Zarina — weibl. Form zu Zarin

Zäzilie — weibl., Nebenform zu Cäcilie; *weitere Formen:* Zäzilia

Zdenka — weibl., tschech. Form zu Sidonia

Zdenko — männl., tschech. Form zu Sidonius

Zelda — weibl., engl. Form zu Griselda

Zella — weibl., Kurzform zu Marzella

Zelma — weibl., engl. und amerikan. Form zu Selma

Zena — weibl., Nebenform zu Zenobia

Zenab, Zenaida	weibl., engl. Formen zu Zenobia
Zenaide	weibl., französ. Form zu Zenobia
Zeno	*Herkunft:* männl., aus dem Griech. übernommener Vorn., eigentlich »Geschenk des Zeus« *Verbreitung:* verschiedene griech. Philosophen trugen diesen Vorn.; durch die Verehrung des Heiligen Zeno, Bischof von Verona (4. Jh.), bis in die heutige Zeit in Bayern, Tirol und am Bodensee gewählt *Andere Formen:* Zenobio, Zenobius, Zenon *Namenstag:* 12. April
Zenobia	*Herkunft:* weibl. Form zu Zenobio; die Königin Zenobia machte Palmyra in Syrien im 3. Jh. zu einem Zentrum der Kultur, wurde dann aber von Aurelianus besiegt und nach Rom gebracht *Verbreitung:* seit dem frühen Mittelalter bekannt, aber bis heute nur selten gewählt *Andere Formen:* Zena, Zenobia, Zenab, Zenaida, Zizi (engl.); Zenobie, Zenaide (französ.); Zenovia (russ.) *Namenstag:* 12. April
Zenobie	weibl., französ. Form zu Zenobia
Zenobio, Zenobius	männl., Nebenformen zu Zeno
Zenon	männl., Nebenform zu Zeno
Zenovia	weibl., russ. Form zu Zenobia
Zenta	weibl., Kurzform zu Innozentia, Kreszentia und Vinzentia
Zenz	männl., Kurzform zu Innozenz; Kreszenz und Vinzenz; *weitere Formen:* Zenzi; weibl., Kurzform zu Innozentia, Kreszentia und Vinzentia; eindeutiger Zweitname erforderlich
Ziena	weibl., fries. Kurzform zu Vorn. mit »-cina« oder »-sina«; vor allem von Gesina; *weitere Formen:* Zientje, Zina, Zinske, Zinskea
Zilla	weibl., Kurzform zu Cäcilie oder aus der Bibel übernommener Vorn. hebr. Ursprungs, eigentlich »Schatten, Schutz«; *weitere Formen:* Zilli, Zilly
Zinnia	weibl., neuer engl. Vorn., der an eine Pflanzengattung (mexikan. Gattung der Korbblütler) angelehnt ist
Zippora	weibl., aus dem Hebr. übernommener Vorn., eigentlich »Vögelchen«
Ziska	weibl., Kurzform zu Franziska; *weitere Formen:* Zissi, Zissy

Zita	weibl., Kurzform zu Felizitas oder aus dem italien. »zita« (Mädchen, junges Ding)
Zizi	weibl., engl. Kurzform zu Zenobia
Zoe	weibl., aus dem Griech. übernommener Vorn., eigentlich »Leben«; *weitere Formen:* Zoa, Zoi
Zofia	weibl., poln. Form zu Sophia
Zoltán	männl., ungar. Form zu Sultan; *bekannte Namensträger:* Zoltán Kodály, ungar. Komponist (1882–1967)
Zora	weibl., Nebenform zu Aurora
Zwaantje	weibl., fries. Form zu Vorn. mit »swan« oder »schwan«; *weitere Formen:* Zwanette
Zygmond	männl., ungar. Form zu Siegmund; *weitere Formen:* Zygmunt (poln.)
Zyprian	männl., Nebenform zu Cyprian; *weitere Formen:* Zyprianus